FINANCING

高科技初创企业融资

［德］罗宾•P. G. 特奇（Robin P. G. Tech）／著
崔明懿　张　祎　段利利　储青青／译　　　毕　毅／审校

HIGH-TE

STARTUPS

中国人民大学出版社
·北京·

致　谢

在此深深地感谢每一位启发和帮助我，以及激励我的人，其中包括 Nike，Karina，Luisa，Chris，Konstanze，Larissa，Sascha，Steffen，Bene，Jan-Peter，Martin，Caro，Andreas，Tim，Bill，Thomas A.，Thomas H.，Thomas S.，Oliver，当然还有精彩绝伦的卡通系列剧集《探险时光》（*Adventure Time*）（一定要去看看）。

谢谢你们——这是一场伟大的旅程。

前　言

高科技初创企业在发达经济体的发展中扮演着至关重要的角色。设想，如果没有像博朗公司（变革了家用电器）、ABB公司（定义了现代发电机和机器人）、苹果公司（塑造了我们使用计算机的方式）这样的创新型初创企业，我们今天的生活会变成什么样？但是，高科技初创企业由于其复杂性特征，经常在融资时遇到瓶颈。

在本书中，作者研究了这种复杂性特征，并阐释了它如何导致投资者与初创企业之间的信息不对称和交易成本。他进一步描述了这一问题如何导致投资者的不确定性，并最终造成了频繁的负面融资决策。因为处于早期阶段的高科技初创企业具有高度复杂性，因此它们也承担着一种特殊的负债——作者称之为复杂性负债。为了检验这种效应，作者将复杂产品和系统分析方法运用到高科技初创企业分析中，并融合了新制度经济学和行为经济学的相关理论。最后，作者结合定性和定量数据提出了克服复杂性问题的缓释策略——尤其是基于信号的缓释方法。他的复杂性—信号框架为企业家确定影响投资者决策的复杂性因素提供了极大的帮助，也有助于企业家明确缓解不利影响的信号集合。

如何为复杂系统（尤其是创新的复杂性初创企业）融资，这个问题在实践中意义深远，但很少有人关注。本书作者的研究有助于我们更好地理解高科技初创企业融资的基本概念，也有助于我们制定切实可行的策略来克服复杂性负债问题。

我们希望初创企业的企业家和投资者在他们日常引进和配置金融资源的过程中也能发现这项研究的价值。初创企业是未来经济竞争优势的重要驱动力。愿力量与他们同在！

Thomas Schildhauer 于德国柏林

Oliver Gassmann 于瑞士圣加伦

缩略语

BA　Business angel　商业天使投资人

BE　Behavioral economics　行为经济学

BVDS　Bundesverband Deutsche Startups/German Startups Association　德国初创企业协会

CAPM　Capital asset pricing model　资本资产定价模型

CPT　Cumulative prospect theory　累积前景理论

CVC　Corporate venture capital（ist）　企业风险投资（者）

DSM　Deutscher Startup Monitor/German Startup Monitor　德国初创企业观察

EMH　Efficient market hypothesis　有效市场假说

FFF　Friends，family，fools　友人、家人和愚人

GE　German entrepreneur　德国企业家

GHM　Grossman-Hart-Moore model of property rights　GHM 产权模型

GI　German investor　德国投资者

HIIG　Alexander von Humboldt Institute for Internet and Society　德国洪堡互联网与社会研究所

IPO　Initial public offering　首次公开发行

IoT　Internet of things　物联网

IIoT　Industrial Internet of things　工业物联网

KPI　Key performance indicator　关键业绩指标

MVP　Minimum viable product　最小可行产品

NIE　New institutional economics　新制度经济学

NVCA　National Venture Capital Association　美国风险投资协会

OECD　Organisation for Economic Cooperation and Development　经济合作与发展组织

PA　Principal agent　委托代理（理论）

PWC　PricewaterhouseCoopers　普华永道会计师事务所（简称普华永道）

TCE　Transaction cost economics　交易成本经济学

USE　US entrepreneur　美国企业家

USI　US investor　美国投资者

VC　Venture capital（ist）　风险投资（者）

WACC　Weighted average cost of capital　加权平均资本成本

目　录

第一章 绪论：高科技初创企业融资

“如何投资我的钱，使其既能获得适当的利息，又能确保安全？”每天都有成千上万的人提出这个问题。

——《投资的艺术》（Hume 1888，p. 9）

1.1 分析高科技初创企业的融资

美国风险投资协会（NVCA 2016）的数据显示，2015 年，仅美国风险投资公司就管理着总计 1 653 亿美元的资产，并向初创企业投资了 591 亿美元，这是自 2000 年以来的最高水平，也是有记录以来第二高的水平。这意味着，这一年美国初创企业获得了大致相当于克罗地亚（一个拥有 420 万人口的主权国家）GDP 的投资。尽管一些人担心“下一阶段的投资者非理性繁荣可能已经开始”（Block and Sandner 2011，p. 161），但从目前看，这笔钱正在推动一股前所未有的创新和技术进步浪潮。比如，以塞尔维亚裔美国发明家命名的电动超级汽车正在街上行驶，其中一些甚至是自动驾驶的；Virgin Galactic、Space X 和 Blue Origin 等初创企业的努力也使太空飞行即将进入平民百姓的生活。

高科技企业融资受到约束，但我们不知道为什么

但这些奇闻轶事并不是常态。“硅谷的繁荣给人一种活力四射的黄金时代的印象……但总的来说，美国的资本主义发展得比过去更加缓慢。小企业正以 19 世纪 70 年代以来最慢的速度起步……市场份额大的科技巨头正在赚取巨额利润”（*Economist* 2015，December 4，p. 13）。从初创企业的创新融资来看，主要是软件和互联网初创企业获得外部资金。事实上，初创企业的种子轮投资主要由电商企业主导，并且相比生物技术企业，越来越多的风险资本投入了市场营销、软件开发或社交网络企业（Tunguz 2015）。除了上面提到的少数几个例外，高科技和硬件创新似乎成了那些拥有足够雄厚的财力的企业的专利。普华永道 2015 年的 Moneytree 报告还指出，与其他早期成立的企业相比，新成立的高科技初创企业尤其难以筹集资金，但较成熟的硬件和高科技初创企业在后期风险投资中获得了相当大的份额，并且其退出收益是大多数其他行业的初创企业的两倍（CB Insights 2015）。

硬件和高科技初创企业也开始走上几十年前软件初创企业在模块化和标准化方面走过的老路（Tech et al. 2016；Bonarini et al. 2014；Kratochvil and Carson 2005）。在过去的几十年里，更加模块化的系统架构和确保兼容性的行业标准设置使得软件和数字化开发变得更加容易理解和学习。虽然数字系统已经变得越来越复杂，但是系统架构决策促成了共同的标准，进而促进了人们对模块概念的接受、传播和构建。就拿美国国防部高级研究计划局网（DAR-

PAnet）的演变来说，它已经发展成一个无处不在的全球性网络，也就是我们今天所说的互联网。纯数字产品的独特之处在于，它们能够以几乎为零的边际成本进行复制，而实物产品则不具备这样的特点。更多的模块化方法、标准化和开源硬件社区使硬件和技术开发变得更快、更便宜且更易理解。考虑到这些前景，对高科技初创企业的资金支持如此之少更令人难以理解（PWC 2015）。

到目前为止，我们仅能做出一些假设。首先，大体上看，有可复制且系统的证据表明，所有小型新公司都在与融资约束做斗争（Hottenrott et al. 2015；CB Insights 2015；Kaplan and Zingales 2000；Rajan 1992；Fazzari et al. 1988）；其次，融资约束随着企业的新颖性和创新性的增强而增强（Hottenrott et al. 2015；Audretsch et al. 2012）；最后，拥有复杂产品的高科技初创企业受到的影响最大（Carpenter and Petersen 2002）。

为什么是这样呢？作为现代金融的重要基础的新古典主义经济学认为，当利率与风险处于均衡状态时，融资活动就会发生（Barberis et al. 2015；Sharpe 1964）。在创业投资中，利率可以是利润分红，也可以是退出时的收益。尽管有效市场被认为总能达到供求平衡，即风险和收益的平衡，但即使在均衡市场利率的情况下，新的、小型的和创新的企业仍在与融资约束做斗争。我认为，新古典主义经济学未能恰当地解释这一现象，因为它假定需要建立一个完善和有效的市场，以便让市场参与者能够迅速扩散和评估信息。

本书的学术贡献

本书从制度经济学和行为经济学的新视角对高科技初创企业的融资活动进行了分析。这些学派认为，人类的理性以及检索和处理信息的能力是有限的，从而导致了信息不对称和不确定性，而这些可能是融资受限的决定性因素（Stiglitz and Weiss 1981）。Sahlman（1990）在他对风险投资公司的开创性研究中发现，信息不对称实际上是造成初创企业投资者在投资识别、决策和治理方面的不确定性的关键。此外，Leland 和 Pyle（1977）发现，如果存在大量的信息不对称，且劣质项目相对于优质项目的供应更多，那么风险资本市场可能就不存在。在更细的层次上，交易成本、代理和产权理论支持关于投资者和企业家之间的信息不对称的描述。这也是复杂性发挥作用的地方，因为“它是交易成本的代理变量”（Novak and Eppinger 2001，p. 190），也是影响交易关系和成本的关键因素（Grover and Saeed 2007）。行为经济学中的情感启发概念形象地描绘了投资者的认知决策，而这种决策最终导致了融资约束和低效（Baron 2007）。减轻信息不对称的不利影响的一种工具是信号（Spence 1973）。信号理论已经在风险融资方面获得了相当多的学术关注，也非常适合当前的案例（Conti et al. 2013a，b；Davila et al. 2003；Elitzur and Gavious 2003）。一般而言，信息不对称和不确定性被高科技初创企业的新颖性、复杂性和资金限制所放大（Audretsch et al. 2012；Carpenter and Petersen 2002；Harabi 1995），因此这些初创企业将从高效的缓释机制（比如有效的信号传输机制）中获益最多。

这种制度经济理论和行为经济理论的研究中，关于高科技初创企业融资问题主要有四个空白：首先，对企业家和投资者所处的制度环境知之甚少。他们之间绝不是传统的委托代理关系，对这种模糊关系的描述和理解最近才出现（Ollier and Thomas 2013；Webb et al. 2013；Mylovanov and Tröger 2012；Mondello 2012）。其次，虽然对创业环境中影响信息不对称和行为不确定性的各个因素进行了研究，但缺乏一个全面的框架来关注投资者和早期的初创企业

（Grégoire et al. 2011；Casson et al. 2008；Baron 2007；Jensen 2005；Jeng and Wells 2000；van Osnabrugge 2000；Black and Gilson 1998；Maskin and Tirole 1990）。再次，尽管先前的研究从专利（Häussler et al. 2009）、联盟（Baum et al. 2000）和资金来源（Busenitz et al. 2005）等视角探讨了信号与初创企业的关系，但据我所知，关于信号集的理论和实证分析几乎都不适用于高科技初创企业（Conti et al. 2013a，b；Connelly et al. 2011；Elitzur and Gavious 2003）。最后，尽管通过匹配过程有效利用信号可以提高福利水平（Conti et al. 2013a，b；Connelly et al. 2011；Elitzur Gavious 2003），但迄今为止，不同投资者类别内的投资者“被视为同质的”（Conti et al. 2013b，p. 619），这一点也是本书要突破的。

本书的结构

本书借助多种方式填补了这些研究空白。第一章描述了初创企业和投资者这两个主要角色的一般设定。在接下来的章节中，我将从创业研究的角度阐述本书的学术基础，定义作为所有初创企业的一个子集的高科技初创企业，介绍初创企业通常会经历的发展阶段，从而更好地将创业的早期阶段区分出来；然后简要讨论了风险投资的现状，并重点介绍了相关投资者类别的特殊性。

第二章是本书的逻辑（如图 1 - 1 所示）。它整合了（创业）金融、新制度经济学和行为经济学的理论体系。潜在的假设是，高科技初创企业的复杂性特征会导致创业者与投资者之间的信息不对称，如果投资者的不确定性太高，最终就会选择不为初创企业提供资金。基于此，我创建了一个理论体系来刻画高科技初创企业的复杂性对创业者与投资者之间的信息不对称的影响，这样就可以检验投资者所面临的各种交易成本。如果收集相关信息的交易成本过高，且无

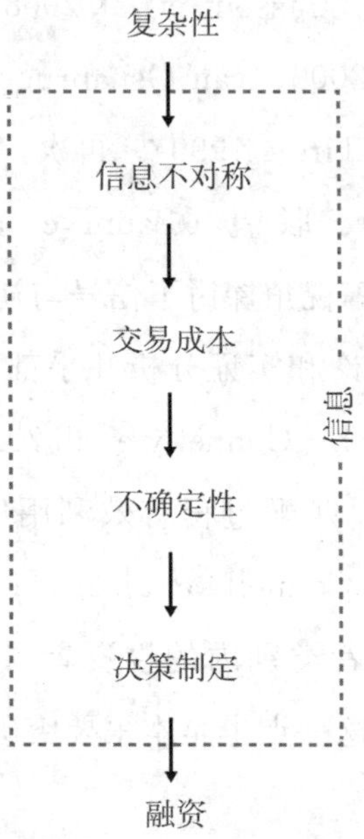

图 1-1　本书的逻辑

法获得替代信息，投资者就会面临各种不确定性。这些不确定性决定了可用资金池和投资者的决策方式。新制度经济学——交易成本经济学、信号理论、代理与产权理论——有助于分析可用的决策选择以及投资者和企业家之间的关系。行为经济学提出的情感启发式理论有助于分析不确定性影响投资者决策的机制。我在研究中提出的缓释策略（mitigation strategy）是建立在有效信号的基础上，针对的是信息不对称、交易成本、投资者不确定性和决策过程，其中，初创企业被视为信号发送者，投资者被视为信号接收者。

第三、第四、第五章构成本书的方法论主体，并进行了定量和定性的研究。研究Ⅰ是对 903 家德国初创企业进行的一项基于定量调查的评估，主要从商业模式和融资水平两方面强调高科技初创企业与其他初创企业的区别。这对于检验三个假设是必要的：(1) 新古典经济学中的利率均衡概念以及信息不对称的递减效应是否合理

（H1：初创企业在其产品高度复杂时需要更多的时间来获得外部风险投资）。（2）融资结构是否存在差异（H2：与非高技术初创企业相比，高技术初创企业会从不同类别的投资者那里融资）。（3）风险投资公司对初创企业的资金支持存在哪些差异（H3：高科技初创企业比非高科技初创企业获得的传统风险投资更少）。研究Ⅱ采用定性的方法总结了对德国和美国企业家和投资者以及一个由 8 名国际专家组成的论证小组的 34 次访谈的结果，阐释了这些差异产生的原因，主要目的在于揭示有关高科技初创企业的复杂性、复杂性对投资者风险感知的影响、不确定性、决策制定以及初创企业可能发出的信号的三个待研究的问题：（1）高科技企业创业初期的复杂性给投资者带来了多大的不确定性？（2）这些复杂因素和不确定性如何影响投资者的决策？（3）创业者和初创企业可以发出哪些（有效的）信号，以减轻这些复杂性和不确定性的负面影响？

第六章从研究Ⅱ中找出最重要的，即对处于创业早期的高科技初创企业和投资者影响最大的复杂性因素。此外，它还描述了初创企业可以发出的以应对复杂性和新颖性负面影响的匹配信号，这使得验证投资者的不确定性和合适的信号集成为可能，并最终构建了一个全面的适合高科技初创企业早期阶段的“复杂信号框架”，以专门针对处于创业早期的高科技初创企业。

第七章讨论了研究结果的理论意义和实践意义以及研究框架。这一章总结了本书的理论主体及前面各个章节的内容，并对本书所做研究的局限性进行了阐述，最后总结了后续研究方向并给出了展望。

1.2 初创企业与创业者

什么是创业研究?

创业研究是对一系列活动的考查，这些活动通过一些新的尝试，发现、评估和利用新的产品、服务、组织方式、市场、生产过程和原材料等（Shane 2007，p. 4）。从历史上看，创业研究随着其研究的重点（比如，企业家、组织、促进或阻碍创业的环境等）而不断演进（Bull and Willard 1995）。创业研究的科学之旅始于企业家本人，即面对不确定性时进行商业判断的人（Cantillon 1775 as cited in Murphy 1986），以及“实施新组合、开拓创新的人”（Schumpeter 1912，p. 48）。关于风险形成、创业战略和经济互动的探究紧随其后（Hayek 1948；von Mises 1940；Schumpeter 1912）。这些共同为简化的创业商业战略研究奠定了基础（Stevenson and Jarillo 1990；Porter 1980）。

尽管与这些研究相比，有关影响行为和控制点的心理特征研究处于次要地位（Wijbenga and van Witteloostuijn 2007；Boone et al. 1996；Eisenhardt 1989；Brockhaus 1982；Rotter 1966），但企业家和投资者的特质和行为如今越来越受人关注（Meyer et al. 2014）。最近对创业研究的补充主要集中在机会识别和利用（Baron and Ensley 2006；Zahra et al. 2005；Timmons et al. 1987）、公司创业（Shane 2007）、制度理论（Webb et al. 2013）和国家创新系统（Baron and Ensley 2006；Zahra et al. 2005；Timmons et al. 1987）上。

综上所述，创业活动已经成为心理学、政治学、商学、性别研究、经济学、社会学等多个学术领域的研究对象（Meyer et al. 2014），其广度允许研究人员以他们感兴趣的方式开展研究（Leitch et al. 2009）。尽管有研究尝试构建创业研究的框架（Shane and Venkataraman 2000），但从研究方法和理论方法上看，该领域目前仍然远不够完善，这就需要对术语和概念（参与者及其行为，组织和理论框架等）做出具体定义。为此，在接下来的内容中，我将讨论并定义企业家、初创企业和投资者。

如何定义企业家

在创业研究领域，“谁是企业家”是最常见的问题（Kuratko et al. 2015；Grant and Perren 2002；Gartner 1989）。这并不奇怪，因为“企业家”一词和“经理”或“艺术家”一样，都是一种含糊不清的职业描述，从某个角度看，每个人都是企业家。听到这个词，大多数人脑海中可能会浮现出 Richard Branson、Werner von Siemens 或 Elon Musk 的形象。企业家（entrepreneur）这个词来源于 13 世纪的古法语词汇“entreprende”（Godefroy 1965，p. 296），表示承担或开始做某事。经济学家 Richard Cantillon 首次在学术领域定义了企业家——一个敢于冒险的人，他搜索市场信号（Murphy 1986，p. 255），并据此进行投资。

这一发展标志着经济决策权从地主向创业商人的重大转变（Casson and Casson 2013）。关于创业的学术论述也进一步在 19 世纪由 Jean-Baptiste Say（1823）以及 John Stuart Mill 在《政治经济学原理》（1870）中得到发展。Mill 强调了企业家作为风险的承担者与风险的密切关系，因为“如果他开始经营自己的生意，在许多情况下，他的资本会暴露在部分或全部损失的极大风险中”（1870，

p. 496)。Mill 和 Say 都明确区分了投资者、经理、工人和企业家，认为只有企业家将个人财务风险与“商业麻烦”（the trouble of business）结合起来（1870，p. 497）。

20 世纪，创业研究出现了重大飞跃，主要是通过 Joseph Alois Schumpeter（1912）实现的。Schumpeter 和他崇拜的卡尔·马克思（Karl Marx）一样，把历史、社会和经济结合起来分析，并且都是资本主义研究的大师。Schumpeter 没有把企业家看作已有市场机会的开拓者，而是把他们看作现有市场的破坏者和全新市场的创造者（Casson 2003）。这与他的垄断寻求策略的概念密切相关，即企业家创造新市场并通过专利和其他市场进入壁垒尽可能长时间拥有这些市场，以获得最大的回报（Schumpeter 1912）。当时，创业过程被认为是短暂的创始行为，其后是某种增长管理模式（Casson 2003）。

与 Schumpeter 颠覆性的企业家形象相反，Israel Mayer Kirzner（1973）提供了考察创业机会及其开发利用的另一个视角。基于奥地利经济学派（如 von Mises 1940；Hayek 1948）的研究，Kirzner 认为市场不完善是此类机会的主要来源，在他看来，市场信息的不完善使创业成为可能。一个特别“敏感”（Kirzner 1973，p. 10）的企业家，也就是这些善于发现知识差异的人，可以通过套利利用这些缺陷。当然，这一概念背后的假设是，客观且完美的信息是独立于个体感知而存在的，这是一种经典的实证主义和现实主义心态（Alvarez and Barney 2007）。创业活动使市场参与者更接近这种假定的现实，并最终将使市场恢复平衡状态。有人可能会说，这种观点与熊彼特创造性毁灭的观点截然不同，甚至完全相反。但依我看，Schumpeter 和 Kirzner 都描述了企业家的基本要素：知识和信息套利，对技术和工艺的颠覆，时而整合于一体，时而分开。

对创业研究的另一个补充根植于建构主义。特别是，建构主义对创业机会的理解以有效逻辑（effectuation logic）（Sarasvathy 2001）或所谓的拼凑（bricolage）（Baker and Nelson 2005）为特征。Alvarez等人注意到，"在建构主义观点中，任何资源（信息和知识）都需要被理解"。与Kirzner的观念相似，建构主义观点认为，企业家是一个理解现实并发现机会的人，但建构主义者并不假设客观现实，而是假设个体现实。企业家特别善于理解他们所感知到的环境，识别潜在的创业机会，并利用可得到的资源处理（抓住或放弃）这些机会。如Bresnahan（2010）所说，"创业知识"就是将发明和技术重新组合以迎合现有市场或创造全新市场的能力。在某种程度上，建构主义企业家正朝着自我实现的预言努力（Ford 1999），而机会的形成与企业家是不可分割的（Alvarez et al. 2010，p. 27）。

为了回应这种以企业家为中心的观点，进化现实主义方法（the evolutionary realist approach）出现了（Grant and Perren 2002；Campbell et al. 1987）。表1-1总结了几个世纪以来研究企业家精神发展的各种视角，并最终形成了关于企业家及其周围环境的进化现实主义观点。这一概念增加了建构主义的元素，假定存在对企业家施加一定限制的客观现实，从而扩展了现实主义的观点。然后，企业家在其资源和环境的边界内构建机会，同时这些也是他采取的创业行动的外部验证者（Alvarez et al. 2010）。

表1-1　创业理论方法

	Mill (1870)	Schumpeter (1912)	Realist/Kirzner (1973)	建构主义者	进化现实主义者
焦点	企业家是企业的创始人、管理者和冒险者	企业家是现有市场和结构的破坏者	市场不完善是创业机会的来源	市场不完善让企业家能够创造创业机会	市场缺陷是创业机会的来源；控制点

续表

	Mill (1870)	Schumpeter (1912)	Realist/Kirzner (1973)	建构主义者	进化现实主义者
定义策略	未定义	垄断寻求策略	有限理性	有限理性	有限理性
行动	未定义	创业与成长管理	利用信息不对称	利用信息不对称	利用信息不对称
现实	未定义	未定义	致力于市场均衡/客观现实	机会和企业家是分不开的/个人的现实存在	个人机会创造依赖于客观现实；企业家需要说服外部人士

按照这种逻辑，创业的机会来自环境变化，包括社会、人口或技术性质的变化等，变化导致的信息不对称可以被机敏的企业家利用。这些开拓各种机会的企业家涵盖了几乎所有的企业家，从白手起家的创业者到在公司范围内寻求创业机会的人。

我所关注的这类企业家都是初创企业创始人，他们试图通过控制和操纵他们的环境（至少在一定程度上是这样）来开拓机会、收集资源、建立创造价值的企业。考虑到环境对企业家时时刻刻的影响，我们可以对企业家进行分类，这种分类在今天被广泛使用，且在本书中贯穿始终：企业家是一个会思考、推理和行动，并将创意转化为商机，从而创造价值的人（Leach and Melicher 2011，p. 7；also cf. Spinelli and Adams 2012）。

企业家控制点

这与控制点（locus of control）的概念密切相关（Wijbenga and van Witteloostuijn 2007；Korunka et al. 2003；Boone et al. 1996；Eisenhardt 1989；Brockhaus 1982；Rotter 1966）。企业家倾向于接

受不确定性、改变、自力更生和冒险（Sexton and Bowman 1985）。控制点可以理解为企业家对自身和初创企业相关因素的控制水平（见图 1－2）。这与不确定性和“风险问题（因为结果并非由行为完全决定）有关。政府政策、经济气候、竞争对手的行动、技术变革等都可能会导致结果出现无法控制的变化。”（Eisenhardt 1989，p. 61）除此之外，企业家控制点还研究了不确定性条件下的决策（Chong and Eggleton 2003）、新生的企业家（Kroeck et al. 2010）、创新战略和环境因素（Wijbenga and Witteloostuijn 2007）以及与创业过程配置（configuration of the startup process）有关的环境因素（Korunka et al. 2003）。

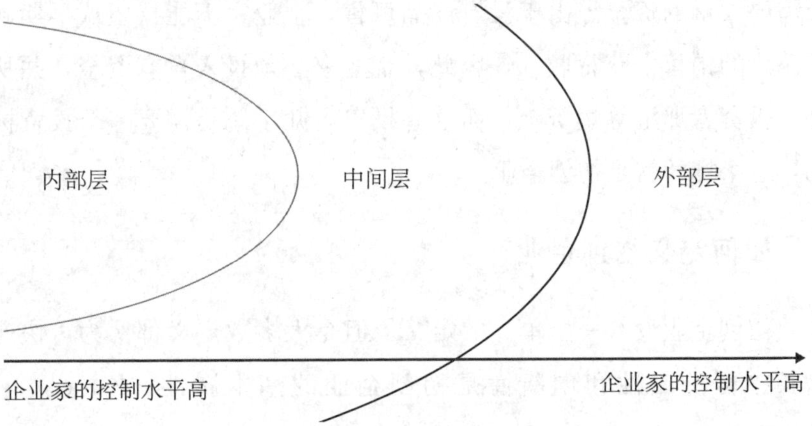

图 1－2　企业家控制点

本书区分了三种控制点：（1）内部层，它包含企业家容易操纵的因素。（2）中间层，它包含一些更难以影响的因素，比如外部参与者对某种属性具有同等的控制权。（3）外部层，它包含那些主要由外部控制而很难被企业家控制的因素。这个框架有助于我对本书理论框架的构建和对研究结果的分类。

虽然企业家可以根据个人现实进行控制、创造并采取行动，但他们也会要求投资者接受这些现实。企业家和投资者之间的信息和感知的不对称会影响这一过程并导致双方的不确定性。然而，从投资者的角度看，不确定性和风险占了上风，同时代理问题也出现了，因为他们把资源投入了一家初创企业，而在投资之后他们几乎没有控制权。因此创业者需要让投资者相信，尽管存在种种复杂性且创业者对它们的控制程度各不相同，但创业者已经发现了（潜在的）机会，并且有能力建立一家创造价值的初创企业。

这是必要的，因为初创企业需要资金来启动业务。虽然有些企业只需要很少的资金，但另一些企业，尤其是高科技初创企业，无论是在原型设计、实验室设备，还是在许可证和人员上，都很快就会需要大量的资金。由于没有产品可售，企业家不能指望从早期起步阶段的销售中获得收入，因此，企业家必须投入自有资金，并从外部投资者那里筹集资金，而这些投资者几乎总是需要一个投资标的，这个标的就是初创企业。

如何定义初创企业?

初创企业没有一个单一的定义。但是大多数定义都认为，快速增长、可扩展性和创新性是初创企业的基本属性（Kuratko et al. 2015；Shane 2003；Bania et al. 1993）。例如，Graham（2012）认为，“初创企业是一家旨在快速发展的公司”或者“是一家想要真正发展壮大的公司，它必须（a）制造很多人想要的东西，（b）接触并服务于这些人”。从内部看，初创企业（的发展）“是快速和非正式的，既没有多少人，也没有多少钱”（Graham 2004，p. 80）。因此，初创企业通常没有余力建立声誉。它们之所以存在，是因为企业家发现了市场愿意为其产品和/或商业服务付费的机会。创业界最具影响力的思想领袖之一 Steve Blank 说过，“初创企业不是大企业的小版本，大企业也不是初创企业的大版本”（Blank 2014），他补充道，“初创企业是一个旨在寻找可重复和可扩展的商业模式的临时组织”（Blank 2014）。除了收入增长外，员工数量增长也被视为初创企业的一个关键特征，经济合作与发展组织（OECD）建议平均每年增加20%的员工（2014 年）。从这个意义上看，初创企业不仅是新创建的企业，而且是渴望在多个层面上迅速发展壮大的组织，尽管这一过程可能长达 10 年（Davila et al. 2003）。

在本书中，我将初创企业定义为：以增加收入和员工数量为目标，成立不到 10 年，并且开发出高度创新的商业模式或技术的组织。商业模式的创新性取决于在以下几个方面采用的新方法和新组合：(a）客户是谁？(b）企业家获得了什么？(c）价值是如何产生的？(d）利润是如何创造的（Gassmann et al. 2014；Chesbrough 2007）？

如何定义高科技初创企业？

虽然复杂的技术并不一定等同于创新，但可以假定这两者是显著相关的。我们有必要在技术层面上对初创企业进行分类和区分。Josh Burwick（Sand Hill East Venture 的创始人和管理合伙人）认为：“技术是一个庞大且模糊的术语，它包含了那些处于‘技术企业’边缘的企业”（2016）。基于已有研究，我对高科技初创企业的定义包含两个关键点：首先，它们的核心产品包括需要被制造的硬件实体；其次，它们属于 OECD 的 13 个高科技行业类别之一。OECD 对工业制成品的技术强度分类（OECD 2011，2014）考虑了企业的复杂性和研发强度，并进一步区分了高科技、中科技、中低科技和低科技。表 1－2 中列出了属于高科技的行业类别，后续的分析会参照此表对初创企业进行分类。

表 1-2 OECD 高科技行业类别

OECD 高科技行业类别	
航空航天、飞机、宇宙飞船	医疗设备、精密仪器、光学仪器
生物技术和制药	汽车
化工及化工产品	非电机
电脑、办公机械	其他运输设备
电子通信	铁路和运输设备
电机及电器	科学仪器
机械和设备	

资料来源：OECD（2011，2014）；Hatzichronoglou（1997）.

如何定义早期初创企业？

本研究主要关注早期初创企业，因此有必要了解初创企业所经历的不同发展阶段。大量的著作对创业阶段展开了学术讨论，比如，Lewis 和 Churchill（1983）选择了企业发展的组织视角，尽管没有明确区分小企业和初创企业，但为初创企业和创业阶段的相关研究奠定了基础。Bell 和 McNamara（1991）引入了迭代、反馈循环以及对工作业务模式的搜寻。对合适市场的寻找、商业模式和产品的可扩展性是当代初创企业研究的核心，Blank 的《创业四步法》（*The Four Steps to The Epiphany*，2013）就是最好的例子，这也使得本书对产品的关注显得更加合适。简单地说，在对初创企业进行分类时，大多数初创企业阶段模型都会考虑以下因素中的一个或者多个：

（a）组织，例如使过程管理专业化；

（b）产品，例如完成产品的测试版；

（c）市场，例如成功获得付费客户。

定位一家初创企业所处的创业阶段的可测量指标包括可以观察

到的行动、时间跨度和财务数据。例如，Leach 和 Melicher（2011）在创业行为、时间和收入的基础上建立了他们的五阶段模型，在他们的模型中包括开发、启动、生存、快速增长和早期成熟阶段，并且很好地描述了在此过程中风险是如何发生变化的。

在种子阶段（见表 1-3），初创企业通过采取各种行动取得进展，但找到一个商业模式并不一定是第一步。要评估一个想法是否值得尝试并坚持，创业者最好尽早获得反馈，包括来自业务人员、潜在客户和技术专家的反馈，而技术专家能够帮助创业者评估这个想法的基本可行性。当产品技术复杂时，这一点尤其重要，因为它可能对开发它所需的时间产生直接影响。例如，在冷聚变反应堆和智能手机应用程序之间，完成原型设计和推向市场的时间差异很大，因此，在这一阶段支持不同企业家所需的财力差异也很大。综上所述，处于种子阶段的创业者和企业的关注点在于如何将他们的想法发展成一个概念，如何发现潜在的市场，如何为他们的企业创建组织框架，以及如何获得种子轮投资。他们必须至少在一定程度上迎合内部组织和外部检验，并尽量减轻新颖性对投资者的负面影响（Wiklund et al. 2010）。这一阶段的投资者主要包括天使投资人（business angel，BA）、孵化器项目和公共补贴项目。

表 1-3　种子阶段特征

种子阶段	
组织	存在
产品	概念
市场	发现

下一个阶段是初创阶段（见表 1-4），此时企业家主要关注原型设计。原型设计包括产品的核心技术特性、设计和市场测试等等。在这个阶段，找到愿意为产品直接或间接付费的客户是关键，因为

它不仅定义了收入模型，也最终决定了企业的商业模式，这也是为什么初创阶段最有可能发生转向。如果企业家找到了一个可行的商业模式，他们就必须进一步开发产品并投入生产。同样，产业模式和商业模式之间也存在差异。数字产品利用互联网在全球范围内即时传播，而实体产品则需要制造设施、供应链管理、运输，以及处理退货的渠道，是完全不同的价值创造过程。此外，由于在这一阶段收入不太可能超过支出，企业家需要继续依赖资本流入以确保其生存。在这个阶段，BA、早期的风险投资（venture capital，VC），甚至企业风险投资（corporate venture capital，CVC）都有可能投资初创企业。特别地，加速器项目（accelerator program）通常会有针对性地处理商业模式开发和原型设计等问题。

表 1-4　初创阶段特征

初创阶段	
组织	生存，创造成功的商业模式
产品	原型设计，转向，测试核心特性，开发，创建产品
市场	市场校准，客户第一，需求创造

如果现有的投资者和新的投资者继续为初创企业及其商业模式和产品提供资金，那么该企业就可以进入成长阶段（见表 1-5）。在这个阶段，用户和/或客户基础以及收入都会快速增长。需求的增加可能源于大量的市场营销、不断增强的销售力量、竞争对手被淘汰以及客户意识的增强。为了满足这一需求，公司整体及其生产活动必须规模化。战略性长期计划和既定流程变得十分必要，专业化程度也会进一步提高。扩大需求、提高满意度和管理水平需要一定规模的资金，风险投资一般会在这一阶段之前和期间进入，由于此阶段现金流入往往超过现金流出，风险投资会大幅升值（Leach and Melicher 2011，p. 25）。

表 1-5　成长阶段特征

成长阶段	
组织	长期战略规划，公司建设，流程
产品	扩大生产、改进
市场	渗透、重营销

后续阶段（见表 1-6）从初创企业达到成熟期时开始。理想情况下，核心产品会产生可预测的收入，而这些收入只能通过投资组合多样化或国际化来增加。风险投资的价值并没有像成长阶段那样迅速增长，这就是为什么在这一阶段投资者，尤其是风险投资，会急于退出以实现其利润。实现这一目标的常见策略是首次公开发行（initial public offering，IPO）或通过收购（例如通过交易出售）退出。其他方案包括内部收购，比如通过管理层收购等。而选择留在该公司的投资者将会进一步关注业务盈利能力，以获得长期的投资回报。

表 1-6　后续阶段特征

后续阶段	
组织	到期，可能的下一步：兼并、收购、IPO
产品	多样化
市场	多元化、国际化

表 1-7 总结并评估了初创企业各发展阶段的组织、产品和市场等因素。在本书中，我将用“早期”（early stage）这个词来描述那些展现出种子阶段和初创阶段特征的初创企业。

表 1-7　增长型企业的创业阶段

	种子阶段	初创阶段	成长阶段	后续阶段
组织	存在	生存，创造成功的商业模式	长期战略规划，公司建设，流程	到期，可能的下一步：兼并、收购、IPO

续表

	种子阶段	初创阶段	成长阶段	后续阶段
产品	概念	原型设计，转向，测试核心特性，开发，创建产品	扩大生产、改进	多样化
市场	发现	市场校准，客户第一，需求创造	渗透、重营销	多元化、国际化
资金	种子轮投资	创业融资	各轮投资	IPO、退出、内部
投资者	自有资金，友人、家人和愚人（friends，family，fools，FFF），公共补贴，BA，众筹	BA、VC、CVC、银行贷款、公共补贴、众筹	VC、CVC、家族办公室、公共补贴、银行贷款	私募股权（private equity，PE）

资料来源：作者基于 Leach and Melicher（2011），Blank（2013），Marmer et al.（2011），Lewis and Churchill（1983），Davila et al.（2003）和 Jeng and Wells（2000）整理得到。

表 1 - 7 还描述了不同的融资来源在每个阶段的可用性和相关性（Kuratko et al. 2015）。在本书中，我将使用种子轮投资（seed funding）这个术语来描述初创企业在种子阶段（即在不产生任何收入的情况下开发其基本业务理念的发展阶段）获得的资金。创业融资（startup funding）是指年轻企业在原型设计和最小可行产品（minimum viable product，MVP）实现、市场校准和创收初期筹集的资金。我将种子轮投资和创业融资合起来称为早期融资（early stage funding）。初创企业为迅速扩大规模和实现业务专业化而融资是成长阶段的特征。一旦初创企业进入后续阶段，投资者要么退出（如果他们还没有这么做的话），要么推动公司盈利以获得投资回报。投资者的偏好，比如在回收期方面，在不同类别的投资者之间是不同的。表 1 - 7 还根据不同的创业阶段对投资者进行了粗略的分类，这包括企业家自己投资和从家庭获得的投资以及风险投资，下一节会更深入地探讨不同类别的投资者的典型动机和期望。

1.3　投资者

本章整合了当前关于早期初创企业融资的知识，并对高科技初创企业相关的投资者进行了分类。以往考察初创企业对投资者信号传递问题的研究要么局限于一个投资者类别，要么将投资者视为同质的（Conti et al. 2013b；Audretsch et al. 2012），但事实上，不同类别的投资者的动机和预期存在很大不同。接下来，我将介绍初创企业早期的融资表现以及相关的文献。

初创企业早期融资现状

2015—2016 年初，多重投资的趋势日益明显。首先，创业融资稳步增长。比较 2010—2016 年 Crunchbase data 上第一季度投资的数据可以发现，美国种子轮投资年均增长率为 12%，A 轮为 14%，B 轮为 9%，C 轮为 14%，D 轮为 11%（见图 1-3，Tunguz 2016b）。风险投资市场的增长似乎很强劲，而且有可能继续下去。普华永道和美国风险投资协会（2015，2016）最近的一项研究显示，早期融资占初创企业总融资的比例处于历史高位，几乎与 1996 年的水平相当。

也许更重要的是，A 轮和 C 轮投资的中位数翻了一番，而种子轮投资的中位数变成了原来的三倍，这表明了两种发展趋势：一是拥有雄厚资金的投资者，如风险投资基金和天使财团，对早期初创企业给予了大量关注；二是投入的资金集中在越来越少的早期初创企业上（Tunguz 2016b）。在创业融资中，早期阶段的辛迪加（early stage syndication）趋势日益强劲（Gregson et al. 2013），投资者群体，特别是 BA，会共同进行种子轮投资。不过，单个投资者种子轮投资的规模有所增大，在一定程度上与辛迪加的趋势相反（Tunguz 2016c）。

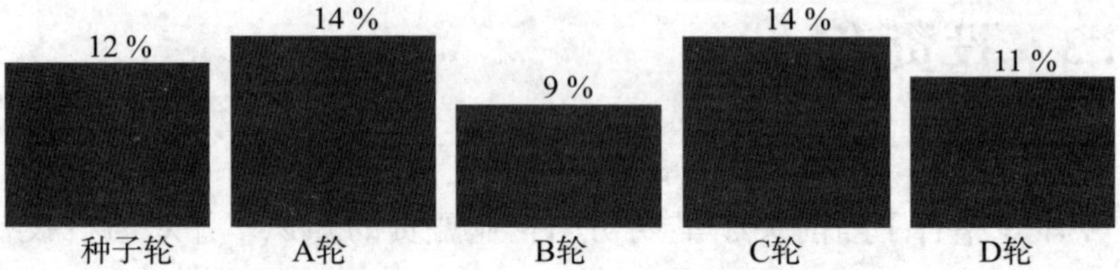

图 1－3　2010—2016 年种子轮及各轮投资的年均增长率

资料来源：Thomson Reuters；PWC（2016）.

投资者的千人千面

对某些企业家来说，投资者是一本难懂的书。一些学者认为，"投资者在做出投资选择时，其偏好是能被企业创始人所理解的"（Conti et al. 2013a，p. 342），但是考虑到不同投资者类别之间的差异，以及他们在风险规避、创业发展阶段的重点或预期投资回报等方面的不同偏好，我认为许多初创企业的创始人并不理解投资者。投资者分类及其特性一直是学术研究的主题。不同的投资者类别，如天使投资人（例如，Van Osnabrugge and Robinson 2000；Lindsay 2004；Sudek 2006）与风险投资公司和银行（Mason and Stark 2004）的投资策略有很大的不同。

高科技初创企业的资本结构往往侧重于股权，而不是债权和其他资金来源。拥有专利技术的高科技初创企业的资本结构一般侧重于股权（Audretsch et al. 2012；Scellato 2007）。因此，关注股权投资者是有意义的。下面，我将讨论所有与早期高科技初创企业相关的较大的投资者类别。

自有资金和 FFF

自有资金，即企业家投资自己的钱，这些钱通常是企业资金的第一个来源（Ebben and Johnson 2006；Van Auken 2005）。虽然初创企业在美国更为常见，但德国的初创企业也在不断壮大（DSM 2015；Sixt 2014）。创始人和所谓的 FFF 投资私人资金，使这个羽翼未丰的企业能够迈出第一步（Manolova et al. 2006）。这为创业者提供了最大的决策灵活性，但也要求创业者承担额外的财务风险。FFF 类别的投资者通常通过低利率甚至无利率贷款或捐赠提供资金（Rogers and Makonnen 2014）。他们的主要动机是支持一家羽翼未丰的初创企业，而不一定是为了从自己提供的资金中获得回报。值得注意的是，那些成为大股东的家庭成员之所以受到负面评价，主要是因为他们往往缺乏投资初创企业的专业经验（Van Auken 2005）。FFF 的债务融资被视为一种有益的社会资本，对连续融资具有积极作用（Chua et al. 2011）。

天使投资人

企业天使投资人（BA）无疑是创业初期最重要的投资者类别之一。他们是用私人资金支持未上市公司的富人，但也是最不为人知的投资者群体（Van Osnabrugge and Robinson 2000，p. Ⅺ），这是因为这个群体内部高度多样化。一些学者认为，天使投资人往往是缺乏经验的投资者，无法为公司增加重大价值（Fairchild 2011，p. 360），而其他人则认为 BA 的运营非常专业，已经建立了包含众多初创企业的投资组合。这些天使投资人根据他们所在领域的知识采用对非常狭窄的范围进行投资的策略，比如仅针对一个特定的行业或一种特定的技术进行投资（Lindsay 2004）。BA 通常通过普通股融资或可转债向企业投资数万至数十万欧元，并有一定的后续融资空间（Rogers and Makonnen 2014）。

投资的动机可以是支持年轻企业家及其生态系统的构建，也可以是获得巨大的投资回报（Sudek 2006）。DeGennaro 和 Dwyer（2009）甚至发现了天使投资收益与风险投资收益相当的证据。总的来说，“相比于企业家和风险投资者之间更为正式和疏远的关系，企业家和天使投资人往往存在一种基于信任和同理心的更为非正式和密切的伙伴关系”（Fairchild 2011，p. 360），因此，BA 在委托代理关系中会寻求并行使较弱的控制权（Goldfarb et al. 2009）。

银行

银行可以通过短期信用卡透支、抵押贷款以及非专项和专项贷款提供融资（De Bettignies and Brander 2007）。但总的来说，由于严格的监管，银行融资对于初创企业并不常用（Schramm and Carstens 2014）。过去的几年里，在美国和德国，专项的创业贷款变得更加普遍，而且通常由国有银行提供（Witt and Hack 2008），这些贷款服务于早期初创企业的材料和中间产品订购，这也与银行根据实物提供融资的传统有关，因为这些实物可以作为抵押品（Audretsch et al. 2012）。一般来说，银行为初创企业提供资金是为了获得回报，但与市场均衡相比，许多上市银行提供更低利率的贷款以支持当地的创业生态系统。

公共补贴

本书考虑的补贴类型为资金支持，不涵盖与非货币性政府捐款一起的奖励计划，如联合工作场所和教育项目等。公共部门对初创企业的金融支持包括无须偿还的赠款，如德国的 EXIST 项目以及补贴、低息贷款和免税等（Witt and Hack 2008）。尽管经常被忽视，但公共补贴是中小企业，特别是初创企业融资最重要的来源之一（Duhautois et al. 2015；Meuleman and De Maeseneire 2012；González and

Pazó 2008）。在美国，尤其是在硅谷，军费开支在高科技初创企业融资中扮演着重要的角色。Leslie（2000，p. 48）甚至称美国军队是他们当中最大的天使。

一般来说，补贴的目的是弥补社会和公共活动支出的不足。在这种情况下，在创新和研发方面实际和所需的私人支出之间的差距主要是缘于市场的不完善以及私人投资的不完全专属权（Harabi 1995；Arrow 1962）。一个重要的问题是：补贴究竟是替代性的还是互补性的（David et al. 2000）？换句话说，这一补贴究竟是扩大了私人市场投资，还是取代了私人市场投资？

现有关于补贴对初创企业，尤其是高科技初创企业影响的研究，代表性不足且尚未得出任何明确的结果。有研究显示，早期的补贴对初创企业的存活率有非常积极的影响（Carpentier 和 Suret 2010），也有研究认为，补贴会对初创企业的发展产生有害影响。在信号理论相关的文献中，Meuleman 和 De Maeseneire（2012）发现，公共补贴通过对企业质量的认证会对后续创业资金产生积极影响。

众筹

众筹是一种相当新颖的创业融资模式。众筹分为回报型众筹、捐赠型众筹、股权型众筹以及 p2p 借贷（Schramm and Carstens 2014）。其中，回报型众筹似乎是早期初创企业最重要的融资形式，它由 Kickstarter 和 Indiegogo 等平台提供，允许个人，即所谓的支持者资助一家初创企业，而作为回报，他们将在未来获得回报。这种回报通常不是经济回报，而是技术型初创企业生产的投资方支持其开发的实物产品。一般硬件类初创企业则会预售它们的产品。

Witheiler（2013，July 20）认为，“众筹所做的是一个历史上从未有过的实现产品与市场匹配的实验”。他这么说的意思是，拥有数字产品的初创企业总是能够快速、廉价地与潜在客户进行互动，而硬件类初创企业现在也能通过众筹做到这一点。然而，仅仅关注众筹促进产品与市场匹配的能力似乎是不够的，当一个人不仅考虑初创企业的种子阶段，而且考虑其后续发展阶段时，众筹可能会有更大的影响力。例如，Collins 和 Pierrakis（2012）指出，“传统的风险资本来源……已经越来越多地将其投资活动……转移到更发达的公司”（p. 17），扩大了已有的资金缺口，这一现象在欧洲大陆企业中表现得尤其明显（Mitranescu 2013），此外，种子阶段之后和初创阶段之后类似的资金缺口问题也被提出（Sohl 2013）。

在代理理论方面，众筹也为研究搜索和监控机制提供了有趣的新视角（Agrawal et al. 2015）。众筹与信号理论的结合也暗含着一个独特的过程。例如，社会资本和知识产权（有点反直觉）对众筹成功与否的影响不大（Ahlers et al. 2015）。

家族办公室

家族办公室是属于富裕家庭的投资工具，这些富裕家庭通常拥有一家成熟的企业（Amit et al. 2008；Jaffe and Lane 2004）。家族办公室并不一定专注于对其他公司的股权投资，而是会通过购买房地产以及将资产配置给私人股本公司，使其融资活动多样化。一种观点认为，家族办公室具有创业性质，因为其所有者通常是一家老牌公司的大股东，并参与其运营（Amit et al. 2008）。

然而，我们必须认识到，家族办公室和财富管理公司的风险配置与初创企业早期的不确定性不相容（Jaffe and Lane 2004；Evans 2004）。这导致家族办公室（Tunguz 2016a）和那些不能被归类为天使投资人的富人在初创企业早期融资中所占份额极小。因此，我暂时把他们列为非投资者。

企业风险投资和加速器

企业风险投资（CVC）是一种特殊类型的风险投资。成熟的公司创建投资实体，对处于早期和成长期的初创企业进行战略性投资，动机包括获取关键知识产权（intellectual property，IP）或人力资本以及探索与开发新的市场和新的工艺等（Chesbrough 2002）。企业风险投资使用的投资工具可以与传统风险投资公司媲美。初创企业获得了相当数量的资金，但投资者的主要动机并非财务回报。然而，初创企业也面临着信息、创意甚至受保护的知识产权被窃取的风险（Dushnitsky and Lenox 2006；Hellmann 2002）。例如，列克萨传媒（Lexar Media）起诉其CVC投资者东芝（Toshiba），称东芝在自己的业务和另一家投资的初创企业中非法使用其商业机密。最终，东芝被判从列克萨传媒窃取商业机密罪成立，并被处以损害赔偿金3.814亿美元、惩罚性损害赔偿金8 400万美元，总价值4.654亿美元（Information Security 2009，p.110）。

挪用、剥削和道德风险问题对企业家和投资者同样构成威胁（Dushnitsky and Shaver 2009；Benson and Ziedonis 2009）。然而，大企业的专业精神、对流程和技术的丰富知识以及它们雄厚的财力，可以极大地造福初创企业——B轮及后续投资的40%来自共同基金、对冲基金、家族办公室，特别是企业风险投资基金（Tunguz 2016a）。CVC通过对初创企业的投资及合作对新技术的发展产生了重大影响，是高科技初创企业在资金和运营方面关键的推动者（Park and Steensma 2012；Benson and Ziedonies 2009）。事实上，CVC投资呈上升趋势，2015年其在风险投资总额中占19.3%，而2013年这一比例仅为16.5%（CB Insights 2016）。

一种相对较新的企业融资形式是加速器或孵化器项目（Cohen

and Hochberg 2014；Cohen 2013）。在撰写本书时，还没有发现关于这一现象的被普遍接受的术语，但是企业、公众和夹层项目（mezzanine program）可能会影响未来初创企业的融资。

风险投资

风险投资（VC）是指一家或多家风险投资公司对初创企业进行的一项较大规模的投资。这些公司专注于高风险、高回报的机会，并用有限合伙人投资于风险投资基金的资金来投资（Sahlman 1990）。基金经理的动机在于使其基金的总投资回报率最大化，以满足投资者的需求。风险投资通常有一个明确的投资期，因此退出是必需的，从而能清算其投资所得。大多数风险投资要么试图提高高于平均回报的投资的频率，要么试图提高单个投资的回报的量级，这被称为贝比·鲁斯效应（Babe Ruth effect）（Richards 2014），是以棒球运动员贝比·鲁斯命名的。贝比·鲁斯经常三振出局，但若击中球，通常能打出本垒打。

初创企业通常需要证明自己有可信的机会迅速提升公司价值，才能获得风险投资提供的融资。通常风险投资倾向于通过 A～X 轮投资来资助创业后期和成长期的企业。然而，越来越多的风险投资公司倾向于资助早期初创企业，因为早期风险投资的估值在急剧上升。大多数风险投资公司专注于特定的轮次和投资规模以及特定的行业。今天，风险投资活动的范围覆盖了处于创业早期到创业晚期的企业（Tunguz 2016a）。不同的风险投资公司在专业知识、市场知识、信息网络或声誉方面存在明显差异（Conti et al. 2013b, p. 619）。

风险投资是美国创新和创业的关键推动者（Kortum and Lerner 2000）。然而，风险资本投资高科技企业面临的最大挑战之一是它们的投资期是有限的（Gompers 1995）。依赖科技驱动和存在复杂性的初创企业通常需要更长的时间才能足够成熟以应对变现，因此风险投资无法在适当的时候退出（Ghosh and Nanda 2010，p. 19）。一些高科技初创企业会同时与传统风险投资公司和企业风险投资公司合作（Gompers and Lerner 2004）。如果初创企业发展前景向好，后者会在公司上市前收购，从而为风险投资提供早期的流动性。

1.4　本章小结：高科技初创企业的融资环境

本章介绍了高科技初创企业面临的系统性的融资约束。已有的研究在以下几个方面存在明显的空白：（a）企业家和投资者的设定；（b）早期高科技企业不同的融资结构；（c）造成这些差异的与投资者决策有关的原因；（d）减轻高科技复杂性的负面影响的方法。本书旨在从制度和行为的角度来弥补这些空白。1.2 节将重点放在了对企业家的详细描述上，因为他们是创业活动的起点，是会思考、推理和行动，并将创意转化为商机，从而创造价值的人（Leach and Melicher 2011，p. 7；Spinelli and Adams 2012）。此外，控制点的概念也被引入关于企业家的影响力、控制力以及说服力（说服他人投资于自己的初创企业）的讨论中。

在后续的部分，高科技初创企业被定义为高度复杂、具有创造性且研发密集的企业，并且其所在行业在 OECD 高科技行业名单上（2011，2014）。为了描述初创企业早期的发展阶段，参照众多学者的方法，对早期初创企业这样定义：早期初创企业是那些刚刚成立的，或者是处于创建一个成功的商业模式过程中的，专注于产品构想或原型设计，或对产品的关键特性进行测试、实验，且尚未建立稳固市场根基的企业。关于创业者和初创企业的小节补充了对初创企业融资现状以及相关资金来源的描述，包括自有资金和 FFF、风险投资、银行、公共补贴、家族办公室、CVC 和私募股权等。这表明，首先，各种不同的投资者类别都可能与高科技初创企业相关，并且具有不同的投资动机和投资条件；其次，即使在同类别的投资者中，其理论基础也可能存在差异，下一章的目的就是在一个连贯一致的理论框架中对这些方面进行刻画和分析。

参考文献

Ács, Z. J., Autio, E., & Szerb, L. (2014). National systems of entrepreneurship: Measurement issues and policy implications. *Research Policy*, 43 (3), 476-494.

Agrawal, A., Catalini, C., & Goldfarb, A. (2015). Crowdfunding: Geography, social networks, and the timing of investment decisions. *Journal of Economics & Management Strategy*, 24 (2), 253-274.

Ahlers, G. K., Cumming, D., Günther, C., & Schweizer, D. (2015). Signaling in equity crowdfunding. *Entrepreneurship Theory and Practice*, 39 (4), 955-980.

Alvarez, S. A., & Barney, J. B. (2007). Discovery and creation: Alternative theories of entrepreneurial action. *Strategic Entrepreneurship Journal*, 1 (1-2), 11-26.

Alvarez, S. A., Barney, J. B., & Young, S. L. (2010). Debates in entrepreneurship: Opportunity formation and implications for the field of entrepreneurship. In Z. J. Acs & D. B. Audretsch (Eds.), *Handbook of entrepreneurship research* (2nd ed., pp. 23-45). Heidelberg: Springer.

Amit, R., Liechtenstein, H., Prats, I., Millay, T., & Pendleton, L. (2008). Single family offices: Private wealth management in the family context. *Working paper from Wharton Global Family Alliance*. Retrieved from http://

wgfa. wharton. upenn. edu/documents/WhartonGFA_SFO_Study. pdf.

Arrow, K. J. (1962). Economic welfare and the allocation of resources for inventions. In R. R. Nelson (Ed.), *The rate and direction of inventive activity* (pp. 609 - 625). Princeton, NJ: Princeton University Press.

Audretsch, D. B., Böonte, W., & Mahagaonkar, P. (2012). Financial signaling by innovative nascent ventures: The relevance of patents and prototypes. *Research Policy*, 41 (8), 1407 - 1421.

Baker, T., & Nelson, R. (2005). Creating something from nothing: Resource construction through entrepreneurial bricolage. *Administrative Science Quarterly*, 50 (3), 329 - 366.

Bania, N., Eberts, R. W., & Fogarty, M. S. (1993). Universities and the startup of new companies: Can we generalize from route 128 and Silicon Valley? *The Review of Economics and Statistics*, 75 (4), 761 - 766.

Barberis, N., Greenwood, R., Jin, L., & Shleifer, A. (2015). X-CAPM: An extrapolative capital asset pricing model. *Journal of Financial Economics*, 115 (1), 1 - 24.

Baron, R. A. (2007). Behavioral and cognitive factors in entrepreneurship: Entrepreneurs as the active element in new venture creation. *Strategic Entrepreneurship Journal*, 1 (1 - 2), 167 - 182.

Baron, R. A., & Ensley, M. D. (2006). Opportunity recognition as the detection of meaningful patterns: Evidence from comparisons of novice and experienced entrepreneurs. *Management Science*, 52 (9), 1331 - 1344.

Baum, J. A., Calabrese, T., & Silverman, B. S. (2000). Don't go it alone: Alliance network composition and startups' performance in Canadian biotechnology. *Strategic Management Journal*, 21 (3), 267 - 294.

Bell, C. G., & McNamara, J. E. (1991). *High-tech ventures: The guide for entrepreneurial success*. New York, NY: Perseus Books.

Benson, D., & Ziedonis, R. H. (2009). Corporate venture capital as a window on new technologies: Implications for the performance of corporate investors when acquiring startups. *Organization Science*, 20 (2), 329 - 351.

Black, B. S., & Gilson, R. J. (1998). Venture capital and the structure of capital markets: Banks versus stock markets. *Journal of Financial Economics*, 47 (3), 243 - 277.

Blank, S. (2013). *The four steps to the epiphany* (2nd ed.). Pescadero: K&S Ranch.

Blank, S. (2014). *Why companies are not startups*. Retrieved from http://steveblank.com/2014/03/ 04/why-companies-are-not-startups/.

Block, J. H., & Sandner, P. (2011). Venture capital funding in the middle of the year 2011: Are we back to pre-crisis boom levels? *Strategic Change*, 20 (5 - 6), 161 - 169.

Bonarini, A., Matteucci, M., Migliavacca, M., & Rizzi, D. (2014). R2P: An open source hardware and software modular approach to robot prototyping. *Robotics and Autonomous Systems*, 62 (7), 1073 - 1084.

Boone, C., Brabander, B., & Witteloostuijn, A. (1996). CEO locus of control and small firm performance: An integrative framework and empirical test. *Journal of Management Studies*, 33 (5), 667 - 700.

Bresnahan, T. (2010). General purpose technologies. *Handbook of the Economics of Innovation*, 2, 761 - 791.

Brockhaus, R. H. (1982). The psychology of the entrepreneur. In C. Kent, D. Sexton, & K. Vesper (Eds.), *Encyclopedia of entrepreneurship* (pp. 39 - 57). Englewood Cliffs, NJ: Prentice -Hall.

Bull, I., & Willard, G. (1995). Towards a theory of entrepreneurship. In I. Bull, T. Howard, & G. Willard (Eds.), *Entrepreneurship. Perspectives on theory building* (pp. 1 - 16). Trowbridge: Redwood Books.

Burwick, J. (2016). 4 investment mistakes I won't make in 2016. *Venturebeat*. Retrieved from http://venturebeat.com/2016/01/10/4-investment-mistakes-i-wont-make-in-2016/.

Busenitz, L. W., Fiet, J. O., & Moesel, D. D. (2005). Signaling in venture capitalist—new venture team funding decisions: Does it indicate long-term venture outcomes? *Entrepreneurship Theory and Practice*, 29 (1), 1 - 12.

Campbell, D. T., Heyes, C. M., & Callebaut, W. G. (1987). Evolutionary epistemology bibliography. In W. Callebaut & R. Pinxten (Eds.), *Evolutionary epistemology* (pp. 405 - 431). Dordrecht: Springer.

Carpenter, R. E., & Petersen, B. C. (2002). Capital market imperfections, high-tech investment, and new equity financing. *The Economic Journal*, 112 (February), F54 - F72.

Carpentier, C., & Suret, J. M. (2010). Entrepreneurial equity financing and securities regulation: An empirical analysis. *International Small Business Journal*, 30, 41 - 64.

Casson, M. (2003). *The entrepreneur — An economic theory* (2nd ed.). Cheltenham: Edward Elgar.

Casson, M., & Casson, C. (2013). *The entrepreneur in history: From medieval merchant to modern business leader*. Basingstoke: Palgrave Macmillan.

Casson, P. D., Martin, R., & Nisar, T. M. (2008). The financing decisions of innovative firms. *Research in International Business and Finance*, 22 (2), 208 - 221.

CB Insights. (2015). *Hardware startups see exits twice as large as those in other tech sectors*. Retrieved from https://www.cbinsights.com/blog/fastest-exiting-tech-startup-sectors/20150623.

CB Insights. (2016). 2015 *global corporate venture capital report*. Retrieved from https://www.cbinsights.com/research-global-cvc-2015.

Chesbrough, H. (2007). Business model innovation: It's not just about technology anymore. *Strategy & Leadership*, 35 (6), 12 - 17.

Chesbrough, H. W. (2002). Making sense of corporate venture capital.

Harvard Business Review, 80 (3), 90–99.

Chong, V. K., & Eggleton, I. R. (2003). The decision-facilitating role of management accounting systems on managerial performance: The influence of locus of control and task uncertainty. *Advances in Accounting*, 20, 165–197.

Chua, J. H., Chrisman, J. J., Kellermanns, F., & Wu, Z. (2011). Family involvement and new venture debt financing. *Journal of Business Venturing*, 26 (4), 472–488.

Cohen, S. L. (2013). How to accelerate learning: Entrepreneurial ventures participating in accelerator programs. *Doctoral dissertation*, The University of North Carolina at Chapel Hill.

Cohen, S., & Hochberg, Y. V. (2014). Accelerating startups: The seed accelerator phenomenon. *SSRN Journal*, *March* 2014, 1–16.

Collins, L., & Pierrakis, Y. (2012). *The venture crowd: Crowd funding equity investments into business*. London: Nesta.

Connelly, B. L., Certo, S. T., Ireland, R. D., & Reutzel, C. R. (2011). Signaling theory: A review and assessment. *Journal of Management*, 37 (1), 39–67.

Conti, A., Thursby, M., & Rothaermel, F. T. (2013a). Show me the right stuff: Signals for high-tech startups. *Journal of Economics & Management Strategy*, 22 (2), 341–364.

Conti, A., Thursby, J., & Thursby, M. (2013b). Patents as signals for startup financing. *The Journal of Industrial Economics*, 61 (3), 592–622.

David, P. A., Hall, B. H., & Toole, A. A. (2000). Is public R&D a complement or substitute for private R&D? A review of the econometric evidence. *Research Policy*, 29 (4), 497–529.

Davila, A., Foster, G., & Gupta, M. (2003). Venture capital financing and the growth of startup firms. *Journal of Business Venturing*, 18 (6), 689–708.

De Bettignies, J. E., & Brander, J. A. (2007). Financing entrepreneurship: Bank finance versus venture capital. *Journal of Business Venturing*, 22 (6), 808 - 832.

DeGennaro, R. P., & Dwyer, G. P. (2009). *Expected returns to angel investors*. Atlanta: Federal Reserve Bank of Atlanta.

DSM. (2015). *Deutscher startup monitor* 2016. Berlin: BVDS & KPMG.

Duhautois, R., Redor, D., & Desiage, L. (2015). Long term effect of public subsidies on start-up survival and economic performance: An empirical study with French data. *Revue d'économie industrielle*, 1, 11 - 41.

Dushnitsky, G., & Lenox, M. J. (2006). When does corporate venture capital investment create firm value? *Journal of Business Venturing*, 21 (6), 753 - 772.

Dushnitsky, G., & Shaver, J. M. (2009). Limitations to interorganizational knowledge acquisition: The paradox of corporate venture capital. *Strategic Management Journal*, 30 (10), 1045 - 1064.

Ebben, J., & Johnson, A. (2006). Bootstrapping in small firms: An empirical analysis of change over time. *Journal of Business Venturing*, 21 (6), 851 - 865.

Economist. (2015, December 4). Hyperactive, yet passive. *Economist*. Retrieved from Ahttps://www.economist.com/news/leaders/21679450-worries-about-corporate-myopia-miss-point-even-amer ica-business-not-dynamic.

Egger, P., Eggert, W., Keuschnigg, C., & Winner, H. (2010). Corporate taxation, debt financing and foreign-plant ownership. *European Economic Review*, 54 (1), 96 - 107.

Eisenhardt, K. M. (1989). Agency theory: An assessment and review. *The Academy of Management Review*, 14 (1), 57 - 74.

Elitzur, R., & Gavious, A. (2003). Contracting, signaling, and moral hazard: A model of entrepreneurs, 'angels', and venture capitalists. *Journal of Business Venturing*, 18 (6), 709 - 725.

Evans, J. L. (2004). Wealthy investor attitudes, expectations, and behaviors toward risk and return. *The Journal of Wealth Management*, 7 (1), 12 - 18.

Fairchild, R. (2011). An entrepreneur's choice of venture capitalist or angel-financing: A behavioral game-theoretic approach. *Journal of Business Venturing*, 26 (3), 359 - 374.

Fazzari, S. M., Hubbard, R. G., Petersen, B. C., Blinder, A. S., & Poterba, J. M. (1988). Financing constraints and corporate investment. *Brookings Papers on Economic Activity*, 1988 (1), 141 - 206.

Ford, J. D. (1999). Organizational change as shifting conversations. *Journal of Organizational Change Management*, 12 (6), 480 - 500.

Gartner, W. B. (1989). Some suggestions for research on entrepreneurial traits and characteristics. *Entrepreneurship Theory and Practice*, 14 (1), 27 - 38.

Gassmann, O., Frankenberger, K., & Csik, M. (2014). *The business model navigator: 55 models that will revolutionise your business*. Harlow: Pearson.

Ghosh, S., & Nanda, R. (2010). Venture capital investment in the clean energy sector. *Harvard Business School Entrepreneurial Management Working Paper*, 11-020.

Godefroy, F. (1965). *Dictionnaire de l'ancienne langue francçaise et de tous ses dialectes du IXe au XVe siėle*. Vaduz: Kraus Reprint (Original work published 1880).

Goldfarb, B., Hoberg, G., Kirsch, D., & Triantis, A. (2009). *Does angel participation matter? An analysis of early venture financing*. Chicago, IL: Searle Center on Law, Regulation and Economic Growth.

Gompers, P. (1995). Optimal investment, monitoring, and the staging of venture capital. *Journal of Finance*, 50 (4), 1461 - 1489.

Gompers, P. A., & Lerner, J. (2004). *The venture capital cycle* (2nd ed.). Cambridge, MA: MIT Press.

González, X., & Pazó, C. (2008). Do public subsidies stimulate private R&D spending? *Research Policy*, 37 (3), 371 - 389.

Graham, P. (2004). *Hackers & painters: Big ideas from the computer age*. Sebastopol, CA: O'Reilly.

Graham, P. (2012). *Startup = growth*. Retrieved from http://paulgraham.com/growth.html.

Grant, P., & Perren, L. (2002). Small business and entrepreneurial research: Meta-theories, paradigms and prejudices. *International Small Business Journal*, 20 (2), 185 - 211.

Grégoire, D. A., Corbett, A. C., & McMullen, J. S. (2011). The cognitive perspective in entrepreneurship: An agenda for future research. *Journal of Management Studies*, 48 (6), 1443 - 1477.

Gregson, G., Mann, S., & Harrison, R. (2013). Business angel syndication and the evolution of risk capital in a small market economy: Evidence from Scotland. *Managerial and Decision Economics*, 34 (2), 95 - 107.

Grover, V., & Saeed, K. A. (2007). The impact of product, market, and relationship characteristics on interorganizational system integration in manufacturer-supplier dyads. *Journal of Management Information Systems*, 23 (4), 185 - 216.

Harabi, N. (1995). Appropriability of technical innovations: An empirical analysis. *Research Policy*, 24 (6), 981 - 992.

Hatzichronoglou, T. (1997). Revision of the high-technology sector and product classification. *OECD Science, Technology and Industry Working Papers*, 1997/02. Paris: OECD Publishing.

Häussler, C., Harhoff, D., & Müller, E. (2009). To be financed or not...—The role of patents for venture capital-financing. *ZEW-Centre for European Economic Research Discussion Paper*, (09-003).

Hayek, F. A. (1948). 'Free' enterprise and competitive order. In F. A. Hayek (Ed.), *Individualism and economic order* (pp. 107 - 118). Chicago, IL: University of Chicago Press.

Hellmann, T. (2002). A theory of strategic venture investing. *Journal of Financial Economics*, 64 (2), 285 - 314.

Hoppe, H. C., Moldovanu, B., & Sela, A. (2009). The theory of assortative matching based on costly signals. *The Review of Economic Studies*, 76 (1), 253 - 281.

Hottenrott, H., Hall, B. H., & Czarnitzki, D. (2015). Patents as quality signals? The implications for financing constraints on R&D. *Economics of Innovation and New Technology*, 25 (3), 197 - 217.

Hume, J. F. (1888). *The art of investing*. New York, NY: Appleton.

Information Security. (2009). *Securing intellectual property: Protecting trade secrets and other information assets*. Burlington, MA: Elsevier.

Jaffe, D. T., & Lane, S. H. (2004). Sustaining a family dynasty: Key issues facing complex multigenerational business-and investment-owning families. *Family Business Review*, 17 (1), 81 - 98.

Jeng, L. A., & Wells, P. C. (2000). The determinants of venture capital funding: Evidence across countries. *Journal of Corporate Finance*, 6 (3), 241 - 289.

Jensen, M. C. (2005). Agency costs of overvalued equity. *Financial management*, 34 (1), 5 - 19.

Kaplan, S. N., & Zingales, L. (2000). *Investment-cash flow sensitivities are not valid measures of financing constraints* (No. w7659). Cambridge, MA: National Bureau of Economic Research.

Kirzner, I. (1973). *Competition and entrepreneurship*. Chicago: University of Chicago Press. Kortum, S., & Lerner, J. (2000). Assessing the contribution of venture capital to innovation. *RAND Journal of Economics*, 31 (4),

647 - 692.

Korunka, C., Frank, H., Lueger, M., & Mugler, J. (2003). The entrepreneurial personality in the context of resources, environment, and the startup process—A configurational approach. *Entrepreneurship Theory and Practice*, 28 (1), 23 - 42.

Kratochvíl, M., & Carson, C. (2005). *Growing modular: Mass customization of complex products, services and software*. Heidelberg: Springer.

Kroeck, K. G., Bullough, A. M., & Reynolds, P. D. (2010). Entrepreneurship and differences in locus of control. *Journal of Applied Management and Entrepreneurship*, 15 (1), 21 - 49.

Kuratko, D. F., Morris, M. H., & Schindehutte, M. (2015). Understanding the dynamics of entrepreneurship through framework approaches. *Small Business Economics*, 45 (1), 1 - 13.

Leach, J. C., & Melicher, R. W. (2011). *Entrepreneurial finance* (4th ed.). Mason, OH: South Western.

Leitch, C. M., Hill, F. M., & Harrison, R. T. (2009). The philosophy and practice of interpretivist research in entrepreneurship: Quality, validation, and trust. *Organizational Research Methods*, 13 (1), 67 - 84.

Leland, H. E., & Pyle, D. H. (1977). Informational asymmetries, financial structure, and financial intermediation. *Journal of Finance*, 32 (2), 371 - 387.

Leslie, S. W. (2000). The biggest 'angel' of them all: The military and the making of Silicon Valley. In M. Kenny (Ed.), *Understanding Silicon Valley: The anatomy of an entrepreneurial region* (pp. 48 - 70). Stanford: Stanford University Press.

Lewis, V. L., & Churchill, N. C. (1983). The five stages of small business growth. *Harvard Business Review*, 61 (3), 30 - 50.

Lindsay, N. J. (2004). Do business angels have an entrepreneurial orientation? *Venture Capital*, 6 (2 - 3), 197 - 210.

Manolova, T. S., Manev, I. M., Carter, N. M., & Gyoshev, B. S. (2006). Breaking the family and friends' circle: Predictors of external financing usage among men and women entrepreneurs in a transitional economy. *Venture Capital*, 8 (02), 109 - 132.

Marmer, M., Herrmann, B. L., Dogrultan, E., Berman, R., Eesley, C., & Blank, S. (2011). *Startup genome report extra: Premature scaling*. Retrieved from http://bit.ly/1gnKlzg.

Maskin, E., & Tirole, J. (1990). The principal-agent relationship with an informed principal: The case of private values. *Econometrica: Journal of the Econometric Society*, 58 (2), 379 - 409.

Mason, C., & Stark, M. (2004). What do investors look for in a business plan? A comparison of the investment criteria of bankers, venture capitalists and business angels. *International Small Business Journal*, 22 (3), 227 - 248.

Meuleman, M., & De Maeseneire, W. (2012). Do R&D subsidies affect SMEs' access to external financing? *Research Policy*, 41 (3), 580 - 591.

Meyer, M., Libaers, D., Thijs, B., Grant, K., Glänzel, W., & Debackere, K. (2014). Origin and emergence of entrepreneurship as a research field. *Scientometrics*, 98 (1), 473 - 485.

Mill, J. S. (1870). *Principals of political economy with some of their applications to social philosophy* (Vol. 1). New York, NY: D. Appleton and Company (Original work published 1848).

Mitranescu, M. (2013). *The Silicon Valley's role in narrowing the funding gap in Europe*. Retrieved from http://www.rudebaguette.com/2013/10/30/funding-business-opportunities-in- europe-as-seen-at-disrupt-berlin/.

Mondello, G. (2012). *Ambiguity, agency relationships and adverse selection*. Retrieved from https://halshs.archives-ouvertes.fr/halshs-00929978/.

Murphy, A. E. (1986). *Richard Cantillon—Entrepreneur and economist*. Oxford: Oxford University Press.

Mylovanov, T., & Tröger, T. (2012). Informed-principal problems in environments with generalized private values. *Theoretical Economics*, 7 (3), 465 - 488.

National Venture Capital Association. (2015). *U. S. venture capital investment spanned 133 MSAs in 2015*. Retrieved from http://nvca.org/pressreleases/u-s-venture-capital-investment-spanned- 133-msas-in-2015/.

National Venture Capital Association. (2016). 2016 *National Venture Capital Association Yearbook*. New York: Thomson Reuters.

Novak, S., & Eppinger, S. D. (2001). Sourcing by design: Product complexity and the supply chain. *Management Science*, 47 (1), 189 - 204.

OECD. (2011). *Technology intensity definition—classification of manufacturing industries into categories based on R&D intensities*. Paris: OECD.

OECD. (2014). *OECD science, technology and industry outlook 2014*. Paris: OECD.

Ollier, S., & Thomas, L. (2013). Ex post participation constraint in a principal - agent model with adverse selection and moral hazard. *Journal of Economic Theory*, 148 (6), 2383 - 2403.

Park, H. D., & Steensma, H. K. (2012). When does corporate venture capital add value for new ventures? *Strategic Management Journal*, 33 (1), 1 - 22.

Porter, M. E. (1980). *Competitive strategy*. New York, NY: Free Press.

PWC. (2015). *Venture capital investing exceeds $17 billion for the first time since Q4 2000*. Retrieved January 23, 2016, from http://www.pwc.com/us/en/press-releases/2015/venture-cap ital-investing-exceeds.html.

PWC. (2016). *Historical trend data from the Money Tree Report*. Retrieved January 16, 2016 from http://www.pwcmoneytree.com/HistoricTrends/CustomQueryHistoricTrend.

Rajan, R. G. (1992). Insiders and outsiders: The choice between informed and arm's-length debt. *The Journal of Finance*, 47 (4), 1367 - 1400.

Richards, T. (2014). *Investing psychology: The effects of behavioral finance on investment choice and bias*. Hoboken, NJ: Wiley.

Robb, A. M., & Robinson, D. T. (2014). The capital structure decisions of new firms. *Review of Financial Studies*, 27 (1), 153 - 179.

Rogers, S., & Makonnen, R. (2014). *Entrepreneurial finance* (3rd ed.). New York, NY: McGraw-Hill.

Rotter, J. B. (1966). Generalized expectancies for internal versus external control of reinforcement. *Psychological Monographs: General and Applied*, 80 (1), 1 - 28.

Sahlman, W. A. (1990). The structure and governance of venture-capital organizations. *Journal of Financial Economics*, 27 (2), 473 - 521.

Sarasvathy, S. D. (2001). Causation and effectuation: Toward a theoretical shift from economic inevitability to entrepreneurial contingency. *Academy of Management Review*, 26 (2), 243 - 263.

Say, J. B. (1823). *Traité d'économie politique*. Paris: Bouguet et Levi (Original work published 1803).

Scellato, G. (2007). Patents, firm size and financial constraints: An empirical analysis for a panel of Italian manufacturing firms. *Cambridge Journal of Economics*, 31 (1), 55 - 76.

Schramm, D. M., & Carstens, J. (2014). Eine kurze Geschichte der Unternehmensfinanzierung. In D. M. Schramm & J. Carstens (Eds.), *Startup-Crowdfunding und Crowdinvesting: Ein Guide fuür Gründer* (pp. 1 - 4). Wiesbaden: Springer.

Schumpeter, J. A. (1912). *Theorie der wirtschaftlichen Entwicklung—Eine Untersuchung über Unternehmergewinn, Kapital, Kredit, Zins und den Konjunkturzyklus*. Berlin: Duncker und Humblot.

Scott, A. J. (2006). Entrepreneurship, innovation and industrial development: Geography and the creative field revisited. *Small Business Economics*,

26 (1), 1-24.

Sexton, D. L., & Bowman, N. (1985). The entrepreneur: A capable executive and more. *Journal of Business Venturing*, 1 (1), 129-140.

Shane, S. A. (2003). *A general theory of entrepreneurship: The individual-opportunity nexus*. Northampton, MA: Edward Elgar.

Shane, S. A. (2007). *A general theory of entrepreneurship: The individual-opportunity nexus* (2nd ed.). Cheltenham: Edward Elgar.

Shane, S., & Venkataraman, S. (2000). The promise of entrepreneurship as a field of research. *Academy of Management Review*, 25 (1), 217-226.

Sharpe, W. F. (1964). Capital asset prices: A theory of market equilibrium under conditions of risk. *The Journal of Finance*, 19 (3), 425-442.

Sixt, E. (2014). *Schwarmökonomie und Crowdfunding*. Wiesbaden: Springer.

Sohl, J. (2013). *The angel investor market in 2012: A moderating recovery continues*. Center for Venture Research. Retrieved from https://paulcollege.unh.edu/sites/paulcollege.unh.edu/files/2013%20Analysis%20Report%20FINAL.pdf.

Spence, A. M. (1973). Job market signaling. *Quarterly Journal of Economics*, 87 (3), 355-374.

Spence, M. (1974). Competitive and optimal responses to signals: An analysis of efficiency and distribution. *Journal of Economic Theory*, 7 (3), 296-332.

Spinelli, S., & Adams, R. (2012). *New venture creation* (9th ed.). New York: McGraw Hill.

Stevenson, H., & Jarillo, J. C. (1990). A paradigm of entrepreneurship: Entrepreneurial Management. *Strategic Management Journal*, 11 (5), 17-27.

Stiglitz, J. E., & Weiss, A. (1981). Credit rationing in markets with imperfect information. *The American Economic Review*, 71 (3), 393-410.

Sudek, R. (2006). Angel investment criteria. *Journal of Small Business*

Strategy, 17 (2), 89 - 103.

Tech, R. P. G., Ferdinand, J. P., & Dopfer, M. (2016). Open source hardware startups and their communities. In J. P. Ferdinand, U. Petschow, & S. Dickel (Eds.), *The decentralized and networked future of value creation* (pp. 129 - 145). Cham: Springer.

Timmons, J. A., Muzyka, D. F., Stevenson, H. H., & Bygrave, W. D. (1987). Opportunity recognition: The core of entrepreneurship. *Frontiers of Entrepreneurship Research*, 7 (2), 109 - 123.

Tunguz, T. (2015). *Startup investment trends 2015*. Retrieved from http://tomtunguz. com/startup- investment-trends-2015/.

Tunguz, T. (2016a). *The state of the startup fundraising market in 2016*. Retrieved from http:// tomtunguz. com/fundraising-market-2016/.

Tunguz, T. (2016b). *Inflation and deflation in the startup fundraising market*. Retrieved from http://tomtunguz. com/median-round-sizes-q1-2016/.

Tunguz, T. (2016c). *Party rounds in seeds—Just getting started or has the clock struck midnight*? Retrieved from http://tomtunguz. com/party-in-seed-rounds/.

Van Auken, H. V. (2005). Differences in the usage of bootstrap financing among technology-based versus nontechnology-based firms. *Journal of Small Business Management*, 43 (1), 93 - 103.

Van Osnabrugge, M. (2000). A comparison of business angel and venture capitalist investment procedures: An agency theory-based analysis. *Venture Capital*, 2 (2), 91 - 109.

Van Osnabrugge, M., & Robinson, R. J. (2000). *Angel investing: Matching startup funds with startup companies*. San Francisco, CA: Jossey-Bass.

Van Praag, C. M., & Versloot, P. H. (2007). What is the value of entrepreneurship? A review of recent research. *Small Business Economics*, 29 (4), 351 - 382.

von Mises, L. (1940). *Nationalökonomie—Theorie des Handelns und Wirtschaftens*. Geneva: Editions Union.

Webb, J. W., Bruton, G. D., Tihanyi, L., & Ireland, R. D. (2013). Research on entrepreneurship in the informal economy: Framing a research agenda. *Journal of Business Venturing*, 28 (5), 598 - 614.

Wijbenga, F. H., & van Witteloostuijn, A. (2007). Entrepreneurial locus of control and competitive strategies—The moderating effect of environmental dynamism. *Journal of Economic Psychology*, 28 (5), 566 - 589.

Wiklund, J., Baker, T., & Shepherd, D. (2010). The age-effect of financial indicators as buffers against the liability of newness. *Journal of Business Venturing*, 25 (4), 423 - 437.

Witheiler, M. (2013, July 20). The hardware revolution will be crowdfunded. *VentureBeat*. Retrieved from http://venturebeat.com/2013/07/20/the-hardware-revolution-will-be-crowdfunded/.

Witt, P., & Hack, A. (2008). Staatliche Gründungsfinanzierung: Stand der Forschung und offeneFragen. *Journal für Betriebswirtschaft*, 58 (2), 55 - 79.

Wolcott, R. C., & Lippitz, M. J. (2010). *Growth from within—Mastering corporate entrepreneurship and innovation*. New York, NY: McGraw-Hill.

Zahra, S. A., Korri, J. S., & Yu, J. (2005). Cognition and international entrepreneurship: Implications for research on international opportunity recognition and exploitation. *International Business Review*, 14 (2), 129 - 146.

第二章　理论：复杂性挑战

在前述介绍部分，讨论了初创企业特征、初创企业的创业行为和投资者偏好。在本章中，我们发展了一个理论框架来捕捉复杂性的本质及其对投资者感知到的不确定性的影响。对于投资者而言，不确定性决定了：（a）可用资金决策的集合，即，他们是否投资于特定的初创企业类型；（b）投资者做出决策的方式。

这项研究结合了创业金融（entrepreneurial finance）、新制度经济学（new institutional economics，NIE）以及行为经济学（behavioral economics，BE）的理论知识体系。高科技初创企业的特点是拥有复杂的产品，且企业家与投资者之间存在严重的信息不对称。因此，初创企业背负着复杂性挑战。

新制度经济学及其子领域的交易成本经济学、委托代理理论和产权理论有助于本章分析初创企业的可用决策选择和企业背景。行为经济学及其子领域情感启发式和累积前景理论（cumulative prospect theory，CPT）有助于分析不确定性如何影响投资者决策。虽然生产高科技产品的初创企业本质上比低技术企业更具不确定性，但可能有办法缓解复杂性挑战带来的不利影响。本章研究的缓解策略建立在信号理论的基础上，这将在本章中详细讨论。

2.1　复杂性是高科技初创企业的核心特征

如 1.2 节所述，在高科技初创企业的背景下，OECD 的分类系统可以用于识别重要的高科技行业（OECD 2011，2014）。此外，关于复杂项目（Geraldi et al. 2011）和复杂的产品和系统（Hobday 1998）的文献提供了刻画高科技和实物产品的方法。因此，我将复杂性作为高科技初创企业的关键和决定性因素，这可以在 2.2 节用于支持对机构设置和交易成本的评估。这是因为复杂性不仅影响与初创企业内部流程相关的不确定性，而且影响其与外部世界的关系——其中最重要的是与投资者的关系。

什么是复杂产品?

产品复杂性是指产品的各种关键维度以及产品的各系统元素之间的相互作用。从更广泛的意义上讲，它是"相互关联的元素系统中存在的发生、动态变化、非线性和其他行为"（Geraldi et al. 2011，p. 968）。从狭义上讲，Hobday（1998）使用复杂产品和系统（complex products and systems，CoPS）这一术语来强调"创新领域中被忽视的一类经济活动的独特特征"（p. 689）。他将 CoPS 定义为"高成本、工程密集型的产品、系统、网络和构造"（p. 690）。Novak 和 Eppinger（2001）提出的产品复杂性评估指出："产品复杂性的度量有三个主要元素：（1）产品各组成部分的数量；（2）管理的相互作用的程度以及（3）产品新颖程度。"（p. 189）在更细微的层面上，复杂性是由于缺乏标准化、新知识和技能的广泛运用、行业间协调的增加和小批量生产导致的（Hobday 1998；Shenhar 1994）。这些属性的相互作用将复杂产品与其他的小批量产品（例如建筑物或道路工程）区分开来，因为这些小批量产品的生产主要运用一些标准化的程序、材料和知识。

直接影响复杂性从而影响交易成本的许多驱动因素可分为三个主要维度（见表 2-1）。这些维度基于 Hobday（1998），Prencipe（2000），Gomes 等（2003），Grover 和 Saeed（2007）的研究。首先，产品复杂性驱动因素描述与产品本身直接相关的属性。其次，内部驱动因素主要包括直接围绕产品的组织，即初创企业。这个维度也可以与企业家和所谓的管理复杂性联系起来（Maylor et al. 2008）。最后，外部驱动因素涉及外部各方以及围绕产品和初创企业的环境。下面将就这三个维度进行详细分析。

表 2-1　产品、内部和外部复杂性因素

复杂性维度	复杂性驱动因素
产品	子系统和组件的数量
	组件定制程度
	最终系统定制程度
	容量
	单位成本
内部因素	必要的实物资产
	新知识和技巧
	行业间协作
外部因素	用户和客户参与度
	供应商参与度
	关键合伙人参与度
	其他监管的参与度

资料来源：本表依据 Grover and Saeed（2007），Gomes et al.（2003），Prencipe（2000）和 Hobday（1998）的研究整理而成。

产品复杂性的驱动因素

定制水平在评估产品的复杂性方面起着关键作用（Tu et al. 2004；Ghosh et al. 2006）。例如，从使用非标准化组件创建早期原型到定制销售给客户的最终产品，定制的效果都有所显现。与 10 年前相比，今天的 CAD 程序允许相对容易和可扩展的设计定制。脚本设计已经支持专业设计人员快速添加和修改产品的特定元素。基于在线和基于浏览器的定制器甚至允许用户和客户自己在设定限制内进行定制。目前，我们还缺乏对定制产品的功能、可制造性和合规性的自动评估，但这是下一个合乎逻辑的步骤。这一发展将进一步降低定制成本，但也会在管理、制造和分销方面增加复杂性，特别是外部复杂性。

小批量通常会导致高单位成本，因为规模不经济（Prencipe 2000）。现代制造技术——例如，3D 打印（增材制造）和工业物联网——可以减少单个单元和非常小的批量成本，但是几乎不能达到与大规模生产成本相当的程度。基于软件的初创企业会经历相对增加的复杂性，因为下载 10 次或 1 000 万次的软件之间的差异微乎其微。在实际生产的情况下，扩大生产规模涉及外部各方，通常在国外，需要非常具体和经过测试的设计和蓝图。对于任何超出本地和内部生产的硬件企业，尤其是高科技初创企业而言，大规模可制造性是一项重大挑战。

另一层复杂性与子系统和组件的数量相关。产品组成的元素越多，其复杂性就越高（Simon 1996）。到目前为止，模块化和标准化的代码和接口支持了软件开发并缩短了开发时间。随着微控制器和微处理器系统（如 Arduino 和 Raspberry RasperryPiPi）的出现，硬件也出现了这种趋势。然而，构建标准化模件的生态系统和用于开发硬件和高科技的系统都还不存在。因此，子系统和组件进一步增加了产品的复杂性和不确定性。

内部和外部复杂性的驱动因素

随着内部和外部协调的增加以及行动的一致性，有效的管理很快变得复杂（Gomes et al. 2003；Prencipe 2000）。新知识和技能的多样性和合作进一步增加了复杂性。虽然软件开发在高效的项目管理方面经历了重大改进（例如，通过SCRUM方法），但硬件开发缺乏类似的敏捷和精益的工具（agile and lean tools）。当然，信息不对称和交易成本随着协调水平的提高而增加。如果涉及外部合作伙伴，这个因素的影响会被放大，增加多样性和提高协调水平会增加复杂性。用于区分产品类别的更广泛的分类系统是“高科技”与“低科技”，这种区别是通过研发、科学和工程的标准来衡量的（Miller and Cote 1987）。这种区分也与新知识和技能的变量有关。

复杂的产品通常需要高度的用户参与。实际上，Hobday（1998）观察到：“用户参与研发、设计、生产和后续创新将CoPS与简单商品区分开来。”（p.701）这包括整个产品生命周期，从最初的设计到生产、维护和调试。例如，为了尽早提高产品市场的适应性，用户和客户的参与在产品开发中变得越来越重要。用户参与的示例包括与潜在用户的研讨会，以便在仍处于原型阶段时测试可用性和功能。不出所料地，在流程中添加另一个非专业的利益相关者会增加协调工作和成本，从而增加复杂性。

在价值链的另一边是最终组装成公司产品的组件和其他基本元素的采购（Grover and Saeed 2007）。供应商网络在现代生产中发挥着重要作用，因为供应链和价值链通常是全球协调和相互依存的系统。对于那些在没有无数供应伙伴的情况下无法运营的焦点公司，高效的协调变得至关重要。供应商的参与程度在很大程度上取决于产品的性质：外部采购的子系统、组件和操作越多，供应商参与程度就越高（Lakemond et al. 2006）。因此，工业协调的复杂性随着“买方必须向供应商指定的有效订单处理信息量”的增加而增加（Grover and Saeed 2007，p. 196）。这对于没有时间、资源或野心来垂直整合其大部分供应链和价值链，从而降低内部复杂性，同时增加外部协调和复杂性的初创企业尤为重要。

与此密切相关，关键合作伙伴的参与程度在很大程度上取决于产品和初创企业的战略（Prencipe 2000）。主要合作伙伴是对焦点企业成功至关重要的组织，例如，通过研究结果和资源提供支持的大学和研究机构，开放客户获取渠道的平台提供者，以及授予准入许可的政府机构。后者还可以显示当局临时或持续干预的监管参与程度（Goodhart 1998）。例如，临床试验取决于道德审查委员会的决定，重型机械操作需要通过法律培训和积极且持续的监督。

最后，建模、制造和维护初创企业产品所需的有形资产数量为初创企业增加了大量复杂性。这包括高额初始资产成本、后续运营和维护成本，以及必须长期覆盖的深度资源规划。此外，诸如机械之类的实物资产需要特定的车间存放，因为它们不像软件或时尚的MacBook计算机那样可以移动。

当复杂性遇到不确定性

复杂性和不确定性有着共同点，正如Williams（1999），Pich等（2002）和Little（2005）所表明的那样，复杂性和不确定性二元论也是管理理论中的一个主题（Gerald et al. 2011），并且二者相互影响。这是因为复杂性放大了不确定性，但不确定性也增加了复杂性。两者都增加了初创企业融资的交易成本并对企业决策产生了影响。

因此，我将复杂性作为高科技初创企业的关键因素，因为它极大地解释了制度设定和交易成本，这些将在下一部分讨论。

2.2 作为风险投资框架的新制度经济学

本章将复杂的高科技初创企业的复杂性范例与金融理论联系起来。作为经济学的子学科，金融学关注决策的经济和金融含义。这方面论文的分析框架主要侧重于经济学的制度和行为方面。这两种思想将帮助我分析初创企业如何获得外部融资，以及投资者在意识到初创企业的复杂产品和创新之后所经历的风险和不确定性。

新制度经济学及其子领域——交易成本、委托代理和产权理论——帮助我研究投资者与企业家之间的关系，并暗示了最终的投资决策。另外，行为经济学使我们能够绘制投资者关于初创企业及其创始人和产品的风险维度，并提供关于如何做出投资决策的知识。

但究竟什么是创业金融？它是金融学的一个子领域，关注资本流动的有效管理——不仅适用于初创企业，也适用于大型企业和国家。从最普遍的意义上讲，创业金融包含了企业家追求的所有财务考虑和行动。它是“金融工具、技术和原则在初创企业的规划、融资、运营和估值中的应用和适应”（Leach and Melicher 2011, p. 21）。其应用范围从最早的商业案例计算——确定一个项目是否可以在某一天产生利润——到筹备在发售股权给第三方（trade sale）或 IPO 时创始人和投资者如何退出。显然，外部因素和内部因素——例如风险投资的发展阶段——影响在特定情况下的必要行动，但在整个创业过程中，创业金融始终专注于保持业务运营和增加其价值。

初创企业，特别是高科技初创企业，需要资源来启动和发展它们的业务，然后才能到达生产和销售产品的阶段。此类资源还可包括非财务资源，例如创始人的时间和办公空间。初创企业通常需要外部财务资源。这是因为企业不会产生足以获得利润的收入，因为初创企业的增长目标无法独立实现，或者因为成立时需要昂贵的软件和硬件。

金融的数学遗产

要了解当代金融以及创业金融，我们需要回顾今天的金融框架是如何产生的。长期以来，融资理论是一种矛盾的学说，因为“融资被认为是一种令人厌恶的交易，而不是适合学术研究的主体”（Mandelbrot and Hudson 2008，p. 54）。Louis Jean-Baptiste Alphonse Bachelier 出生于 1870 年，后来成为一名热衷于打破传统的学者，并将金融作为一个值得研究的领域。像许多首批进入这一新研究领域的人一样，Bachelier 是一位数学家，他对统计学，特别是概率统计学特别感兴趣。在 1900 年的论文《投机理论》中，Bachelier 分析了股票市场及其看似随机的性质。他也是第一个采用物理学中用来描述热传导的方程式来计算债券价格波动概率的人（Mandelbrot and Hudson 2008）。

Bachelier 还发现，热传导的方程式可以运用到其他融资工具定价中，并可以根据期权和期货对该方程式进行检验。他的研究成果引起了经济学家的兴趣，他们理解“用机会定律（law of chance）和布朗运动描述市场的优点”（Mandelbrot and Hudson 2008，p. 55）。这包括发现金融市场波动中的高斯分布（Gaussian distribution）以及随后关于所谓的“市场公平竞争”的想法——无法预测汇率的变动。经过半个多世纪的发展，Bachelier 的思想以及建立在其上的思想被 Eugene Fama（1970）纳入了一个统一的框架。因此，Eugene Fama 提出了被认为是“当今正统金融理论所依赖的知识基础”（Mandelbrot and Hudson 2008，p. 55）的有效市场假说（efficient market hypothesis，EMH）。

有效市场假说和客观风险度量

有效市场假说假设（证券）价格完全反映了所有相关信息，从而构成了理想市场（Malkiel 1992）。这样就产生了公平博弈的概念，即市场中的买卖双方必须始终就价格达成一致，然后该价格就成为市场上的“合理价格”。通过集合买方和卖方的出价，整个市场的价格达到合理水平——“基于现有信息的最佳估计价格”（Mandelbrot and Hudson 2008，p. 55）。EMH 假设个体在理性预期下追求效用最大化。假设有效市场几乎同时识别和处理信息，这使整个市场快速协调运动，达到新的所谓均衡价格（Jensen，1978；Malkiel，1992）。

而 EMH 也没有忽视个别市场参与者的过度和不足反应。平均市场参与者必须适当调整对所有可用和相关信息的期望（Cootner 1964）。这导致了“价格的随机游走”（Fama 1970，p. 390）和服从正态分布，这就使得无法以足够的确定性来预测价格走势，以便以经济上成功的方式进行预测（Timmermann 1993）。因此，在有效的市场环境中，从长期来看，投资不可能产生非正常收益（Fama 1970；Jaffe 1974；Cook and Rozeff 1984）。

寻求新的方法

如引言所示，有效市场和随后的创业资金供需平衡假说存在根本问题：它们根本不起作用，而且实际上不存在这种情况（Audretsch et al. 2012；Kaplan and Zingales 2000；Fazzari et al. 2000；Rajan 1992）。事实上，我们观察到，市场存在系统性的低效率和资金缺口，这些现象很大程度上影响着拥有复杂产品的早期科技型初创企业（Carpenter and Petersen 2002）。越来越多的不确定性和复杂性引致的风险可能有助于解释这一现象。金融学者提出的一些模型据称可以对风险进行度量（Barberis et al. 2015）：加权平均资本成本（the weighted average cost of capital，WACC）理论、资本资产定价模型（the capital asset pricing model，CAPM）、Modigliani-Miller定理及根据风险假设计算要求的回报率的公式，以及预期效用假说（expected utility hypothesis）。这四种当代主要的金融理论都假设了理性人，忽视了信息不对称，并且通常忽视了相关的和系统的行为影响。虽然传统的金融市场理论和机制仍然很重要，但需要运用更合适的理论视角来解释和处理创业金融问题。

新制度经济学

新制度经济学（NIE）是研究经济学和金融学的另一种视角，它脱离了对信息的瞬时处理和完全理性人假设的纯数学和新古典范式。相反，它假设“由于人类固有的特性，人类在进行决策时获取、存储、检索和处理信息的能力非常有限”（Furubotn 2001，p. 135）。

由 Williamson（1973）发起并由 North（1981，1987）开创的新制度经济学，关注的是信息不对称、个体特征和行为对交易成本以及制度之间的关系所产生的影响。制度表示从最基本的规范和社会规则到组织和单个的合同等的结构。它们是“社会中的游戏规则，或者更正式地说，是人为设计的约束人类互动方式的机制”（North 1990，p. 3）。虽然制度经济学在新古典经济学的假设下运作，但 NIE 扩大了新古典理论的研究范围，例如交易成本、个体决策者和不完全理性人假设（Menard and Shirley 2008；Furubotn and Richter 1998）。此外，NIE也考虑了一些新古典主义方面，如微观经济评估计算等。但在以下分析中，我们的分析将被置于NIE的框架之下，以简化问题。到目前为止，关于NIE的定义要素和界限仍然存在复杂的争论。①

我为这项研究提出的制度框架（见图2-1）建立在人类决策存在有限理性这一假设的基础之上。复杂性、认知限制和信息获取成

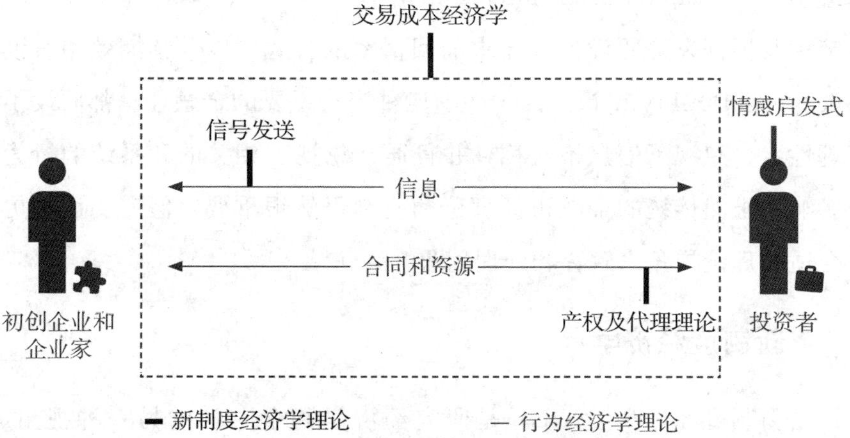

图2-1 理论框架——新制度经济学

① 批评者认为，有时候NIE只是古典和新经济理论的混合体，因为追求效率和理性策略具有相关性。例如，在NIE中，Scott（1994，p.316）认为，信息本身就是一种决定性的、稀缺的、有价值的“生产要素，就像任何其他生产要素一样”，这与理性的新古典主义行为类似。Furubotn和Richter（1998）对混合模型提出了批评：一方面，模型承认存在资源稀缺，需要花费一定的成本去界定产权；另一方面，模型又假设实现平衡和优化的过程虽然是高度复杂的，但是可以瞬间完成，而且不需要任何费用。正如Dequech指出的那样，“NIE与新古典经济学之间的界限并不总是明确的。”（2006，p.110）为了明确区分NIE与假设行为者是理性的混合经济模型，“新制度”经济学一词被创造出来（Furubotn 2001）。同样，关于该理论的特征的看法也存在不一致。Eggertson（1990）使用新制度主义来描述新古典理论加入制度因素的扩展，因此新制度经济学被作为完全脱离“新古典经济学的核心”（1990，p.6）。另外，Furubotn和Richter（1998）以及Furubotn（2001）认为，新制度经济学改变了新古典范式的一些基本假设，同时承认其某些假设“仍然可以有效地用于解决公司内部出现的较低层次的问题”。（p.136）

本导致在市场和企业中存在信息不对称。制度则可以减轻这些隐含的不利影响。但是，建立、维护和改变制度的合同仍然存在“不可避免的不完全性”（Williamson 2000，p. 601）。制度也导致了路径依赖（Vergne and Durand，2010；North，1990）。这些路径依赖——例如当金融家投资于初创企业时产生的锁定效应——可能导致不利的外部性。合同内风险主要受机会主义行为、可观察和隐藏的行为、信息系统、监测与控制机制的影响。

总而言之，新的制度视角有助于描述和理解初创企业的投资者与企业家之间的关系的基本设置。NIE 是一个强大的理论视角，因为它帮助我们找出和定义人类在相互交换商品和服务时所经历的不确定性。Williamson 的“制度经济学”框架（见图 2－2）概述了 NIE 中不同的理论方向，并将它们细分为四个不同的层级。

在这些不同的理论方向中，我主要关注交易成本经济学（第 3 级），其次是关于代理理论（第 4 级）和产权理论（第 2 级）。社会理论和嵌入性（第 1 级）并不被视为尽可能地缩小范围。①这是我进一步分析的起点，其中包含了 Menard（2008）所谓的“定义新制度经济学的金三角”（p. 282）。在这里，这个金三角包括交易成本经济学（transaction cost economics，TCE）——强调信息不对称——信号理论，以及产权及代理理论。NIE 的这些子理论允许映射复杂性、信息不对称性以及定义初创企业和投资者之间关系的合同和资源。

① 与 Furubotn（2001）的假设一致，新古典经济学可以在较低的层级上具有解释力，第 4 级也包括这一理论，因为它“是新古典分析起作用的水平”（Williamson 2000，p. 600）。这与 Williamson 认为的 NIE 和新古典主义思想在“债务和股权之间的选择”（2000，p. 604）是一样的。在这个层级，纯粹的数学考虑是可能的，因为这些问题可以分解为简单和完全可理解的，从而对其进行理性选择。

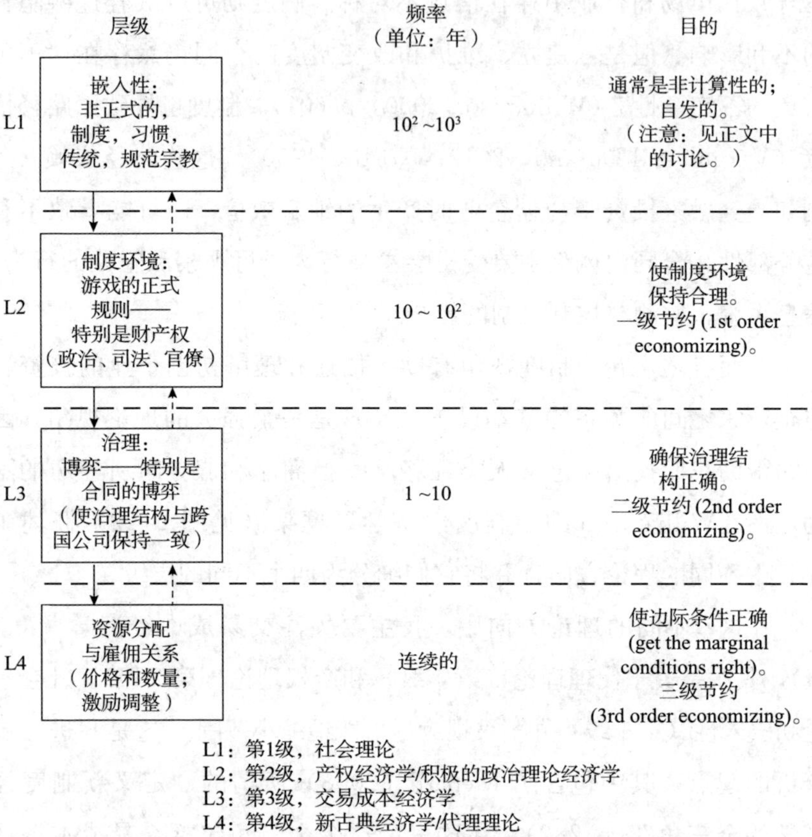

图 2－2　制度经济学框架

资料来源：Williamson（2000，p. 597）.

2. 2. 1　交易成本是伪装的复杂性

实质上，只要通过“不可避免的、不完全的”合同创建、维护和改变制度，就会发生交易成本（Williamson 2000，p. 601）。Arrow（1969）认为，交易成本经济学（TCE）实际上是“一般资源分配理论”（p. 48）。Furubotn 和 Richter（1998）以及 Williamson（2000）进一步指出了交易成本的四个主要领域：社会、国家、市场和企业。

虽然创业金融受到所有这些层面的强烈影响，但我更关注企业和其所处的市场，因为这最能说明决策的内容和制定方式。关于要转移的资源，我专注于从外部投资者到初创企业的资金交易，这导致了市场交易成本（Kallsen and Muhle-Karbe 2015；Lesmond et al. 1999；Libecap 1993）。在这种情况下，交易成本主要受初创企业创始人和投资者、企业的周边机构以及个人特征和行为之间信息不对称的影响（见图 2-3）。从本质上讲，NIE 和 TCE 假设个人：(1) 必须花费资源来获取相关信息；(2) 在编制、处理、存储和处理这些信息方面的能力有限（Furubotn 2001）。TCE 特别关注各方之间的交易成本。这包括：(a) 信息成本和信息不对称导致的成本；(b) 管理资源交易的合同。TCE 对那些具有高度不确定性和特异性的交易尤为重要。它使用两个时间间隔来区别成本驱动因素：在合同制定之前发生的任何事情——事前视角，在合同制定之后发生的一切——事后视角（Mathews 1986）。在每个区间中，交易成本的类型不同（见表 2-2）。

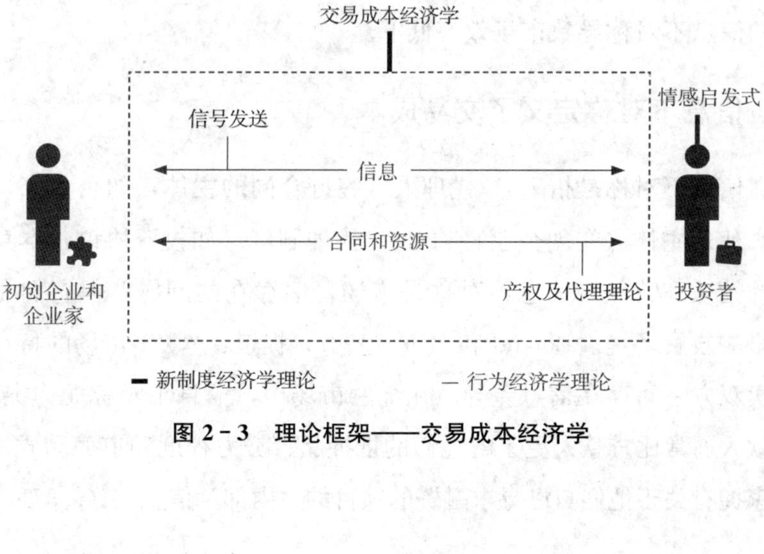

图 2-3　理论框架——交易成本经济学

表 2-2　事前和事后交易成本

交易成本	
事前	事后
创立	合同管理
搜寻信息	监督和执行
讨价还价	争端解决

交易成本导致了市场效率低下

当投资者在与初创企业进行谈判，搜寻和获取有关该企业的信息时会产生交易成本。交易成本也发生在双方讨价还价时，例如对公司进行估值以及安排所有权转让合同的时候。合同签订后，我们必须对其进行管理、监督和执行。在某些情况下，需要解决争端。交易成本是 NIE 假设一致的市场低效率——与在无摩擦的新古典假设下的最优状态相比——存在的主要原因之一。我认为，在投资者和企业家复合体（investor-entrepreneur-complex）的情况下，交易成本主要受信息不对称的影响。市场不确定性和企业家与投资者之间的信息不对称导致市场效率低下。

信息不对称定义了交易成本

信息不对称是指（a）代理人（签订合同的主体，如企业家）与（b）代理主体（初创企业）和（c）代理制度（如投资协议）本身之间的性质和特点。信息不对称是市场普遍存在的问题，但它们尤其会影响投资环境。Leland 和 Pyle（1977）提道："众多市场的特点是买卖双方之间存在信息差异。在金融市场中，信息不对称尤为突出。借款人通常比贷款人更了解他们的抵押品、努力程度和道德品质；企业家拥有关于他们自己寻求融资的项目的'内部'信息。"（p. 371）

糟糕的企业家可以利用这一点并从战略上隐瞒或操纵有关其初创企业的信息。如果没有消除足够数量的坏企业家，就会形成一个所谓的柠檬市场，最终会危害创业市场（Akerlof 1970）。但即使在运转良好的市场中，信息不对称也存在，少数潜在的负面影响也可能导致柠檬溢价——主要是企业家给予投资者的折扣。如前所述，这与高科技初创企业的情况极为相关，因为它们依赖于故意的信息不对称来确保对创新投资的回报的分配（Harabi 1995；Himmelberg and Petersen 1994）。在合同签订前，想要投资的投资者将通过降低价格和投入资源来主动和被动地收集相关信息。

可以假设投资者和企业家之间的信息不对称随着时间的推移而减少（见图 2-4）。随着初创企业参与共享的信息越来越多，不对称性越来越少了。这种共享可以是正式的［例如通过关键业绩指标（key performance indicator，KPI）体系和法律要求的披露］和非正式的（例如通过投资者和初创企业之间的会议和联合工作）。随着初创企业的成熟，关于初创企业的信息总量增加，而参与者的知识水平可能越来越接近。随着时间的推移，委托人可以观察到代理人的实际行动和行为，代理人问题随之减少。当然，这主要与能够获得这些信息的新投资者以及正在考虑后续融资的现有投资者相关。

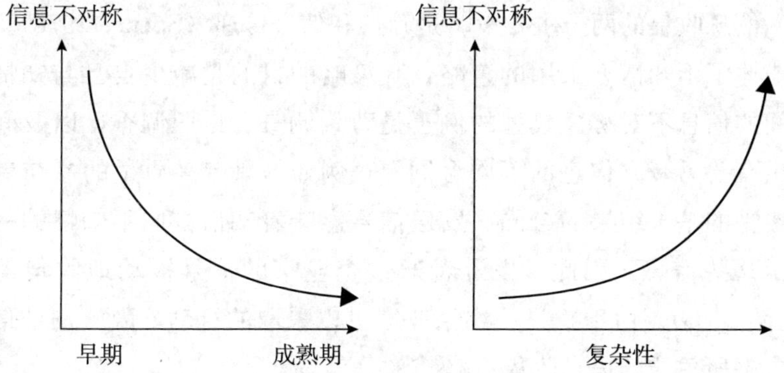

图 2-4　信息不对称随着时间的推移而减少，随着复杂性程度的上升而增加

复杂性是交易成本的代理变量

虽然信息不对称随着时间的推移而减少，但这往往会增加复杂性。因此，产品的复杂性特征、初创企业及其周围环境会影响信息不对称和交易成本（Brouthers and Brouthers 2003）。事实上，Novak 和 Eppinger（2001）将“产品复杂性作为交易成本的代理变量”（p. 190）。同样，Grover 和 Saeed（2007）将产品复杂性视为交易关系和成本的关键影响因素。交易成本和复杂性之间的这种联系是本书的主要内容。这有助于我们在信息不对称和交易成本的背景下识别和映射相关的复杂性特征，最终影响投资者的决策。

2.2.2 信号揭示特征

有无数的特征会影响投资者的决策。有一些是投资者观察不到的属性，有一些是可观察的属性。本质上，初创企业有两类可观察的属性（Spence 1973）。第一，一些不可改变的特征，例如创始人的肤色或创业年龄。第二，企业家可以影响并修改的信号，例如可操作属性，包括创始人的教育背景或初创企业的商业模式。有关初创企业和创始人的标志和信号的信息是投资者感兴趣的，也是他们决策的基础。

信息收集的两个主要策略是筛选和信号传递（Spence 1973）。筛选描述了不知情方采用的策略，其策略的目的是减少自己与知情方之间的信息不对称。典型的例子是背景调查、尽职调查，以及间接提供有关另一方信息的不同合同——例如，只有高质量的参与者才能接受的基于结果的合同。发送信号意味着知情方向不知情的一方揭示某些信息。因此，投资者通过企业家的信号被动地收集信息（见图 2-5）。由于我只关注企业家可以采取的行动，因此发送信号是本书所关注的信息收集策略。

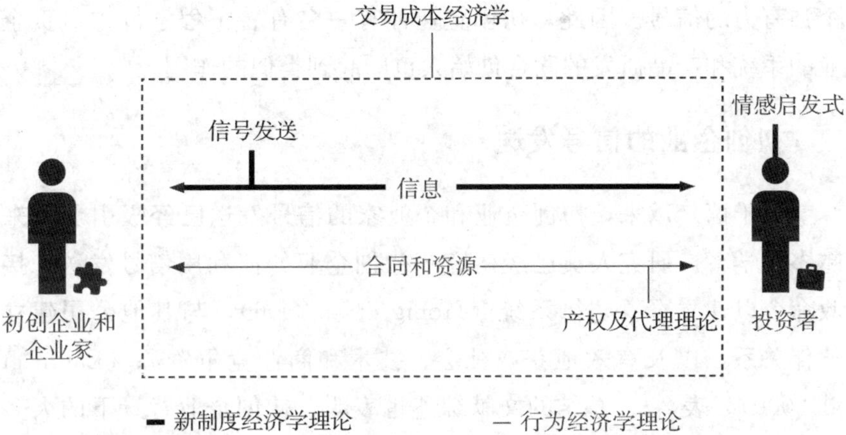

图 2－5　理论框架——信号发送

信号发送成本和生产性信号

信号的一个关键特征是它们会耗费资源。这些成本增加了总体交易成本，并且它们还会随着复杂性和信息不对称的增加而增加。因此，信号的价值来自高质量企业家和低质量企业家所产生的成本差异。与低质量信号发送者相比，高质量信号发送者只需要更少的资源来发送信号。例如，TCE 认为，相比没有能力的普通人，技术熟练且聪明的技术型创始人更容易从麻省理工学院获得毕业证书。两类信号发送者发送信号都需要花费成本，主要是在时间和金钱上的花费——他们必须首先获得学位——但对于某些人来说，发送信号的效率要高得多。因此，在充满不确定性和信息不对称的情况下，信号发送成本可以作为质量的代理变量（Spence 1973）。

信号可能是企业家向投资者披露的任何信息，即使是高质量信号也是如此。例如，她可以展示她在商业计划竞赛中获得的奖项。这些奖项可以作为质量信号，但除此之外没有实际价值。这就是为什么一个子类别的信号——生产性信号——特别令人感兴趣。这些信号不仅仅是信号，还有其他重要用途（Spence 1974）。例如，天使投资人投资的主要功能是为企业的发展提供资金，但它也可能是一个强有力的信号。因此，初创企业拥有一名有着工程学位的负责企业的系统和产品研发的联合创始人也能起到类似的作用。

初创企业的信号发送

自千禧年以来，初创企业和企业家的信号发送已经吸引了越来越多的学者。研究人员已经研究了初创企业如何利用信号发送来接收命令以建立军事防御系统（Honig et al. 2006），与其他公司建立伙伴关系，以及有效地获取社会、技术和商业竞争资源（Baum et al. 2000）。表 2-3 总结的文献综述也表明，初创企业背景下的大多数信号发送研究主要集中在一个领域：信号发送对公司在筹资和流动性事件（如创始人和投资者的退出）方面的影响。初创企业使用的信号包括个人资本投资和股权保留（Ahlers et al. 2015；Leland and Pyle 1977）、之前的融资轮次（Davila et al. 2003）、机会成本（Hsu and Ziedonis 2008；Elitzur and Gavious 2003）、认证效果（Stuart et al. 1999）和专利（Häussler et al. 2009）。

专利似乎也是吸引最多研究者兴趣的信号类别。一般而言，知识产权保护制度增加了创新的排他性和专用性，以鼓励对进一步研究和开发的投资。专利制度是这些制度中最强大的一种，也是“信息传递机制”（Horstmann et al. 1985，p. 837），这解释了为什么专利非常适合作为信号。与此同时，专利向外部实体——包括竞争对手——展示了知识水平。如果存在这种知识溢出，创新就无法完全发挥其经济价值，从而导致对这种无形资产投资的不完全排他性（Harabi 1995；Arrow 1962）。这反过来又阻碍了对创新或初创企业的投资。然而，似乎专利作为信号的净效应是积极的。例如，Häussler 等（2009）的研究表明，专利申请对高科技初创企业的筹资成功率具有积极影响。有趣的是，它不一定要是专利授权决定，仅仅是申请专利的行为已具有足够的信号效力来克服新事物带来的不利影响并减轻投资者所感知的不确定性。

表 2-3　信号发送相关文献综述

作者	标题	方法	信号	信号接收者	总结
Ahlers et al.(2015)	《在股权众筹中发出信号》	分析了股权众筹平台上的 104 种产品	股权保留、知识产权（专利）、治理、信息披露	众筹支持者	保留股权、风险信息披露和治理结构会对融资成功与否产生积极影响。知识产权和社会资本信号则是无效信号
Audretsch et al.(2012)	《创新初期企业家的财务信号》	进行数理建模，对 221 名美国企业家样本进行定量分析	专利、原型	BA、VC	专利（信号专用性）和原型（信号可行性）有助于初创企业从天使投资人和风险投资那儿获得股权融资。原型是一种比专利更强烈的信号。信号的影响程度取决于初创企业所处的阶段
Backes-Gellner and Werner(2007)	《企业家受教育程度作为初创企业的信号：创新型初创企业成功的因素》	对 142 家德国初创企业进行定量分析（回归）	创始人特色（教育）	银行	银行将把企业家完成学位的时间作为信号——与平均水平相比，企业家完成学业的时间越短越好。专利也是一种信号，但不一定是生产性信号，因为专利的占用维度不被银行所重视
Baum et al.(2000)	《不要单打独斗：联盟网络组成和加拿大生物技术领域初创企业的表现》	数理建模，利用加拿大 1991—1996 年间 142 家生物技术领域的初创企业数据进行分析	隶属关系（背书）、战略联盟	大公司、客户、供应商、投资者、员工	战略联盟可以帮助初创企业克服社会、技术和商业资源方面的问题，以及新成立的企业和小企业面临的感知产品质量和可靠性的问题

续表

作者	标题	方法	信号	信号接收者	总结
Burton et al.(2002)	《来自好企业：从业经历和初创企业形成》	数理建模，对 173 家硅谷初创企业进行定量分析（回归）	创始人特征	BA、VC	有较高地位的在公司工作的创始人能从中获得经验、技能和声誉优势。这些特征增加了为初创企业筹集外部资本的可能性
Carter et al.(1998)	《承销商声誉、初始回报和 IPO 股票的长期表现》	利用 1979—1991 年间在美国进行 POI 的 2 292 家企业的数据进行实证建模分析	隶属关系（背书）、承销商的声望	银行、股票市场	更有声望的 IPO 承销商与股票市场的更好表现相关
Colombo et al.(2006)	《寻找互补资产：高科技初创企业联盟形成的决定因素》	数学模型，利用在 2004 年 1 月之前一直独立，且在 1980—2003 年间成立的 522 家意大利高科技企业进行数学建模	企业规模、先前的专利、赞助机构的支持	其他企业	拥有大量专利的小企业最有可能与其他企业建立商业联盟，赞助商也可以促进联盟的形成
Conti et al.(2013)	《专利作为初创企业融资的信号》	数学模型，对包含 117 家初创企业的样本进行数理建模和实证检验	专利、创始人和 FFF 融资	VC	专利标志着成功的概率、自有资金承诺的信号。专利是对风险投资的强烈信号。FFF 融资是天使投资人的一个强烈信号——尽管不像拥有专利对风险投资具有强烈的信号作用

续表

作者	标题	方法	信号	信号接收者	总结
Dushnitsky and Lenox (2005)	《企业何时通过投资新企业进行研发？》	1990—1999年间1 171家从事研发活动的美国公司	工业部门的专利效力	CVC	在专利效力较弱的行业，公司更有可能进行风险投资
Eisenhardt and Schoonhoven (1990)	《组织发展：将创始团队、战略、环境和增长与美国半导体初创企业联系起来》	对1978—1985年成立的约100家美国半导体初创企业进行定量分析（回归）	创始人特征	—	创始人背景与初创企业的表现相关
Gompers et al. (2006)	《创业和风险投资的技巧与运气：来自连续创业的企业家的证据》	对8 080家初创企业和6 418个VC投资进行定量分析（回归）	创始人特征（技能、跟踪记录）	VC	连续创业的企业家（即使那些曾经失败的企业家）失败的次数少于初次创业者。这不仅仅是因为企业家从过往经验中学习，更重要的是因为创业技能的提升。此外，成功的连续创业的企业家不能从顶级风险投资公司的支持中获益，因为他们以前的成功是一般可观察到的质量信号
Gulati and Higgins (2003)	《何时以及哪种关系重要？组织间伙伴关系对IPO成功概率的影响》	对1979—1996年间成立的858家美国生物技术企业进行定量分析	隶属关系（背书）、风险投资合伙企业、主承销商、战略联盟	银行、股票市场	IPO业绩与著名的风险投资合伙企业（IPO市场不景气时）和知名承销商（IPO市场景气时）相关

续表

作者	标题	方法	信号	信号接收者	总结
Hussler et al.（2009）	《获得资助与否——专利在获得 VC 融资中的作用》	116 家德国生物技术企业和 74 家英国生物技术企业，以及 5 场深度访谈	专利	VC	如果申请专利，生物技术企业可以增加获得风险投资的可能性。假设专利向投资者发出质量信号，那么这有助于减轻新颖性带来的可靠性方面的风险。企业获得风险投资的可能性随着专利的质量和商业潜力的增加而增加。专利申请使企业获得风险投资的时间缩短了 76%
Hussler et al.（2014）	《专利申请如何为风险投资者提供信息——以生物技术企业为例》	对 190 家成立于 1990—2005 年间、积极进行研究的德国和英国企业的 VC 融资情况进行定量分析	专利	VC	专利申请的提交对企业 VC 融资产生了积极影响，因为专利申请流程为潜在的投资者提供了有关公司前景的信息
Hellmann and Puri（2002）	《风险投资和初创企业的专业化：经验证据》	对硅谷 173 家高科技初创企业进行数学建模	专利	VC	持有专利的初创企业更有可能获得风险投资
Hochberg et al.（2007）	《你知道的哪些事情是重要的：风险投资网络与投资业绩》	对 1980—1999 年成立的美国风险投资基金参与的 47 705 轮投资（截至 2003 年 11 月）进行定量分析	通过投资集团形成的风险投资网络	VC	与风险投资集团网络中其他风险投资机构关系良好的风险投资可从高投资回报中受益

续表

作者	标题	方法	信号	信号接收者	总结
Honig et al.（2006）	《社会资本及高科技企业与军事防御系统的联系：是否存在信号机制？》	对200家新成立的以色列高科技企业进行定量分析	社会资本、与军队的联系、军事资金	投资者	军事联系有利于提高企业业绩，并使企业获取外部资本更容易
Hottenrott et al.（2015）	《专利作为质量信号？融资约束对研发的影响》	对在2000—2009年间进行大量研发活动的1 135家佛兰德公司进行定量分析（回归）	专利	BA、VC	提交的专利使得小型的、研发活跃的企业更容易吸引到外部资本
Hsu（2004）	《企业家为风险投资支付了什么？》	对来自麻省理工学院电子实验室计划的149家初创企业于1995—2000年获得的多项融资进行实证分析	风险投资者的声誉	初创企业	尽管提供的价格较低，但享有较高声誉的风险投资更加可能被初创企业所接受
Hsu and Ziedonis（2008）	《专利作为初创企业的质量信号》	370家美国半导体初创企业	专利、隶属关系（背书）		专利提高了初创企业筹集风险资本和成功将公司上市的可能性。对于没有经验和有经验的企业家来说，效果是相似的，联盟（作为认可代理人）落后于专利效力

续表

作者	标题	方法	信号	信号接收者	总结
Krishnan et al.(2011)	《风险资本声誉、上市后业绩和企业治理》	1993—2004 年间，2 019 家在美国 IPO 的企业，其中包括 822 宗由风险投资支持的企业 IPO	由风险投资支持的 IPO 中该风险投资企业的市场份额	股票市场	如果由风险投资支持的 IPO 中该风险投资企业占据较大的市场份额，那么企业 IPO 后的股价表现较好
Leland and Pyle(1977)	《信息不对称、融资结构和金融中介》	数理模型	创始人融资、信号发送成本	投资者	道德风险阻碍了信息的直接传递。间接的信息传递可以通过发送信号进行。一个这样的信号可以是一个拥有所投资项目/企业的内部信息的人。因此，企业的估值与企业家所持有的股份正相关。（交易）成本越高的信号越适合作为一个信号
Meuleman and De Maeseneire(2012)	《研发补贴是否影响中小企业获得外部融资？》	一套包含 1 107 家创新小企业信息及其研发拨款申请被批准/拒绝信息的数据	公共补贴	投资者	公共补贴可以作为初创企业质量的一个信号。这种认证效应导致（获得公共补贴的企业）更容易获得长期债务
Prasad et al.(2000)	《天使投资人的信号价值：企业家在新企业中投入的净资产（占企业总价值的）比例作为决策信号》	数理模型	创始人投资（个人财富占企业价值的比例）	BA	创始人投资于他自己的初创企业的财富比例表明了个人承诺，从而表明了一项投资的质量

续表

作者	标题	方法	信号	信号接收者	总结
Stuart et al.(1999)	《组织间的认可和创业企业的表现》	对150家半导体企业建立数理模型	隶属关系(背书)、行业内联盟	企业	与大型创新企业的联盟可以提高增长率和创新率
Andrew et al.(2009)	《天使投资：另一种风险投资》	对143家初创企业进行定量分析（回归）	创始人投资	BA	企业家持有的创始人投资和高股权比例是天使投资人的强烈信号。它们标志着承诺，并使企业家和天使投资人的利益保持一致——最终降低了控制/代理成本
Zhang and Wiersema(2009)	《股市对CEO认证的反应——CEO背景的信号作用》	定量分析，对742家公开交易的年收入超过12亿美元的美国企业进行定量分析，这些企业在2002年8月14日之前提交了关于其首席执行官财务状况的声明	首席执行官（CEO）的财务状况、股权，首席执行官的外部董事职位的数量，首席执行官的年龄	股票市场	如果首席执行官拥有大量公司股权、有大量外部董事职位、与公司以前的财务重述无关，或者年纪相对较大，公司的股票价格在首席执行官的财务状况声明之后将不成比例地上升

信号匹配

投资者和信号接收者根据他们的投资策略和背景而受到信号的不同影响。到目前为止，风险投资企业作为信号接收者一直是学术界讨论的主要投资者群体。因此，研究者只关注到一些比较具体的信号及其对投资者决策的影响。其他投资者类别，例如银行或天使投资人受到的关注较少，而剩下的投资者则完全被忽视——例如批准公共补贴或大学计划的官员。探索企业家可以发送并与不同投资者类别匹配的新信号是本书的一个重点。

要产生期望的效果，信号必须是合适的。适当的匹配由两个主要因素决定：首先，发送者必须能够发送质量信号。例如，连续创业的企业家可以发送跟踪记录或声誉的信号。这是一个强有力的信号，因为"特别是对于没有建立声誉的企业家来说，说服外部资源提供者如风险资本家提供金融资本可能具有挑战性"（Hsu 2004, p. 1805）。因此，首次创业者必须探索替代信号（Hsu and Ziedonis 2008）。发送特定信号的能力也是一个控制问题。根据定义，信号是企业家可以改变和修改的初创企业的属性，但企业家能施加的影响可能完全不同。虽然创始人可以轻松修改商业模式——这可能是一个强烈的信号——但他们可能会发现更难以获得第三方的认可，这是企业家无法完全控制的。

确定信号合适的第二个因素与信号的接收者有关。投资者必须善于接受并能够理解和处理信号。对产品功能的深入技术描述可能会给具有该特定技术背景的天使投资人留下深刻印象，但肯定会让银行家感到困惑。Ahlers 等（2015）表明，专利——最强信号之一——在股权众筹支持者方面没有显著的信号传递力。Conti 等（2013）探讨了 FFF 融资和专利信号对投资者的影响有何不同。他们还通过论文题目《给我看正确的东西》恰当地总结了信号需要是合适的这一概念。

信号传递理论的适用性

上述例子表明，信号传递理论已经对创业研究和初创企业融资领域有所研究（见表 2-3）。虽然信号只是影响投资者决策的一种工具，但它们是一个特别强大的工具。生产信号——具有其他主要功能的信号——就像双筒步枪。这些信号直接影响了初创企业以及投资者对其的风险评估。实际上，信号可以减轻信息和感知不对称，从而影响可用的选择集和风险评估过程。行为经济学认为，信号可以操纵投资者的技术和行为风险评估——例如，通过触发特定的启发式方法——这部分将在后面进行详细讨论。

2.2.3 代理和产权理论

代理理论，也被称为委托代理（principal agent，PA）理论，主要研究各方之间的交易关系。它调查合同关系中的利益冲突和交易成本来源。因此，PA 理论关注的是委托人与代理人之间信息不对称的直接后果（Eisenhardt 1989）。一方持有而另一方不持有的信息分为两类：隐藏的意图和隐藏的行为。本书考察的代理问题之所以存在，是因为投资者无法确切地知道两方面的信息：一方面，企业家的目标是什么？另一方面，企业家是否会按照合同约定行事？

代理理论一般认为，委托人和代理人之间的任何产权合同转让（见图 2-6）都是含糊不清的，并且承受双方意外行为的风险（Ollier and Thomas 2013；Mylovanov and Troger 2012；Mondello 2012）。相互合作的各方面临的挑战是调整他们的劳动力、投入、目标、产出以及他们对风险分担的态度（Jensen and Meckling 1976）。

关于对方意图和其他方面的信息不对称导致的不确定性进一步增加了系统的复杂性。为了接近双方的态度，合同的订立需要激励行动、监测和控制机制。因此，代理成本包括因代理人代表委托人而产生的所有成本。

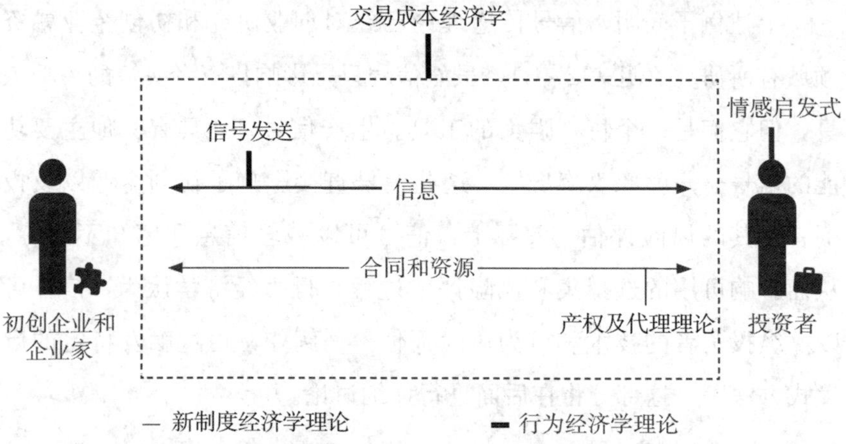

图 2－6　理论框架—产权与代理理论

在经济学和金融学领域，代理理论对投资者与企业家关系的调查和评估产生了重大影响，最重要的是，对企业的所有权结构和财务估值的研究产生了重要影响（Estrin et al. 2013；Jensen 2005；Denis 2004；Jensen and Meckling 1976）。PA 系列理论在企业融资——特别是早期阶段融资——背景下的适用性，由 Collewaert（2012），Christensen et al.（2009）和 Sahlman（1990）的开创性论文进行了研究。对代理理论的主要批评是：它只关注事前激励调整，并假设任何事后合同修改都是无成本的和即时的——这与交易成本理论有着明显不同（Williamson 2000）。此外，经典的规范性代理理论认为，理性和效用最大化行为是最重要的，也是决定所有代理成本的因素（Jensen and Meckling 1976）。然而，Jensen（1998）扩展了代理理论，增加了“契约环境的其他方面的作用以及合同和组织方面的监督和约束作用”（p. 147）。这种所谓的正向代理理论与 NIE 能够很好地结合起来（Eggertson 1990），这也与本书的研究很好地联系在一起。

机会主义、道德风险和逆向选择

在机会主义背景下，道德风险和逆向选择是行为代理问题的关键方面。代理人的目标与委托人的意图不同。首先，道德风险描述的是代理人朝着目标努力的程度，而不是委托人的意图；其次，道德风险描述了推卸行为——例如，当代理人投入较少的努力时。之所以发生逆向选择，是因为委托人无法检查代理人的所有行为，包括代理人的能力、技能和其他相关特征——例如，初创企业的当前账户余额或产品的功能。正如前面所讨论的，当一组看似相似的商品（或者初创企业）的相关属性的信息太少时，可能会出现柠檬市场（Akerlof 1970）。如果无法将低质量的初创企业与高质量的初创企业区分开来，投资者将倾向于降低所有初创企业的估值。这可能会使高质量的企业退出市场，并导致市场失灵。为了解决这个问题，委托人必须在合同签订前和合同签订后进行详尽的信息收集、监督以及有效的评估。然而，这经常受到复杂性和时间约束的限制。关于合同因信息不对称和有限理性而不可避免地具有不完全性的问题（Barnard 1938；Hayek 1945），Williamson 总结道：

> 合同不完全性与机会主义条件相结合会带来额外的问题——机会主义表现为逆向选择、道德风险、推卸责任、子目标追求和其他形式的策略行为。因为人类行为者不能根据要求可靠地披露真实情况或自我履行所有承诺，合同仅仅是承诺，没有可靠的承诺支持，合同将不会自我执行。
>
> Williamson（2000，p. 601）

套牢问题

在初创企业的背景下出现套牢问题主要有两个原因。第一，合同不完全（由于不可预见的因素和信息不对称）；第二，对初创企业投资的特殊性。例如，投资者为初创企业提供资金，她在合同中同意在某一时点转移资本，但对影响其未来回报的市场行为等非合同要素没有把握或影响。由于这些因素很难在合同中规定，因此合同是不完全的。然而，这笔投资与初创企业有关，很可能会在几个月后投入。因此，它是基于具体关系（relation-specific）的——不再被投资者自由获取。正因为如此，投资者在投资后的时间间隔内对企业家的议价能力较弱，企业家可能会套牢投资者。因此，投资者无法确定他们的投资是否会在事后得到公允的报酬。由此产生的低效率就是所谓的投资不足，此时投资者为初创企业提供的资金减少，投入的资金少于市场的最佳投资额，以减少套牢带来的潜在不利影响（Goldlücke and Schmitz 2014；Ellingsen and Johannesson 2004）。

减轻代理问题

缓解委托人和代理人之间的代理问题的行动包括信息系统、基于结果的合同和信号发送。信息系统描述了减少关于代理行为的信息不对称的任何工具，包括报告机制以及投资者与企业家的定期会面。基于结果的合同可以积极地影响目标一致性，而“结果只是行为的一部分”（Eisenhardt 1989，p. 61）。控制点范式——人们可以控制什么，不能控制什么——是合同设置的常用指标。强加给企业家的基于结果的合同往往给企业家带来额外的风险，因为她无法控制经济环境或技术变革等外部影响（Sommer et al. 2009）。理论认为，关注结果的合同适合低水平的外部不确定性（Van Osnabrugge

2000；Eisenhardt 1989）。该论证的反面表明，在结果存在高度不确定性的环境中，此类关注结果的合同应该没有吸引力。有趣的是，这与VC企业家合同中可以观察到的情况相反，VC企业家合同中通常包括预先定义的KPI和既定目标。此外，报告数量和衡量结果对于双方而言往往是艰巨而耗时的任务。在有或没有信息系统的情况下都是如此，这增加了代理成本（Eisenhardt 1988）。

信号发送的缓解策略涉及一方自愿披露信息以及旨在降低另一方不确定性的行动（Connelly et al. 2011）。信号包括合同要素，例如投资者的清算偏好和企业家的跟踪记录，这些信息展示了企业家之前对投资者的态度和企业家的任务执行情况。从长远来看，信息不对称在投资者和企业家之间日益消失。随着时间的流逝，双方能够逐渐地更加了解彼此，投资者可以积累有关企业家行为和目标的信息（Eisenhardt 1989）。而这种相互了解的过程可以通过监督和互动（例如，董事会会议和务虚会）来促进。

企业家与投资者关系的模糊性

经典代理理论范式并不完全适用于企业家与投资者关系。企业家通常在初创企业中持有大量股权，因此可以持有和分配产权。Maskin和Tirole（1990）以及Arthurs和Busenitz（2003）首先讨论了代理角色的模糊性，但很少受到学者们的关注。模糊理论——其中一方同时是代理人和委托人——在经济环境中的应用，在最近的研究中取得了进展（Ollier and Thomas 2013；Mylovanov and Tröger 2012；Mondello 2012），但初创企业的委托代理问题未得到充分研究。

近期代理理论在创业融资中的应用

最近，代理理论应用于创业融资，以调查投资者—企业家环境中的双边逆向选择和道德风险等现象。例如，Fairchild（2011）发现，双方都可能表现出逃避行为，因此双方都必须预测并阻止它。Elitzur 和 Gavious（2003）研究了企业家—天使投资人—VC 模型中的契约、信号和道德风险，并假设由于高度不确定性而导致初创企业必然面临着低效的合同。这些作者还强调，优秀的天使投资人可以作为企业的质量信号和为初创企业引入风险投资的来源。Hsu（2007）将经验和教育作为对初创企业评估存在积极影响的信号进行了实证检验，而 Herold（2010）将有意的合同不完全性确定为信任的信号。这种策略的一个主要例子是可转换贷款，为投资者实现收益确定了多条执行途径。Collewaert（2012）和 Christensen 等（2009）研究了投资者和企业家之间的目标一致性问题。他们发现，多个目标维度之间存在错位，这是因为企业家既是代理人又是委托人。De Bettignies（2008）详细阐述了控制权如何在各方之间分享，企业家和投资者之间的互补性如何与股权投资正相关，以及初创企业的特质如何影响它们的融资结构。最后，Goldlücke 和 Schmitz（2014）研究了外部选择信号发送对抵消投资不足的影响。他们的模型侧重于外部选择产生的均衡结果。对于一个企业家来说，外部选择描述了愿意为该初创企业投资的投资者数量。企业家可以发出信号展示企业可以获得的其他投资者，这有助于缓解因套牢问题而导致的投资不足。因此，Goldlücke 和 Schmitz（2014）改变了投资者要么接受要么离开的行为模式。传统上，投资者表达了其对企业的态度，但对于某些初创企业——特别是那些资金需求量大的创业公司——投资者对企业的态度可以由企业家表达。如果企业家能够可验证地发出其存在其他融资机会的信号，就可以获得规模更大的投资。最后，Sommer 等（2009）研究了控制、不可预见的不确定性和复杂性的相互作用。他们认为，在可以对企业的行为进行评估和规划之前，企业的机构设置应保持灵活性。

产权理论

作为代理理论和交易成本理论的补充，产权理论用于讨论投资者与企业家关系系统中的一些行动和行为——特别是那些与信息不对称概念有关的行为。产权描述了使用资源的权利，并且在设定的范围内，可以自行决定资源部署（Libecap 1989）。产权也可以理解为一系列权利（Klein and Robinson 2011；Demsetz 1967），这一系列权利包括：使用资源或商品的权利；授予个体从中赚取收入、转让和执行的权利。根据具体的经济和组织环境，企业需要不同的产权集合（Coase 1960）。

在初创企业的研究中，产权理论主要存在两方面的应用：第一，初创企业所拥有的知识产权可能在高科技初创企业中尤为常见，因为它们通常源于学术和科学环境；其次，所谓的分割产权理论在初创企业中具有特别的重要性，因为多方可以持有同一家初创企业的股份——包括企业家本人。这包括“由不同缔约方集体努力产生的收入分配问题”（Kim and Mahoney 2005，p. 226）以及监测和控制权。后一个维度是通过 Grossman 和 Hart（1986）以及 Hart 和 Moore（1990）的开创性研究引入的，并构成了现代产权理论（简称 GHM）的基石（Kim and Mahoney 2005）。[①] GHM 认为，大多数（如果不是全部）低效率是由（不完全）合同的预执行间隔导致的。此外，它进一步假设任何事后讨价还价或者是无成本的，或者是不可能的，“因此始终导致次优的合同结果”（Kim and Mahoney 2005，p. 234）。在合同签订之前理解、预测和修改治理结构的策略是产权理论的核心。

---

① 事实上，由于 Hart 在发展代理和产权理论方面发挥了如此重要的作用，他于 2016 年获得了诺贝尔经济学奖。

代理理论与产权理论的适用性

代理理论和 GHM 都有助于描述、理解和预测交换和契约关系，如初创企业融资过程中的关系。代理理论强调了机会主义、道德风险和逆向选择。它进一步描述了这些因素如何影响投资者的决策。产权理论帮助我们理解管理资源分配的合同设置，特别是在初创企业中非常常见的监控和（分区）控制权。两个理论都认为，信息不对称和不确定性起着关键作用。在这个层面上，GHM 和 PA 理论与交易成本理论有很多重叠。然而，虽然 PA 理论和 GHM 主要关注事前决策，但一般 TCE 也包括事后考虑和修改（Williamson 2000）。这三个方面共同组成了一个由投资者、企业家和初创企业之间的关系构成的整体分析框架。

NIE 以人类视角为基础

到目前为止，本书讨论了制度层面的非理性行为。当我们结合交易成本、代理问题和产权理论时，我们的分析涵盖了事前和事后这一段时间的决策，并侧重于企业融资的不同方面（见表 2-4）。关于权利和资源转移的基本假设由 TCE 涵盖，企业家—投资者的狭隘和广泛二元属性在 PA 和产权理论中有所描述。综上所述，信号发送作为一种缓解信息不对称的手段，扩大了新古典经济学之外有关初创企业融资的研究领域。

表 2-4　交易成本理论、代理理论和产权理论的总结

	交易成本理论	代理理论	产权理论
相关合同的执行时期	事前和事后	事前和（偶尔）事后	事前
主要策略	减少交易成本	减少代理成本	建立治理结构
主要关注点	单笔交易	委托代理关系	经济和组织环境

以人类视角为基础是非常必要的，因为“基于数学的理论很难捕捉到有限理性的基本思想”（Kreps 1999，p. 122）。通过考虑影响交易成本的参与者的属性，NIE 建立了人类视角——这是行为经济学的焦点。这一系列经济学进一步扩展了经济术语，以捕捉和解释有限理性的含义。通过 Herbert Simon，NIE 与行为经济学之间的联系变得明确了。早在 1959 年，Simon 就提倡经济决策是“人类经济行为”的概念（p. 253）。同时，作为行为金融经济学家和 NIE 的倡导者，Simon 宣称：“在制定我们的研究议程和告知我们的研究方法方面，没有什么比我们对正在研究的行为人的本性的看法更为重要。”（1985，p. 303）

2.3　行为经济学和金融学

除了关系层面的制度概念之外，行为经济学和金融学的概念还有助于我们理解个人层面的行为，即投资者的行为（见图 2-7）。它将行为科学（尤其是心理学）的见解应用于金融市场和市场参与者（Barberis and Thaler 2003）。

如前所述，对新古典金融学的频繁批评是，它将数学上不可预测的行为标记为非理性和主观行为。事实上，金融“倾向于将金融风险视为一系列具有金融危害的属性，也是独立于投资者的属性”（Olsen 2011，p. 46）。这是一种涉及投资者的关键声明，它假定投资者的决策完全基于财务上相关、数学上可计算的信息。最终，它声称：（1）客观风险度量是可能的并且优于主观风险度量；（2）投资者的决策和导致它的过程可以由外部人员通过计算来跟踪和再现。

然而，实际的投资行为表明，投资者决策是不客观的。决策者

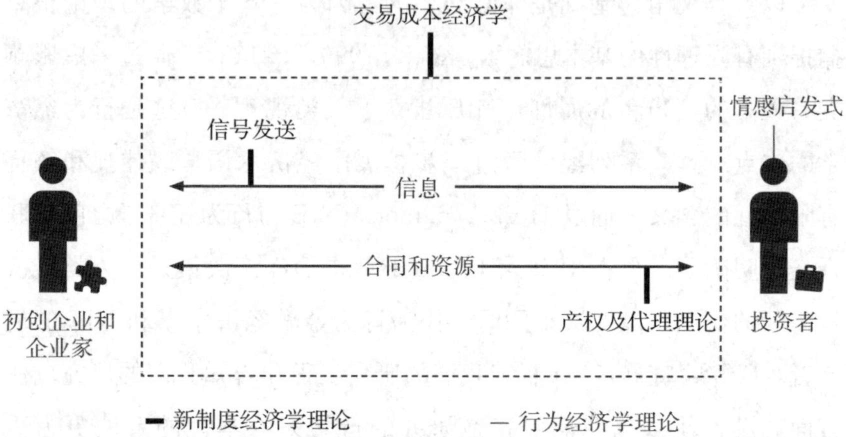

图 2-7 理论框架——行为经济学和情感启发式

具有个人偏好和主观感受，Coggan（2015 年 5 月 1 日）在他的文章《金融存在什么问题?》中，以及 Barberis 和 Thaler（2003）都对这种个人偏好和主观感受进行了分析和思考。然而，投资者的主观情感行为是非常难以捉摸的，因此不适宜作为可靠的和潜在可复制的行为。例如，投资者通过 CAPM 计算贝塔系数的行为是可复制的，但其选择市场的行为则是不可复制的。在对初创企业进行评估时，由于缺乏初创企业的历史数据，我们需要对企业的未来经营状况进行多种假设。新古典主义金融学没有考虑的另一个因素是从过去的经验中识别熟悉的模式的无意识元素——所谓的启发式。与严谨和有意识的计算不同，启发式方法可以促进决策制定。这种决策方法也不一定是非理性的，因为它在高度不确定和复杂的环境中能够做出更有效率的决策。

行为经济学和金融学关注的正是投资者的主观情感和行为的影响及其对决策的影响方式。关于该主题的一些最具开创性的文章是由 Slovic、Tversky、Kahneman 和 Thaler 撰写的，他们对理性行为者和客观信息处理的创始经济理论假设提出了挑战（Kahneman

2003；Kahneman et al. 1990；Slovic 1972；Kahneman and Tversky 1979)。从狭义范围来说，行为经济学也对创业领域产生了一些影响（Yazdipour 2011)。当研究人员讨论企业家的行为方面时，他们经常谈到企业家的认知（Mitchell et al. 2002)。行为金融和企业家认知方面的研究加深了我们对企业家和投资者特征所产生的影响的理解，并使我们得以了解初创企业的成立、初创企业投资和投资者退出初创企业投资的影响因素（Gre goire et al. 2011；Fairchild 2011；Wennberg et al. 2010；Hayward et al. 2006；Lowe and Ziedonis 2006)。本书将创业融资与企业家认知和行为经济学联系起来。但是，本书关注的重点在于投资者的决策过程，而不是像大多数研究那样，将关注焦点放在对企业家认知的研究上。本书探讨了投资者的行为是否会影响投资者的决策，这与企业家的心理模型（即创业认知模型）相似。

金融与风险

无论我们看到什么样的金融学理论，其核心都在于如何给风险进行定价。经典的金融学理论通常使用数学指标如标准差、贝塔系数和预期效用来衡量风险。事实上，观察、衡量和分析风险的过程是金融专业人员需要具备的关键能力。然而，行为金融学认为，风险绝对不能仅仅通过理性的计算对其进行合理的衡量，因为风险大部分存在于人类的大脑内部。但传统的金融学理论和行为金融学理论都承认，无论风险是如何计算或者产生的，它都对投资者决策具有重要影响（Yazdipour 2011；Olsen 1997，1998，2011)。新古典经济学对风险的定义是，风险是投资的最终决定因素，是均衡市场利率方程的重要组成部分。在 NIE 条件下，考虑到数学分析，风险也可以在较低水平上计算。风险——或者说对风险的感知——也是影响创业融资行为的决定性因素之一。从本质上讲，投资决策总是基于投资者的主观风险感知，其次是客观风险衡量。

风险是由现实的不确定性导致的问题

风险到底是什么？Olsen（2011）指出："对财务风险的内涵的定义没有普遍一致的意见，但所有人都相信，当他们看到它时能够立即识别出来。"（p. 45）有许多学者试图建立一个单一的定义（Jaeger et al. 2013）。在行为金融学领域，Kahneman 和 Tversky（1979）在其论文中结合客观因素和主观因素探讨了个体风险及其产生的过程，为风险研究领域做出了开创性的贡献。该论文的主要结论有：（1）风险是概率和各种可能结果的组合；（2）价值是通过评估潜在收益和损失得出的，而不是通过最终财富确定的；（3）现实中投资者存在非理性偏好——投资者对于收益和损失的偏好是不对称的，即损失给投资者带来的负效用大于同等程度的收益给投资者带来的正效用。他们的模型是新古典主义思想中关于客观风险研究的延伸，在其基础上增加了心理层面的因素和情境视角。基于 Kahneman 和 Tversky 的开创性研究，后续研究在投资者如何处理风险的模型中引入了非理性因素和主观因素，但这些模型仍然假设风险服从某种已知的概率分布，因此这些模型仍具有一定程度的客观性。

决策者所处的环境代表了这一概念的延伸。Slovic（1987）指出，人类"具有额外的能力，允许他们改变环境并对其做出反应。这种能力既可以创造风险，也可以降低风险"（p. 280）。Kahneman 和 Tversky 也承认，在某些环境中，风险不能被分配概率并变成不确定性。在这种背景下，Brouthers 和 Brouthers（2003）阐述了风险、交易成本和高科技项目的相互依赖性。Arrow（1962）也讨论了这种存在高度不确定性的环境，他认为，新知识和创新产品的经济价值存在内在的不确定性。在更早的时候，Knight（1921）强调，风险是一种结果分布已知的赌博，而不确定性是一种结果分布未知的赌博。

新知识、创新和结果的分布未知是初创企业的标志性属性。客观风险——结果的分布已知——在创业融资领域很少见，而基于未知概率的不确定性则是常态。事实上，行为金融学的倡导者 Olsen 认为，“所有可感知的风险都是主观的”（2011，p. 47），因此无法客观地对其进行了解。在本书中，风险和不确定性这两个术语可以互换使用，因为大多数标准的金融风险是通过历史数据进行衡量的，而初创企业缺乏这些数据。

两种类型的不确定性

投资者经常面临两种不确定性：参数不确定性和结构不确定性（见图 2-8）。参数不确定性是指某一特征存在一组包含各种可能的状态集合——例如，与企业家相关的知识的质量。这一集合可以包括无数的状态，但集合的总体结构将构成对现实状态的详尽描述。就企业家的知识水平而言，企业家的教育、学位和知识的整体情况，结合其实际工作经验——事后视角——构成了对与企业家相关的知识的详尽描述。

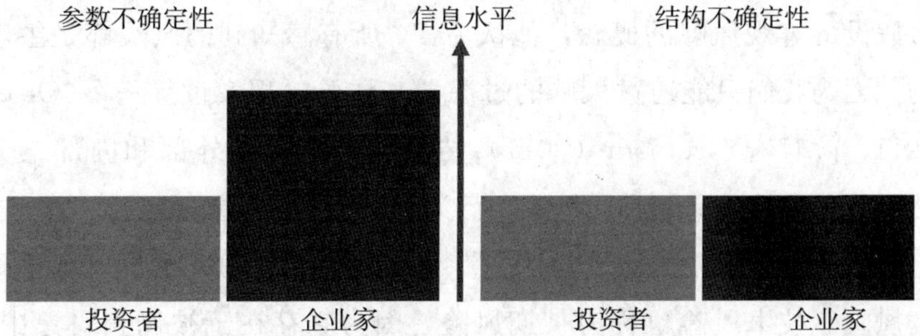

图 2-8　参数不确定性和结构不确定性

对于高度复杂的初创企业的早期阶段而言，投资者通常面临所谓的结构性或系统性的不确定性（Sommer et al. 2009）。这种不确定性普遍存在，因为影响初创企业成功或失败的因素在很大程度上是不可预见的和不可预测的——事前视角。例如，在早期阶段，很难确定企业能否按预期运转，或者客户是否愿意为新产品付费的所有决定因素。企业家和投资者都无法确定最终的结果。这些因素也是企业家发现他们难以影响或控制的因素，因为企业家对这些因素只有一个模糊的想法，甚至对其一无所知。因此，“关键问题不是一个人知道某事而另一个人不知道；相反，创业融资决策面临的关键挑战是无知，即事实上没有人真正知道任何事情。”（O'Sullivan 2006，p. 257）因此，在存在结构不确定性的情况下，投资者和企业家之间的不对称不是信息不对称，而是感知不对称。只有信息不对称与感知不对称相结合才能捕捉到双方之间的不确定性（Renn，1998）。

不确定性的评估

Slovic（1999）肯定了人类感知对不确定性和风险的影响。在他看来，“独立于我们的思想和文化之外的能够被客观衡量的风险是不存在的。人类发明了风险这一概念，来帮助他们理解和应对生活中的危险和不确定性。虽然这些危险是真实存在的，但现实中并不存在‘真实风险’或‘客观风险’。”（1999，p. 690）Olsen 也反对通常假设的客观风险的概念，他认为：“所有感知到的风险都是主观的，因为我们只能通过大脑的过滤器来体验‘现实世界’。”（Olsen 2011，p. 47）Yazdipour（2011）结合风险公式的外部和内部二分法，将总风险定义为长期风险和行为风险的总和或差额。

首先，技术或长期风险评估涉及的是可衡量的或至少可观察到的风险。技术风险也称为长期风险，因为它存在于被调查对象中。因此，它的评估最接近于新古典和传统金融观点中作为参数不确定性的客观风险的评估。在本书中，长期风险的评估与大多数标准融资方法无关，因为后者高度依赖于历史数据。但是，以可观察和可衡量的方式影响企业业绩的因素可以用传统的方法衡量。例如，企业家可以对商品和购买价格变动进行概率假设。表 2-5 总结了主要的长期风险类型和各个类型的长期风险的不确定性例子。

表 2-5　长期风险的各个维度

长期风险	示例
技术风险	是否有标准模块或组件可用？是否有被证明有效的子系统？
市场风险	无论初创企业最终会瞄准哪些细分市场，该行业的整体市场氛围如何？
管理风险	企业家是否具有成功经营企业的经验？企业创始人是否具有足够多的相关专业知识？
融资风险	现在和未来的投资者是否会为初创企业提供资金支持？他们的预期回报率是多少？
宏观风险	初创企业产品组合是否可能触犯某些监管规定？环境因素会影响企业的业务吗？
监督风险	投资者是否有足够的信息来监督企业家？投资者可以识别出管理层的不尽如人意的表现吗？
控制风险	投资者对初创企业的决策有多少控制权？投资者可以采取哪些措施来保障控制权？

资料来源：根据 Yazdipour（2011，p. 19）整理得到。

其次，Slovic（1987）使用行为风险评估描述了人类应对结构不确定性的能力。他们的个人能力决定了他们解释和处理信息的方式并确定了他们的行为。行为风险评估可以增加或者——这可能听起来有反作用——降低整体感知风险（Mousavi and Gigerenzer 2014）。因此，总体感知风险由长期风险加上或减去行为风险组成。现代行为风险理论和行动者的风险评估可以细分为两个主要概念：（1）累积前景理论，涉及决策的构建、修改和评估阶段；（2）情感启发式，即主观和偏见等心理偏差的影响。

前景理论与情感启发式

正如 Kahneman 和 Tversky（1979）所描述的那样，数据、条件和一般情况下所有的所谓事实都容易受到框架效应的影响。当两个理论涉及同一主题但强调不同方面时，就会出现框架。在创业融资方面，这表现为投资者忽略成功的可能性而着重强调潜在投资回报。同样，企业家可能会选择性地强调她提供的解决方案的宏伟愿景，同时忽略她打算如何实现这一目标——例如，她打算何时在何地生产产品。

若行为人不能了解其所有选择，那么他就不得不对其可获得的各种结果进行主观预测。在第一阶段，可以将潜在结果分类为收益和损失，这决定了一些选项是否可以合并。例如，可以合并的两组预期收益和损失是（100，2）和（200，4）。因此，投资者可以通过合并类似的结果来减少他的选择（Yazdipour 2011）。在第二阶段，投资者对不同的选择和各种机会集合进行评估，然后投资者为不同的机会分配具体的价值，这些机会就是他可以投资的不同初创企业。

与传统的期望效用理论不同，不同的投资机会的价值并非基于财富的最终状态，而是基于相对于主观参考点的预期收益和损失。例如，投资者的当前财富构成了这样一个参考点——对于一个特定的 BA 而言，损失 50 000 欧元可能是巨大的，而对另一个投资者而言，这种损失微不足道。因此，在累积前景理论（CPT）下，决定投资价值的概率是高度主观的，并遵循嵌入特定框架中的个体概率加权函数（Tversky and Kahneman，1992）。

CPT 的另一个关键概念是情感启发式。表 2-6 总结了一些关键的启发式方法。投资者将启发式方法与个体概率加权函数相结合，形成他们对好的投资和坏的投资的看法（Barberis and Thaler 2003）。

例如，Alhakami 和 Slovic（1994）表明，熟悉度在股票评估中起着关键作用：风险较高且不熟悉的股票的回报也较低，即不熟悉的股票的风险和回报是负相关的。这与新古典经济学所预测的截然相反。然而，熟悉的股票的风险和回报是正相关的，即人们感知的风险越高，该股票的期望收益越高。熟悉度偏差最显著的影响之一是导致投资组合的多样化程度不足：虽然进行投资组合多样化的选择越来越多，但投资组合仍限制在投资者熟悉的股票（例如，投资者基于个人经验而了解到的企业）范围内，没有实现充分的分散化投资（Huberman 2001）。

表 2-6　行为风险启发式的示例

行为风险启发式	
启发式	文献来源
熟悉度	Maxwell and Levesque（2014）；Weber and Siebermorgen（2005）；Ganzach（2000）
代表性	Tversky and Kahneman（1975）；Barberis and Thaler（2003）
乐观和一厢情愿	Parhankangas and Ehrlich（2014）；Weinstein（1980）
样本大小忽视	Gilovich et al.（1985）；Rabin（2002）
信念顽固症	Parhankangas and Ehrlich（2014）；Lord et al.（1979）
锚定效应	Tversky and Kahneman（1975）
可获得性	Tversky and Kahneman（1973，1975）
过度自信	Alpert and Raiffa（1982）；Shiller（2000）
临近效应	Huberman（2001）
损失厌恶	Tversky and Kahneman（1975）
框定	Baltussen and Post（2011）；Tversky and Kahneman（1975）
认知控制	Tversky and Kahneman（1975）
专家知识	Tversky and Kahneman（1975）

损失厌恶，特别是与个体概率加权函数相结合，是影响主观概率加权函数的情感启发式。人类似乎更关注潜在的损失而非收益——特别是在财务决策方面（Ganzach and Karsahi 1995）。个体失去1单位财富导致的消极程度大于其获得1单位财富带来的积极作用。Kahneman 和 Tversky 还表明，投资者在赌博游戏的收益和损失偏好中表现出一种非理性的倾向。他们获利时的风险厌恶程度高于他们遭受损失时的风险厌恶程度。

Camerer（2004）表明，过度重视低概率事件的现象在高风险投资环境中尤为常见，例如初创企业投资就完全属于这一类。从本质上讲，小概率——无论是收益还是损失——都会被系统地高估其权重，大概率事件则会被低估其权重。这与风险投资中所谓的贝比·鲁斯效应非常吻合：风险投资的回报是具有偏度的，具有明显的幂律分布。因此，风险投资基金经理会对成功概率非常低，但一旦成功收益就非常大的初创企业进行押注。允许人们更快、更省力地做出决定的其他启发式方法包括可用性——显著的信息（例如，更新的信息，掩盖其他相关信息）、锚定——给予个体的初始信息（这些信息将影响投资者随后的判断）、接近——例如，地理邻近启发式增强了投资当地机会的倾向（Huberman 2001），以及过度自信——由于市场情绪低于平均认知能力而做出风险较高的决策的倾向。

启发式和决策

情感启发式是一种可被充分观察到的现象，且似乎是系统性的（Baltussen and Post 2011；Barberis and Thaler 2003）。在金融领域，它们已被应用于时间约束下的决策，即作为信息缺乏条件下的一种补偿机制，可以用来缓解信息模糊导致的风险厌恶（Heath and Tversky 1991；Knight 1921）。鉴于许多财务决策的复杂性以及高风险和不确定性，这种行为是合理的。企业家的决策汇集了上述所有内容，使其成为前景理论和许多心理捷径的重要运用领域。CPT 的应用，尤其是初创企业融资的启发式算法，是一个相对较新的学术领域。在创业研究中，认知科学应用领域主要关注企业家——因此这一研究分支通常被称为企业家认知（Kuratko et al. 2015；Baron 2007；Mitchell et al. 2002）。在与初创企业相关的不确定性和决策方面，关于企业家的研究也获得了学术界的极大关注（Wennberg et al. 2016）。关于投资者和创业融资，启发式研究主要是与 BA 的心理捷径（Maxwell et al. 2011）和投资组合多样化（Baltussen and Post 2011）相关。他们通常只关注一种特定的启发式方法（Parhankangas and Ehrlich 2014；Maxwell and Levesque 2014）。本研究对与初创企业投资者相关的各种启发式方法，以及扩大范围以涵盖不同投资者类别的决策过程进行了更全面的描述，这正是目前的研究所缺少的。

2.4　制度和行为研究战略

不确定性和风险——金融合同配置的主要决定因素——是高度主观的，因为每个人获取、存储、检索和处理信息都需要付出成本。这些概念与产权、代理和交易理论相关，并在 NIE 的框架下合并（Eggertson 1990，chp. 1）。此外，行为金融学为完全理性和客观的投资决策评估设置了障碍。因此，“外部”信息——例如已知的概率分布——显然不是企业家和投资者是否达成交易的唯一决定因素。事实上，它甚至可能不是主要的影响变量。由于缺乏历史数据，初创企业融资的特点是结构不确定性和模糊性。此外，一些信息出现并且仅存在于个体投资者的意识中，并且这种意识受启发式的影响很大。这些启发式方法决定了风险的框架和感知，触发了投资决策，并且使得合同后的监督和控制机制成为必要。

批评性评论

新古典经济理论、EMH 和基于理性行为者假设的客观微观经济金融风险度量理论是否仍然重要？新古典经济学极大地增强了我们分析和解释微观经济行为的能力。EMH 和风险定理仍然是当代金融学的试金石——无论是在学术界还是在实践中——但它们的一些基本假设受到了研究者们的质疑。最重要的是，理性投资者的想法及其客观执行和可理解的决策过程受到质疑（Simon 1982；Fama 1998）。

虽然 EMH 确实认为，信息是决策背后的关键驱动因素，但有限理性假设则将情感和心理属性作为决策的关键影响因素。EMH 的支持者认为，它通过将个体有限理性整合到整个市场的集合理性中来考虑个体有限理性（Fama 1998）——但并非所有决策都主要基于信息和效用最大化的理念（Simon 1982）。此外，EMH 假设"非系统性偏见会通过总体的平均效应而消除，而行为主义者认为，启发式和偏见实际上都是系统性的，因此可能持续很长一段时间并相应地影响价格"（Yazdipour 2011，p. 25）。对于本研究，新古典范式可以用于投资者的技术风险评估——最重要的是关于参数不确定性和信息不对称。

我建议保持 EMH、NIE 和行为金融学使用不同的理论视角来分析同一现象的做法。虽然像 Fama 这样的 EMH 支持者认为，"一个有效的市场会产生一系列事件，这些事件单独表明价格对信息过度反应"（1998，p. 284），但行为金融的倡导者反驳说，价格不会像人们那样做出反应。当NIE不仅观察到短期的而且观察到长期的过度反应时（DeBondt and Thaler 1985），市场有效理论预测，反应过度和反应不足在正态分布曲线上趋于平衡（Fama 1998）。EMH是客观主义的——记住它在概率统计中的根源——而NIE和行为金融学展示了建构主义观念，并假设行为人非理性（Baltussen and Post 2011；Kahneman and Tversky 1982）。NIE采用长期视角并允许进行整体分析。这与行为金融理论对特定和短期异常的关注（DeBondt and Thaler 1995；Fama 1998）相互补充。因此，NIE和行为金融学的结合看起来很有希望。

制度经济学与行为经济学的综合

从简化形式上看，NIE协助描述投资者—企业家之间的关系，并了解不确定性的来源和做出的决策。它也主要是基于信息的不对称领域。行为经济学加深了我们对投资者如何评估不确定性和做出决策的理解，并更多地关注基于感知的不对称性。技术和行为风险评估模式很重要，因为它们将不确定性和风险分成可参数化的和不可估算的两类。最终，累积前景理论和情感启发式定义了投资者如何做出决策。新制度经济学和行为经济学有助于研究决定投资者决策的不确定性（见图2-9）。

是否给予资金支持的决策是本书所关注的内容以及高科技初创企业所面临的问题。这也是企业家可以通过塑造制度环境或通过操纵行为决策启发式来影响不确定性评估和感知的结果。本书为这两种方法提供的工具是发出信号。企业家可以发出信号来影响投资者的评估和看法。这些信号都是基于初创企业的创始人和产品相关的不确定性和风险，以及它所处的背景和外界环境。

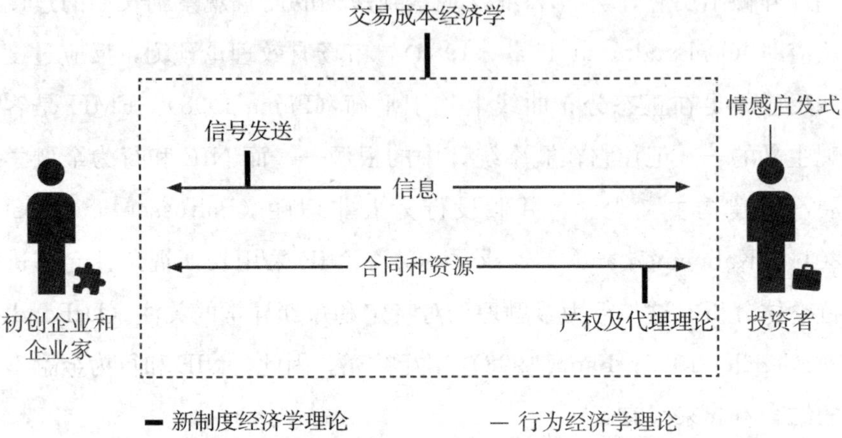

图 2-9　理论框架——NIE 和行为经济学的综合

2.5　附录：数字和媒体经济学中的类似方法

本部分探讨了数字和媒体经济学领域中的相关理论方法。数字和媒体经济学关注媒体、通信和数字产业的概念和原则的经济分析。该领域的经济研究涉及广泛的主题，具体包括涉及公共补贴和电视监管等大众传媒领域的政治和政策分析（Gandy 1982；Noll et al. 1973）、经济结构评估（Downing 2004），特别是对垄断倾向的评估（Albarran and Dimmick 1996；Picard 1988；Companie 1985）。媒体经济学也已扩展到整个通信行业（Albarran et al. 2006），并通报了对数字化和互联网影响的调查（Goldfarb et al. 2015；Danaher et al. 2010；Chyi and Sylvie 2001）。

作为一个多理论领域的媒体经济学

本质上，“媒体经济学研究关于传媒企业和行业的结构、行为和表现的重要方面；经济、政策和监管的相互作用；观众的行为和偏好。”（Albarran 2004，p. 303）媒体经济学与创业研究有着许多本质的相似之处。正如 Kiefer（2001）所讨论的那样，首先，媒体经济学会试图评估定义媒体和数字市场框架的基本条件。其次，媒体经济学调查市场结构——主要是参与者。再次，媒体经济学会检查这些参与者的行为，例如，价格设定行为和谈判策略。最后，媒体经济学评估市场自发形成的解决方案。这一行动如图 2-10 所示，与本书的研究方法具有一致性。Mierzejewska 和 Hollifield（2006）也支持媒体经济学以理论组合为标志的观念——例如，调查“媒体兼并和收购”（p. 39）——并且与战略管理和技术、创新及创造理论有很大的重叠（p. 41）。Wildman（2006）和 Picard（2011）讨论了 NIE 与行为经济学在媒体中的相关性，因为这些理论支持评估信息不对称和不确定性对传统媒体和数字媒体融资的影响。

图 2-10　媒体和数字市场的评估

资料来源：改编自 Kiefer（2001，p. 88）和 Aberle（1992，p. 32）。

拨款限额与数字媒体融资

Picard 在其 2011 年出版的《媒体公司的经济学和融资》一书中指出，由于新创造的产品存在高度不确定性，媒体公司在筹集资金方面往往面临困难。由于数字和媒体行业中的许多想法都可以轻易复制，因此资金的限制不能缓解不确定性，甚至会进一步增加不确定性。因此，媒体公司必须展示“其具有获得高额经济利润的潜力来获得投资”（Picard 2011，p. 15）。它们必须在产品发布之前发出有关产品的质量属性的信号或辨识代理信号。就像早期初创企业一样，只有那些能够发出质量信号以应对极端不确定性的媒体公司才能够筹集足够金额的投资来生产产品，并在很长一段时间内从其传播中获得适当的利润。

2.6 高科技初创企业面临制度和行为困境

早期的高科技初创企业受到与其内在复杂性相关的特殊约束的影响。以前的研究已经识别了多个复杂性所在和高科技投资特别容易受到资本市场不完善的影响的原因（Carpenter and Petersen 2002，p. F54）。它们可以概括为增加的信息不对称和放大的参数和结构不确定性对投资者评估企业行为风险的过程的影响。

信息不对称增加

所有“高科技投资都难以评估，并经常包含新知识”（Carpenter and Petersen 2002，p. F54）。这导致高科技初创企业和潜在投资者之间的信息不对称程度高于非高科技初创企业。但即使初创企业进行信息披露，它也不可能分享所有相关信息，因为这存在很大的交易成本，或者因为初创企业不想分享所有的信息（Audretsch et al. 2012；Carpenter and Petersen 2002）。事实上，许多初创企业故意制造信息不对称，以确保对创新投资的收益分配（Harabi 1995；

Himmelberg and Petersen 1994）。可以说，投资者和高科技初创企业之间的关系尤其不对称，这导致 Leland 和 Pyle（1977）指出："在存在大量信息不对称的市场上，当质量不佳的项目的数量大于好项目的数量时，风险投资市场可能不存在。"（p. 371）即使风险投资市场没有完全消失，"外部融资也可能会因为逆向选择和道德风险问题变得很昂贵"（Carpenter and Petersen 2002，p. F54）。这种现象在现在的金融市场中是可以观察到的。

多层次的不确定性

信息不对称增加了不确定性。更重要的是，复杂性增加了不确定性（Sommer et al. 2009）。这是因为前者假定初创企业比投资者具有更多的信息。然而，早期的初创企业通常与投资者知道的一样多——或者比投资者稍微多知道一点。这主要是因为高科技初创企业在未来发展方面存在复杂性和不确定性（Audretsch et al. 2012；Sommer et al. 2009）。在这种情况下，初创企业和投资者都不知道存在哪些风险，即存在结构不确定性。

从本质上讲，投资者和高科技初创企业之间的关系的特点是参数不确定性增加，这是有限的信息共享导致的——无论是初创企业故意的还是初创企业的复杂性客观上导致的。此外，由于技术的复杂性，双方都存在不同程度的不确定性。投资者可以使用启发式方法来应对可用信息的缺乏，并利用其有限理性来分析他们所拥有的复杂信息。这增加了投资者在初创企业投资环境中为了最小化交易成本和代理问题可以采取的策略。

复杂性和信号发送面临的挑战

年轻企业面临多种挑战，最明显的一个是新事物导致的挑战

（Wiklund et al. 2010；Stinchcombe 1965），它涉及初创企业快速适应或生成流程和知识以求生存的基本需求。另一个例子是国际化导致的挑战（Bell et al. 2012；Zucchella and Servais 2012；Zaheer 1995）。它描述了信息不对称和不熟悉情况对国际企业和公司金融中投资决策的影响。

但高科技初创企业也面临另一种类型的挑战。除了年轻企业所经历的限制之外，高科技初创企业还承担着本书所谓的复杂性挑战。[①] 这种复杂性导致的挑战包括我们观察到的导致资本市场不完善的主要因素以及导致高科技初创企业存在系统性的资金不足的因素。由于高科技初创企业特别容易受到信息不对称和不确定性的不利影响，因此信号可能是克服这种挑战的有利策略（Bell et al. 2012）。信号发送可以在多个层面上影响投资者的风险评估和决策过程。我认为只要满足两个条件，初创企业就可以使用信号：首先，从信号成本和交易成本角度来看，发送信号必须在经济上可行；其次，必须保持接收器适配，即信号必须与投资者的信息不对称和不确定性评估相匹配。因此，有必要找到并理解已经存在的影响投资者决策的信息不对称，以及初创企业能够并且应该发送给特定投资者的生产信号。只有这样，信号发送才能支持缓解早期高科技初创企业所面临的复杂性的不利影响。

本研究认为，在给定投资者的个体行为风险和制度环境后，信号发送可以对投资者的决策产生积极影响。具有制度和行为要素的二元信号方案可以支持所有初创企业。但对于那些在特定不确定性的环境中运营的初创企业而言，这一点尤其重要。这是因为这些初创企业往往构建了高度复杂的产品，并且难以与投资者通常遇到的

---

① Zucchella 和 Servais（2012）也用到了这个术语，但指的是市场复杂性，而不是组织和产品的复杂性。

其他初创企业进行比较。我认为，当初创企业受到复杂性导致的负债的影响时，发出信号是最有力的工具。

2.7 本章小结：理论复杂性和信号

在本章中，我们发展了一个理论框架来捕捉复杂性的本质及其对不确定性和投资者的风险认知的影响。为此，本章将创业融资、新制度经济学和行为经济学结合起来，反思了高科技初创企业的特点。这些企业的特点是拥有复杂的产品、企业家与投资者之间存在严重的信息不对称。因此，他们背负着本章所述的所谓复杂性挑战。

在本章引言中，讨论了初创企业的特征、创业行为和投资者偏好的内涵。而复杂性则对所有这些方面具有重要影响。为了捕捉复杂性的概念，本章使用了复杂性产品和系统理论（Grover and Saeed 2007；Prencipe 2000；Novak and Eppinger 2001；Hobday 1998）以及 OECD（2011，2014）分类系统。从投资者的角度来看，复杂性提高了信息不对称程度，增加了交易成本和不确定性。结构不确定性和参数不确定性决定了投资者可用资金决策的集合，即，它是否投资于特定的初创企业类型，以及它决策的方式。

新制度经济学及其子领域——交易成本经济学、代理理论和产权理论——有助于我分析可用的决策选项和背景，而信号理论提供了缓解信息不对称的策略。行为经济学及其子领域 CPT 的情感启发式允许分析不确定性影响投资者决策的方式。尽管生产高科技产品的初创企业本质上比低科技企业具有更大的不确定性，但可能有办法减轻复杂性挑战的不利影响。本章研究的缓解策略建立在生产信号的应用上，这在本章的最后进行了讨论。

参考文献

Aberle, G. (1992). *Wettbewerbstheorien und Wettbewerbspolitik* (2nd ed.). Stuttgart: Kohlhammer.

Ahlers, G. K., Cumming, D., Günther, C., & Schweizer, D. (2015). Signaling in equity crowdfunding. *Entrepreneurship Theory and Practice*, 39 (4), 955 - 980.

Akerlof, G. A. (1970). The market for lemons: Quality uncertainty and the market mechanism. *Quarterly Journal of Economics*, 84 (3), 488 - 500.

Albarran, A. (2004). Media economics. In J. D. Downing, D. McQuail, P. Schlesinger, & E. Wartella (Eds.), *The SAGE handbook of media studies* (pp. 291 - 307). Thousand Oaks, CA: Sage.

Albarran, A. B., & Dimmick, J. (1996). Concentration and economics of multiformity in the communication industries. *Journal of Media Economics*, 9 (4), 41 - 50.

Albarran, A. B., Chan-Olmsted, S. M., & Wirth, M. O. (2006). *Handbook of media management and economics*. Mahwah, NJ: Lawrence Erlbaum Associates.

Alhakami, A. S., & Slovic, P. (1994). A psychological study of the inverse relationship between perceived risk and perceived benefit. *Risk Analysis*, 14 (6), 1085 - 1096.

Alpert, M., & Raiffa, H. (1982). A progress report on the training of probability assessors. In D. Kahneman, P. Slovic, & A. Tversky (Eds.), *Judgement under uncertainty: Heuristics and biases* (pp. 294 - 305). Cambridge, MA: Cambridge University Press.

Arrow, K. J. (1962). Economic welfare and the allocation of resources for inventions. In R. R. Nelson (Ed.), *The rate and direction of inventive activity* (pp. 609 - 625). Princeton, NJ: Princeton University Press.

Arrow, K. J. (1969). *The organization of economic activity: Issues pertinent to the choice of market versus nonmarket allocation. The analysis and evaluation of public expenditure: The PPB system*. Washington, D. C.: Government Printing Office.

Arthurs, J. D., & Busenitz, L. W. (2003). The boundaries and limitations of agency theory and stewardship theory in the venture capitalist/entrepreneur relationship. *Entrepreneurship Theory and Practice*, 28 (2), 145 - 162.

Audretsch, D. B., Bönte, W., & Mahagaonkar, P. (2012). Financial signaling by innovative nascent ventures: The relevance of patents and prototypes. *Research Policy*, 41 (8), 1407 - 1421.

Backes-Gellner, U., & Werner, A. (2007). Entrepreneurial signaling via education: A success factor in innovative start-ups. *Small Business Economics*, 29 (1), 173 - 190.

Baltussen, G., & Post, G. T. (2011). Irrational diversification: An examination of individual portfolio choice. *Journal of Financial and Quantitative Analysis*, 46 (05), 1463 - 1491.

Barberis, N., & Thaler, R. (2003). A survey of behavioral finance. In G. M. Constantinides, M. Harris, & R. Stulz (Eds.), *Handbook of the Economics of Finance*, 1B (pp. 1053 - 1128). Amsterdam: Elsevier.

Barberis, N., Greenwood, R., Jin, L., & Shleifer, A. (2015). X-CAPM: An extrapolative capital asset pricing model. *Journal of Financial Economics*, 115 (1), 1 - 24.

Barnard, C. (1938). *The functions of the executive*. Cambridge, MA: Harvard University Press.

Baron, R. A. (2007). Behavioral and cognitive factors in entrepreneurship: Entrepreneurs as the active element in new venture creation. *Strategic Entrepre-*

neurship Journal, 1 (1-2), 167 - 182.

Baum, J. A., Calabrese, T., & Silverman, B. S. (2000). Don't go it alone: Alliance network composition and startups' performance in Canadian biotechnology. *Strategic Management Journal*, 21 (3), 267 - 294.

Bell, R. G., Filatotchev, I., & Rasheed, A. A. (2012). The liability of foreignness in capital markets: Sources and remedies. *Journal of International Business Studies*, 43 (2), 107 - 122.

Brouthers, K. D., & Brouthers, L. E. (2003). Why service and manufacturing entry mode choices differ: The influence of transaction cost factors, risk and trust. *Journal of Management Studies*, 40 (5), 1179 - 1204.

Burton, M. D., Sørensen, J. B., & Beckman, C. M. (2002). Coming from good stock: Career histories and new venture formation. In *Social structure and organizations revisited* (pp. 229 - 262). Bradford: Emerald Group Publishing Limited.

Camerer, C. F. (2004). Prospect theory in the wild: Evidence from the field. In C. F. Camerer, G. Loewenstein, & M. Rabin (Eds.), *Advances in behavioral economics* (pp. 148 - 161).

Carpenter, R. E., & Petersen, B. C. (2002). Capital market imperfections, high-tech investment, and new equity financing. *The Economic Journal*, 112 (February), F54 - F72.

Carter, R. B., Dark, F. H., & Singh, A. K. (1998). Underwriter reputation, initial returns, and the long-run performance of IPO stocks. *The Journal of Finance*, 53 (1), 285 - 311.

Christensen, E., Wuebker, R., & Wustenhagen, R. (2009). Of acting principals and principal agents: Goal incongruence in the venture capitalist-entrepreneur relationship. *International Journal of Entrepreneurship and Small Business*, 7 (3), 367 - 388.

Chyi, H. I., & Sylvie, G. (2001). The medium is global, the content is not: The role of geography in online newspaper markets. *The Journal of Media Economics*, 14 (4), 231 - 248.

Coase, R. H. (1960). The problem of social cost. *Journal of Law and Economics*, 3, 1 - 44.

Coggan, P. (2015, May 1). What's wrong with finance. *Economist*. Retrieved from http://www.economist.com/blogs/buttonwood/2015/05/finance-and-economics.

Collewaert, V. (2012). Angel investors' and entrepreneurs' intentions to exit their ventures: A conflict perspective. *Entrepreneurship Theory and Practice*, 36 (4), 753 - 779.

Colombo, M. G., Grilli, L., & Piva, E. (2006). In search of complementary assets: The determinants of alliance formation of high-tech start-ups. *Research Policy*, 35 (8), 1166 - 1199.

Companie, B. M. (1985). *Who owns the media? Concentration and ownership in the mass communications industry* (2nd ed.). White Plains, NY: Knowledge Industry Publications.

Connelly, B. L., Certo, S. T., Ireland, R. D., & Reutzel, C. R. (2011). Signaling theory: A review and assessment. *Journal of Management*, 37 (1), 39 - 67.

Conti, A., Thursby, J., & Thursby, M. (2013). Patents as signals for startup financing. *The Journal of Industrial Economics*, 61 (3), 592 - 622.

Cook, T. J., & Rozeff, M. S. (1984). Size and earnings/price ratio anomalies: One effect or two? *Journal of Financial and Quantitative Analysis*, 19 (3), 449 - 466.

Cootner, P. (1964). *The random character of stock market prices*. Cambridge, MA: MIT Press.

Danaher, B., Dhanasobhon, S., Smith, M. D., & Telang, R. (2010). Converting pirates without cannibalizing purchasers: The impact of digital distribution on physical sales and internet piracy. *Marketing science*, 29 (6), 1138-1151.

Davila, A., Foster, G., & Gupta, M. (2003). Venture capital financing and the growth of startup firms. *Journal of Business Venturing*, 18 (6), 689-708.

De Bettignies, J. E. (2008). Financing the entrepreneurial venture. *Management Science*, 54 (1), 151-166.

De Bondt, W., & Thaler, R. (1985). Does the stock market overreact? *Journal of Finance*, 40 (3), 793-805.

De Bondt, W., & Thaler, R. (1995). Financial decision-making in markets and firms: A behavioral perspective. In R. Jarrow et al. (Eds.), *Handbooks in operations research and management science* (Vol. 9, pp. 385-410). Amsterdam: Elsevier.

Demsetz, H. (1967). Toward a theory of property rights. *The American Economic Review*, 57 (2), 347-359.

Denis, D. J. (2004). Entrepreneurial finance: an overview of the issues and evidence. *Journal of Corporate Finance*, 10 (2), 301-326.

Downing, J. D., McQuail, D., Schlesinger, P., & Wartella, E. (2004). *The SAGE handbook of media studies*. Thousand Oaks, CA: Sage Publications.

Dushnitsky, G., & Lenox, M. J. (2005). When do firms undertake R&D by investing in new ventures? *Strategic Management Journal*, 26 (10), 947-965.

Edwards, W. (1968). Conservatism in human information processing. In B. Kleinmutz (Ed.), *Formal representation of human judgment* (pp. 17-52). New York: Wiley.

Eggertson, T. (1990). *Economic behavior and institutions: Principles of neoinstitutional economics*. Cambridge: Cambridge University Press.

Eisenhardt, K. M. (1988). Agency- and institutional-theory explanations: The case of retail sales compensation. *Academy of Management Journal*, 31 (3), 488 - 511.

Eisenhardt, K. M. (1989). Agency theory: An assessment and review. *The Academy of Management Review*, 14 (1), 57 - 74.

Eisenhardt, K. M., & Schoonhoven, C. B. (1990). Organizational growth: Linking founding team, strategy, environment, and growth among US semiconductor ventures, 1978 - 1988. *Administrative Science Quarterly*, 35, 504 - 529.

Elitzur, R., & Gavious, A. (2003). Contracting, signaling, and moral hazard: A modelof entrepreneurs, 'angels', and venture capitalists. *Journal of Business Venturing*, 18 (6), 709 - 725.

Ellingsen, T., & Johannesson, M. (2004). Is there a hold-up problem? *The Scandinavian Journal of Economics*, 3 (106), 475 - 494.

Estrin, S., Korosteleva, J., & Mickiewicz, T. (2013). Which institutions encourage entrepreneurial growth aspirations? *Journal of Business Venturing*, 28 (4), 564 - 580.

Fairchild, R. (2011). An entrepreneur's choice of venture capitalist or angel-financing: A behavioral game-theoretic approach. *Journal of Business Venturing*, 26 (3), 359 - 374.

Fama, E. F. (1970). Efficient capital markets: A review of theory and empirical work. *The Journal of Finance*, 25 (2), 383 - 417.

Fama, E. F. (1998). Market efficiency, long-term returns, and behavioral finance. *Journal of Financial Economics*, 49 (3), 283 - 306.

Fazzari, S. M., Hubbard, R. G., & Petersen, B. C. (2000). Investment-cash flow sensitivities are useful: A comment on Kaplan and Zingales. *Quarterly Journal of Economics*, 115 (2), 695 - 705.

Furubotn, E. G., & Richter, R. (1998). *Institutions and economic theory: The contribution of the New Institutional Economics*. Ann Arbor: University of Michigan Press.

Furubotn, E. G. (2001). The new institutional economics and the theory of the firm. *Journal of Economic Behavior & Organization*, 45 (2), 133 - 153.

Gandy, O. H. (1982). *Beyond agenda-setting: Information subsidies and public policy*. Norwood, NJ: Ablex.

Ganzach, Y. (2000). Judging risk and return of financial assets. *Organizational Behavior and Human Decision Processes*, 83 (2), 353 - 370.

Ganzach, Y., & Karsahi, N. (1995). Message framing and buying behavior: A field experiment. *Journal of Business Research*, 32 (1), 11 - 17.

Geraldi, J., Maylor, H., & Williams, T. (2011). Now, let's make it really complex (complicated): A systematic review of the complexities of projects. *International Journal of Operations & Production Management*, 31 (9), 966 - 990.

Ghosh, M., Dutta, S., & Stremersch, S. (2006). Customizing complex products: When should the vendor take control? *Journal of Marketing Research*, 43 (4), 664 - 679.

Gilovich, T., Vallone, R., & Tversky, A. (1985). The hot hand in basketball: On the misperception of random sequences. *Cognitive psychology*, 17 (3), 295 - 314.

Goldfarb, A., Greenstein, S. M., & Tucker, C. E. (2015). *Economic analysis of the digital economy*. Chicago, IL: University of Chicago Press.

Goldlücke, S., & Schmitz, P. W. (2014). Investments as signals of outside options. *Journal of Economic Theory*, 150, 683 - 708.

Gomes, J. F., de Weerd-Nederhof, P. C., Pearson, A. W., & Cunha, M. P. (2003). Is more always better? An exploration of the differential effects of functional integration on performance in new product development. *Technovation*, 23 (3), 185 - 191.

Gompers, P., Kovner, A., Lerner, J., & Scharfstein, D. (2006). *Skill vs. luck in entrepreneurship and venture capital: Evidence from serial entrepreneurs* (*No. w*12592). Cambridge, MA: National Bureau of Economic Research.

Goodhart, C. A. E. (1998). *Financial regulation: Why, how, and where now?* New York: Routledge.

Grégoire, D. A., Corbett, A. C., & McMullen, J. S. (2011). The cognitive perspective in entrepreneurship: An agenda for future research. *Journal of Management Studies*, 48 (6), 1443 - 1477.

Grossman, S. J., & Hart, O. D. (1986). The costs and benefits of ownership: A theory of vertical and lateral integration. *The Journal of Political Economy*, 94 (4), 691 - 719.

Grover, V., & Saeed, K. A. (2007). The impact of product, market, and relationship characteristics on interorganizational system integration in manufacturer-supplier dyads. *Journal of Management Information Systems*, 23 (4), 185 - 216.

Gulati, R., & Higgins, M. C. (2003). Which ties matter when? The contingent effects of interorganizational partnerships on IPO success. *Strategic Management Journal*, 24 (2), 127 - 144.

Harabi, N. (1995). Appropriability of technical innovations: An empirical analysis. *Research Policy*, 24 (6), 981 - 992.

Hart, O., & Moore, J. (1990). Property rights and the nature of the firm. *Journal of Political Economy*, 98 (6), 1119 - 1158.

Häussler, C., Harhoff, D., & Müller, E. (2009). To be financed or not... —The role of patents for venture capital-financing. *ZEW-Centre for European Economic Research Discussion Paper*, (09 - 003).

Häussler, C., Harhoff, D., & Müller, E. (2014). How patenting informs VC investors—The case of biotechnology. *Research Policy*, 43 (8), 1286 - 1298.

Hayek, F. A. (1945). The use of knowledge in society. *The American Economic Review*, 35 (4), 519 - 530.

Hayward, M. L., Shepherd, D. A., & Griffin, D. (2006). A hubris theory of entrepreneurship. *Management Science*, 52 (2), 160 - 172.

Heath, C., & Tversky, A. (1991). Preference and belief: ambiguity and competence in choice under uncertainty. *Journal of Risk and Uncertainty*, 4 (1), 5 - 28.

Hellmann, T., & Puri, M. (2002). Venture capital and the professionalization of start-up firms: Empirical evidence. *The Journal of Finance*, 57 (1), 169 - 197.

Herold, F. (2010). Contractual incompleteness as a signal of trust. *Games and Economic Behavior*, 68 (1), 180 - 191.

Himmelberg, C. P., & Petersen, B. C. (1994). R & D and internal finance: A panel study of small firms in high-tech industries. *The Review of Economics and Statistics*, 76 (1), 38 - 51.

Hobday, M. (1998). Product complexity, innovation and industrial organisation. *Research Policy*, 26 (6), 689 - 710.

Hochberg, Y. V., Ljungqvist, A., & Lu, Y. (2007). Whom you know matters: Venture capital networks and investment performance. *The Journal of Finance*, 62 (1), 251 - 301.

Honig, B., Lerner, M., & Raban, Y. (2006). Social capital and the linkages of high-tech companies to the military defense system: Is there a signaling mechanism? *Small Business Economics*, 27 (4 - 5), 419 - 437.

Horstmann, I., MacDonald, G. M., & Slivinski, A. (1985). Patents as information transfer mechanisms: To patent or (maybe) not to patent. *Journal of Political Economy*, 93 (5), 837 - 858.

Hottenrott, H., Hall, B. H., & Czarnitzki, D. (2015). Patents as quality signals? The implications for financing constraints on R&D. *Economics of Innovation and New Technology*, 25 (3), 197 - 217.

Hsu, D. H. (2004). What do entrepreneurs pay for venture capital affiliation? *The Journal of Finance*, 59 (4), 1805 - 1844.

Hsu, D. H. (2007). Experienced entrepreneurial founders, organizational capital, and venture capital funding. *Research Policy*, 36 (5), 722 - 741.

Hsu, D. H., & Ziedonis, R. H. (2008). Patents as quality signals for entrepreneurial ventures. *Academy of Management Proceedings*, 2008 (1), 1 - 6.

Huberman, G. (2001). Familiarity breeds investment. *Review of Financial Studies*, 14 (3), 659 - 680.

Jaeger, C. C., Webler, T., Rosa, E. A., & Renn, O. (2013). *Risk, uncertainty and rational action*. New York: Routledge.

Jaffe, J. F. (1974). Special information and insider trading. *Journal of Business*, 47 (3), 410 - 428.

Jensen, M. C. (1978). Some anomalous evidence regarding market efficiency. *Journal of Financial Economics*, 6 (2/3), 95 - 101.

Jensen, M. C. (1998). *Foundations of organizational strategy*. Cambridge, MA: Harvard University Press.

Jensen, M. C. (2005). Agency costs of overvalued equity. *Financial Management*, 34 (1), 5 - 19.

Jensen, M. C., & Meckling, W. H. (1976). Theory of the firm: Managerial behavior, agency costs and ownership structure. *Journal of Financial Economics*, 3 (4), 305 - 360.

Kahneman, D. (2003). Maps of bounded rationality: Psychology for behavioral economics. *American Economic Review*, 93 (5), 1449 - 1475.

Kahneman, D., & Tversky, A. (1979). Prospect theory: An analysis of decisions under risk. *Econometrica*, 47 (2), 263 - 291.

Kahneman, D., & Tversky, A. (1982). Intuitive predictions: Biases and corrective procedures. In D. Kahneman, P. Slovic, & A. Tversky (Eds.), *Judgement under uncertainty: Heuristics and biases*. Cambridge: Cambridge University Press.

Kahneman, D., Knetsch, J. L., & Thaler, R. H. (1990). Experimental tests of the endowment effect and the Coase theorem. *Journal of Political Economy*, 98 (6), 1325 - 1348.

Kallsen, J., & Muhle-Karbe, J. (2015). The general structure of optimal investment and consumption with small transaction costs. *Mathematical Finance*, 25 (4), 1 - 45.

Kaplan, S. N., & Zingales, L. (2000). *Investment-cash flow sensitivities are not valid measures of financing constraints* (No. w7659). Cambridge, MA: National Bureau of Economic Research.

Kiefer, M. L. (2001). *Medienökonomik*. Munich: Oldenbourg.

Kim, J., & Mahoney, J. T. (2005). Property rights theory, transaction costs theory, and agency theory: An organizational economics approach to strategic management. *Managerial and Decision Economics*, 26 (4), 223 - 242.

Klein, D. B., & Robinson, J. (2011). Property: A bundle of rights? Prologue to the property symposium. *Econ Journal Watch*, 8 (3), 193 - 204.

Knight, F. H. (1921). *Risk, uncertainty and profit*. Boston, MA: Houghton Mifflin.

Kreps, D. M. (1999). Markets and hierarchies and (mathematical) economic theory. In G. Carroll & D. Teece (Eds.), *Firms, markets, and hierarchies—the transaction cost economics perspective* (pp. 121 - 155). New York:

Oxford University Press.

Krishnan, C. N. V., Ivanov, V. I., Masulis, R. W., & Singh, A. K. (2011). Venture capital reputation, post-IPO performance, and corporate governance. *Journal of Financial and Quantitative Analysis*, 46 (5), 1295 - 1333.

Kuratko, D. F., Morris, M. H., & Schindehutte, M. (2015). Understanding the dynamics of entrepreneurship through framework approaches. *Small Business Economics*, 45 (1), 1 - 13.

Lakemond, N., Berggren, C., & Weele, A. (2006). Coordinating supplier involvement in product development projects: A differentiated coordination typology. *R&D Management*, 36 (1), 55 - 66.

Leach, J. C., & Melicher, R. W. (2011). *Entrepreneurial finance* (4th ed.). Mason, OH: South Western.

Leland, H. E., & Pyle, D. H. (1977). Informational asymmetries, financial structure, and financial intermediation. *Journal of Finance*, 32 (2), 371 - 387.

Lesmond, D. A., Ogden, J. P., & Trzcinka, C. A. (1999). A new estimate of transaction costs. *Review of Financial Studies*, 12 (5), 1113 - 1141.

Libecap, G. D. (1989). Distributional issues in contracting for property rights. *Journal of Institutional and Theoretical Economics*, 145 (1), 6 - 24.

Libecap, G. D. (1993). *Contracting for property rights*. Cambridge: Cambridge University Press. Little, T. (2005). Context-adaptive agility: managing complexity and uncertainty. *IEEE Software*, 22 (3), 28 - 35.

Lord, C. G., Ross, L., & Lepper, M. R. (1979). Biased assimilation and attitude polarization: The effects of prior theories on subsequently considered evidence. *Journal of personality and social psychology*, 37 (11), 2098.

Lowe, R. A., & Ziedonis, A. A. (2006). Overoptimism and the performance of entrepreneurial firms. *Management Science*, 52 (2), 173 - 186.

Malkiel, B. (1992). Efficient market hypothesis. In P. Newman, M. Milgate, & J. Eatwell (Eds.), *New Palgrave dictionary of money and finance*. London: Macmillan.

Mandelbrot, B. B., & Hudson, R. L. (2008). *The (mis) behaviour of markets*. London: Profile Books.

Maskin, E., & Tirole, J. (1990). The principal-agent relationship with an informed principal: The case of private values. *Econometrica: Journal of the Econometric Society*, 58 (2), 379 - 409.

Mathews, R. C. O. (1986). The economics of institutions and the sources of economic growth. *Economic Journal*, 96 (384), 903 - 918.

Maxwell, A. L., & Lévesque, M. (2014). Trustworthiness: A critical ingredient for entrepreneurs seeking investors. *Entrepreneurship Theory and Practice*, 38 (5), 1057 - 1080.

Maxwell, A. L., Jeffrey, S. A., & Lévesque, M. (2011). Business angel early stage decision making. *Journal of Business Venturing*, 26 (2), 212 - 225.

Maylor, H., Vidgen, R., & Carver, S. (2008). Managerial complexity in project-based operations: A grounded model and its implications for practice. *Project Management Journal*, 39 (S1), S15 - S26.

Ménard, C. (2008). A new institutional approach to organization. In C. Ménard & M. M. Shirley (Eds.), *Handbook of new institutional economics* (pp. 281 - 318). Heidelberg: Springer.

Ménard, C., & Shirley, M. M. (2008). *Handbook of new institutional economics*. Heidelberg: Springer.

Meuleman, M., & De Maeseneire, W. (2012). Do R&D subsidies affect SMEs' access to external financing? *Research Policy*, 41 (3), 580 - 591.

Mierzejewska, B. I., & Hollifield, C. A. (2006). Theoretical approaches in media management research. In A. B. Albarran, S. M. Chan-Olmsted, & M.

O. Wirth (Eds.), *Handbook of media management and economics* (pp. 37 - 66). Mahwah, NJ: Lawrence Erlbaum.

Miller, R. E., & Cote, M. (1987). *Growing the next Silicon Valley: A guide for successful regional planning*. New York: Free Press.

Mitchell, R. K., Busenitz, L., Lant, T., McDougall, P. P., Morse, E. A., & Smith, J. B. (2002). Toward a theory of entrepreneurial cognition: Rethinking the people side of entrepreneurship research. *Entrepreneurship Theory and Practice*, 27 (2), 93 - 105.

Mondello, G. (2012). *Ambiguity, agency relationships and adverse selection*. Retrieved from https://halshs.archives-ouvertes.fr/halshs-00929978/.

Mousavi, S., & Gigerenzer, G. (2014). Risk, uncertainty, and heuristics. *Journal of Business Research*, 67 (8), 1671 - 1678.

Mylovanov, T., & Tröger, T. (2012). Informed-principal problems in environments with generalized private values. *Theoretical Economics*, 7 (3), 465 - 488.

Noll, R. G., Peck, M. J., & McGowan, J. J. (1973). *Economic aspects of television regulation*. Washington, DC: Brookings Institution.

North, D. C. (1981). *Structure and change in economic history*. New York, NY: W. W. Norton & Company.

North, D. C. (1987). Institutions, transaction costs and economic growth. *Economic Inquiry*, 25 (3), 419 - 428.

North, D. C. (1990). *Institutions, institutional change and economic performance*. Cambridge, UK: Cambridge University Press.

Novak, S., & Eppinger, S. D. (2001). Sourcing by design: Product complexity and the supply chain. *Management Science*, 47 (1), 189 - 204.

O'Sullivan, M. (2006). Finance and innovation. In J. Fagerberg, D. Mowery, &R. R. Nelson (Eds.), *The Oxford handbook of innovation* (pp. 240 - 265).

Oxford: Oxford University Press.

OECD. (2011). *Technology intensity definition — classification of manufacturing industries into categories based on R&D intensities*. Paris: OECD Publishing.

OECD. (2014). *OECD Science, Technology and Industry Outlook* 2014. Paris: OECD Publishing.

Ollier, S., & Thomas, L. (2013). Ex post participation constraint in a principal-agent model with adverse selection and moral hazard. *Journal of Economic Theory*, 148 (6), 2383-2403.

Olsen, R. A. (1997). Investment risk: The experts' perspective. *Financial Analysts Journal*, 53 (2), 62-66.

Olsen, R. A. (1998). Behavioral finance and its implications for stock-price volatility. *Financial Analysts Journal*, 54 (2), 10-18.

Olsen, R. A. (2011). Financial risk perceptions: A behavioral perspective. In R. Yazdipour (Ed.), *Advances in entrepreneurial finance: With applications from behavioral finance and economics* (pp. 45-67). New York: Springer Science & Business Media.

Parhankangas, A., & Ehrlich, M. (2014). How entrepreneurs seduce business angels: An impression management approach. *Journal of Business Venturing*, 29 (4), 543-564.

Picard, R. G. (1988). Measures of concentration in the daily newspaper industry. *Journal of Media Economics*, 1 (1), 61-74.

Picard, R. G. (2011). *The economics and financing of media companies* (2nd ed.). New York: Fordham University Press.

Pich, M. T., Loch, C. H., & Meyer, A. D. (2002). On uncertainty, ambiguity, and complexity in project management. *Management Science*, 48 (8), 1008-1023.

Prasad, D., Bruton, G. D., & Vozikis, G. (2000). Signaling value to business angels: the proportion of the entrepreneur's net worth invested in a new venture as a decision signal. *Venture Capital*, 2 (3), 167 - 182.

Prencipe, A. (2000). Breadth and depth of technological capabilities in CoPS: the case of the aircraft engine control system. *Research Policy*, 29 (7), 895 - 911.

Rabin, M. (2002). Inference by believers in the law of small numbers. *The Quarterly Journal of Economics*, 117 (3), 775 - 816.

Rajan, R. G. (1992). Insiders and outsiders: The choice between informed and arm's-length debt. *The Journal of Finance*, 47 (4), 1367 - 1400.

Renn, O. (1998). The role of risk perception for risk management. *Reliability Engineering & System Safety*, 59 (1), 49 - 62.

Sahlman, W. A. (1990). The structure and governance of venture-capital organizations. *Journal of Financial Economics*, 27 (2), 473 - 521.

Scott, K. (1994). Bounded rationality and social norms: Concluding comment. *Journal of Institutional and Theoretical Economics*, 150 (1), 315 - 319.

Shenhar, A. (1994). Systems engineering management: A framework for the development of a multidisciplinary discipline. *IEEE Transactions on Systems, Man, and Cybernetics*, 24 (2), 327 - 332.

Shiller, R. J. (2000). Measuring bubble expectations and investor confidence. *The Journal of Psychology and Financial Markets*, 1 (1), 49 - 60.

Simon, H. A. (1959). Theories of decision-making in economics and behavioral science. *The American Economic Review*, 49 (3), 253 - 283.

Simon, H. A. (1982). *Models of bounded rationality. Behavioral economics and business organization* (Vol. 3). Cambridge: MIT Press.

Simon, H. A. (1985). Human nature in politics: The dialogue of psychology with political science. *American Political Science Review*, 79 (2), 293 -304.

Simon, H. A. (1996). *The sciences of the artificial* (3rd ed.). Cambridge, MA: MIT Press.

Slovic, P. (1972). Psychological study of human judgment: Implications for investment decision making. *The Journal of Finance*, 27 (4), 779 - 799.

Slovic, P. (1987). Perception of risk. *Science*, 236 (4799), 280 - 285.

Slovic, P. (1999). Trust, emotion, sex, politics, and science: Surveying the risk-assessment battlefield. *Risk Analysis*, 19 (4), 689 - 701.

Sommer, S. C., Loch, C. H., & Dong, J. (2009). Managing complexity and unforeseeable uncertainty in startup companies: An empirical study. *Organization Science*, 20 (1), 118 - 133.

Spence, A. M. (1973). Job market signaling. *Quarterly Journal of Economics*, 87 (3), 355 - 374.

Spence, M. (1974). Competitive and optimal responses to signals: An analysis of efficiency and distribution. *Journal of Economic Theory*, 7 (3), 296 - 332.

Stinchcombe, A. L. (1965). Social structure and organizations. In J. G. March (Ed.), *Handbook of organizations* (pp. 142 - 193). Chicago, IL: Rand McNally & Company.

Stuart, T. E., Hoang, H., & Hybels, R. C. (1999). Interorganizational endorsements and the performance of entrepreneurial ventures. *Administrative Science Quarterly*, 44 (2), 315 - 349.

Timmermann, A. (1993). How learning in financial markets generates excess volatility and predictability in stock prices. *Quarterly Journal of Economics*, 108 (4), 1135 - 1145.

Tu, Q., Vonderembse, M. A., Ragu-Nathan, T. S., & Ragu-Nathan, B. (2004). Measuring modularity-based manufacturing practices and their impact on mass customization capability: A customer-driven perspective. *Decision Sciences*,

35 (2), 147 - 168.

Tversky, A., & Kahneman, D. (1973). Availability: A heuristic for judging frequency and probability. *Cognitive psychology*, 5 (2), 207 - 232.

Tversky, A., & Kahneman, D. (1975). Judgement under uncertainty: Heuristics and biases. In D. Wendt & C. Vlek (Eds.), *Utility, probability, and human decision making* (pp. 141 - 162). Dordrecht: Springer.

Tversky, A., & Kahneman, D. (1992). Advances in prospect theory: Cumulative representation of uncertainty. *Journal of Risk and Uncertainty*, 5 (4), 297 - 323.

Van Osnabrugge, M. (2000). A comparison of business angel and venture capitalist investment procedures: an agency theory-based analysis. *Venture Capital*, 2 (2), 91 - 109.

Vergne, J. P., & Durand, R. (2010). The missing link between the theory and empirics of path dependence: conceptual clarification, testability issue, and methodological implications. *Journal of Management Studies*, 47 (4), 736 - 759.

Weber, E., & Siebermorgen, N. (2005). Communicating asset risk: How name recognition and the format of historic volatility information affect risk perception and investment behavior. *Risk Analysis*, 25 (3), 597 - 609.

Weinstein, N. D. (1980). Unrealistic optimism about future life events. *Journal of Personality and Social Psychology*, 39 (5), 806 - 820.

Wennberg, K., Wiklund, J., DeTienne, D. R., & Cardon, M. S. (2010). Reconceptualizing entrepreneurial exit: Divergent exit routes and their drivers. *Journal of Business Venturing*, 25 (4), 361 - 375.

Wennberg, K., Delmar, F., & McKelvie, A. (2016). Variable risk preferences in new firm growth and survival. *Journal of Business Venturing*, 31 (4), 408 - 427.

Wiklund, J., Baker, T., & Shepherd, D. (2010). The age-effect of financial indicators as buffers against the liability of newness. *Journal of Business Venturing*, 25 (4), 423 - 437.

Wildman, S. S. (2006). Paradigms and analytical approaches in modern economics and media economics. In A. B. Albarran, S. M. Chan-Olmsted, & M. O. Wirth (Eds.), *Handbook of media management and economics* (pp. 67 - 90). Mahwah, NJ: Lawrence Erlbaum.

Williams, T. M. (1999). The need for new paradigms for complex projects. *International Journal of Project Management*, 17 (5), 269 - 273.

Williamson, O. E. (1973). Markets and hierarchies: Some elementary considerations. *The American Economic Review*, 63 (2), 316 - 325.

Williamson, O. E. (2000). The new institutional economics: Taking stock, looking ahead. *Journal of Economic Literature*, 38 (5), 595 - 613.

Yazdipour, R. (2011). A behavioral finance approach to decision making in entrepreneurial finance. In R. Yazdipour (Ed.), *Advances in entrepreneurial finance* (pp. 11 - 29). New York: Springer.

Zaheer, S. (1995). Overcoming the liability of foreignness. *Academy of Management Journal*, 38 (2), 341 - 363.

Zhang, Y., & Wiersema, M. F. (2009). Stock market reaction to CEO certification: The signaling role of CEO background. *Strategic Management Journal*, 30, 693 - 710.

Zucchella, A., & Servais, P. (2012). The internationalisation process of small-and medium-sized firms and the liability of complexity. *International Journal of Entrepreneurship and Small Business*, 15 (2), 191 - 212.

第三章 研究方法：混合方法

> 不连续性，不应该是一个被忽略的反常现象，而是市场的一个重要组成部分，它将金融与自然科学区分开来了。
>
> Mandelbrot and Hudson（2008，p. 86）

有关金融决策的科学研究主要建立在数学模型的基础上，但我认为，如果一个人想真正了解高科技初创企业的不同之处，以及这种不同之处如何影响投资者，他就必须扩展方法论的范围，而这正是本书所做的——结合了定量和定性的方法。“德国初创企业观察”是对德国初创企业开展的一项规模最大的调查，旨在强调高科技初创企业与 903 家德国初创企业在商业模式、方法和融资模式方面的关键差异。通过对 34 位美国和德国的企业家和投资者进行定性访谈，这个研究考察了这些不同模式产生的原因，并明确了不确定性的来源和潜在的缓解因素。本章旨在阐明认识论和理论方法（Crotty 2003）。我在本研究中也讨论了对这篇论文的研究方法的选择。

3.1 背景

已有的关于研究者哲学世界观的讨论并不常见（Slife and Williams 1995），但我会简要解释我对这个问题的推理，以便让读者了解我的研究设计以及后来的研究结果。

世界观

作为研究的出发点，我选择使用Guba对世界观的描述，即“指导行动的一套基本信念”（1990，p. 17），以及Creswell的定义“研究人员为研究活动带来的关于世界和研究性质的一般哲学取向”（2014，p. 6）。这与Maynard关于认识论的描述是一致的，他将认识论描述为一种工具，为我们决定什么样的知识是可能获得的以及如何确保这些知识既充分又合理提供哲学基础（1994，p. 10）。其他涵盖这一概念的术语包括：理性（Reason 1988）、最广泛意义上的研究方法（Denzin and Lincoln 2005）、形而上学框架（Mertens 2010）等。尽管自然科学研究人员大多持有一种传统的客观主义世界观，但这种世界观严重依赖于可识别、可分离和可测量的变量（Crotty 2003）；而社会科学往往不能做到这一点。由于无法在实验室实验中获得足够大的数据集，再加上研究人员缺乏对客观真理和意义的信心（Crotty 2003，p. 6），导致了建构主义和主观主义范式。

认识论

在我的认识论世界观中，我看到自己处于一种摇摆不定的状态。我相信客观主义和客观真理的存在性，例如，关于我们宇宙的内在物理属性，如强和弱的引力和电磁力（Feynman 1967）。本体论上，我采用现实主义的方法，即现实存在于头脑之外（2003，p. 10）。我也拒绝评估如 Paul Feyerabend 所说的现代科学世界观跟中世纪的巫术一样都没有获得外部认证（Phillips and Burbules 2000，p. 1）。然而，考虑到不可估量的复杂性和研究者自身对理论的感知（Popper 1972），社会建构主义似乎是最合适的认识论（Berger and Luckmann 1966；Greenwood 1994），在研究人类事务（社会现象和人类行为）时尤其如此（Phillips and Burbules 2000，p. 13）。因此，我紧随 Hayek 在社会科学研究方面的立场，参照 Popper 对科学盲目性的批判。Hayek 创造了一个术语“科学主义”（1941，p. 560）来描述试图使用自然科学工具考察社会现象的研究。

乍一看，金融似乎是客观和连续性的典范，但事实并非如此。与经济学和许多其他看似数学的理论相似，关于假设、分析框架、因果关系等的真理往轻了说是冲突的，往重了说就是彻头彻尾错误的（Mandelbrot and Hudson 2008）。正如 Crotty 所指出的，很明显，即使是面对相同的现象，不同的人也会以不同的方式构建意义（2003，p. 9）。因此，在本书中，我将偏差和不连续性理解为创业金融研究的核心要素，倾向于范式可公度性（paradigm commensurability）（Greene 2007，p. 52），并把意义理解为构建和相互作用的结果。

本研究方法的理论基础受到上述多边认识论世界观的影响，也受到范式上模糊的和内在跨学科的创业研究领域的影响（Shane 2007）。我所使用的概念观点可以被描述为实用主义观点（James 1907；Ayer 1968），我灵活地借用了其他合适的范式（Morgan 2007）。我使用的这些理论视角包括后实证主义和解释主义，但我没有考虑变革性方向，如女权主义（Olesen 2000）、象征互动主义

(Blumer 1969)，或一般的批判理论（Fay 1987）。

之所以包含后实证主义元素，是因为在一定程度上可以在创业融资领域找到决定论（Phillips and Burbules 2000）。举例来说，一个没有任何经验的业余爱好者画出的一幅简单的高科技产品草图，就不太可能获得10亿欧元的资助。人们必须注意“不太可能”这个词，因为它象征着与事件一定会发生相对的概率的增加，这是实证主义的一个识别指标（Creswell 2014）。这与Phillips和Burbules的后实证主义观点，即发现我们过去已经接受的答案是错误的本身就是知识的进步（2000，p. 3），以及Popper对真理的不顾一切的批判性探索（2005，p. 281）是一致的。

从解释主义的理论视角来看，明确界定我所选择的表现形式是很重要的，这就是Max Weber的观点。他将理解和解释区分开来，同时也将两种潜在的世界观区分开来。Weber认为，促进解释性理解从而得出因果解释是理想的（Weber 1968，p. 3）。这也很好地反映了我的观点①，即承认偏差和复杂性，同时寻找经验验证来推导因果解释。这与Silverman（1993）的解释主义的解释形成了鲜明的对比，解释主义认为，定量分析不适合社会研究，并且否定了在这种背景下形成因果理解的可能性。

总之，实用主义的立场似乎最适用于基于行动和情境的、完全碎片化的初创企业，因为它支持最大的甚至是无限的方法集。此外，它也非常适合各种一般的商业研究，尤其适合创业和创业融资这一相对较新的研究领域（Bryman and Bell 2011；Singer 2009；Leitch

① 我未考虑的理论观点主要与批判理论家和女权主义者有关，这些观点主张符号互动主义和变革性世界观（Creswell 2014；Mertens 2010）。德国的创业融资领域并不是一个被边缘化的社会问题，因此与压迫和异化等有关的问题也没有被考察。然而，这并不意味着这些观点在创业融资领域是没有价值的。相反，我强烈认为，例如，就筹款的企业家本人而言，女权主义观点、批评理论和参与性实践（Reason and Bradbury 2008）可能是一种有价值的研究方法（Harrison and Mason 2007；Downing 2005；Sara and Peter 1998）。

et al. 2009；Fayolle et al. 2005；Ryan et al. 2002；Girod-Séville and Perret 2001）。Creswell 注意到，实用主义者并不认为世界是一个绝对的统一体，研究总是发生在一定的社会、历史、政治和其他环境中（2014，p. 11）。实用主义首先是一种方法；其次是一种遗传学理论（James 1907，p. 65）。它不局限于特定的技术或系统，而是允许选择和组合各种合适的方法（Tashakkori and Teddlie 2010；Cherryholmes 1992；Patton 1990），这个概念似乎很适合当前的主题，并与混合方法完美地结合在一起。

3.2　研究方法

我们所讨论的认识论和理论定位形成了一种研究方法，它承认创业活动中与企业家、投资者、初创企业相关的学术研究的偏差、复杂性、构建性、不连续性和模糊性。

混合方法

本研究采用混合方法。Tashakkori 和 Teddlie（2010）对这一整套流程进行了全面概述，Johnson 等（2007）则对各种定义进行了讨论。总的来说，混合方法设计为所研究的问题提供了更完整的理解（Creswell 2014，p. 4），其主要是将定量研究和定性研究与数据结合在一个框架内，从而检验假设并回答研究问题。在此过程中，任何单一研究方法固有的偏差都会被中和，或者至少被削弱（Creswell 2014）。虽然早期的混合方法研究主要包括定量方法（Campbell and Fiske 1959），但定性技术，如访谈和协议，很快也被包括在内。三角数据采集源作为一种独立的方法不断地被改进，以克服单个方法的缺点并利用它们的优点（Creswell 2014）。

本书将定量方法和定性方法相结合的主要目的是提高定性研究的通用性（Hesse-Biber 2010，p. 122）。事实上，我非常赞同 Hesse-Biber 的建议，即“首先从定量研究开始有助于定性研究人员得到更有代表性的定性样本”。她还建议通过定量调查（这里指“德国初创企业观察”），使研究人员能够从研究对象（这里指德国初创企业）中随机抽样获得一个具有代表性的子样本。所选的定性子样本可以直接或间接地与定量样本相联系，即，研究者基于感兴趣的群体特征收集单独的样本作为样本具有代表性的证据，因为该样本与研究对象的分布特性是一致的（Hesse-Biber 2010，p. 122）。本书的子样本当然是指高科技和硬件初创企业。

对混合方法的批评意见

混合方法在研究领域中越来越流行，几乎成为一种压倒一切的方法。这可能是由于研究人员专注于方法而不是理论推导（Hesse-Biber 2010）。尽管这可能是一种有意的行为，尤其是在批判现实主义中，但它往往会导致对理论的偏见和特定选择（Miller and Fredericks 2006），Hesse-Biber 将此称为“本末倒置”（2010，p. 29），是逻辑上的不平衡。她进一步提出了一种“基于研究背景的混合方法实践”（2010，p. 11），即以本体论、认识论和理论的考虑为前提，并结合方法论的选择。其他作者也强调了这一点，认为“在混合方法探究中，确定一个人对范式问题的立场”（Greene et al. 2001，p. 29）将会创建“一种指导方法论选择的组织框架意识”（2001，p. 30）。这并不一定意味着一种说明性和确定性的范式—方法论的纠缠，虽然这种纯粹主义的观点确实存在（Lincoln and Guba 2000）。其目的在于对现有的方法和范式有一个全面的了解，使研究人员能够把方法和实际上的世界观一致地结合起来，即范式可公度性。

关于混合方法的另一个主要批评是，它们往往表现得像“男扮女装的实证主义”（Giddings 2006，p. 198）。赋予科学方法优先权，激发客观知识，并将定量方法置于中心地位，同时赋予定性方法辅助地位——例如，仅仅是将调查的测量单位具体化就可以被视为一种实证主义取向（Bahl and Milne 2006，p. 198）。Giddings 甚至说，实证主义的思维也体现在混合方法的思维上［......］，虽然带有后实证主义的味道（Giddings 2006，p. 198）。

最后，对于研究过程及其目标而言，混合方法也可能是不必要的，甚至是有害的（Hesse-Biber 2010）。经济推理可能会鼓励研究人员正确地采取一种方法，比如使用足够大的数据集，而不是由于资金限制选择比较糟糕的多种执行方法。当混合方法导致研究项目及相关发表推迟、拖延甚至停滞时，时间问题也会被考虑。技能集可能是另一个需要考虑的因素，而研究人员可能对综合各种方法感到力不从心，因为需要权衡决策但又缺乏这样做的能力。

3.3　混合方法的应用

基于上述本体论、认识论和理论考虑，我选择了一种解释性方法来应用混合方法这一方法论。它认识到了人类主观上创造意义的重要性，同时不完全拒绝某些客观性概念（Crabtree and Miller 1999，p. 10）。因此，我们综合使用定量和定性相结合的方法来获得结果。

解释性序贯法

关于混合方法的排列方式，当今社会科学主要有三种模式：（1）探索性序贯法；（2）解释性序贯法；（3）收敛并行混合方法（Creswell 2014）。前两种模式遵循的顺序要么是定量方法在前，定性方法在后，要么是反过来。

探索性序贯法模式应用于定性研究，如现象学研究或民族志，收集能反映特定定量阶段特点的数据。这种方法的难点在于定性调查的初始样本选择，以及作为定量研究基础的具体研究结果的选择（Creswell 2014）。这一点同样适用于解释性序贯法模式。它使用了两个规模差别很大的样本，一个是定量的，一个是定性的，需要选择具体的项目进行深入的定性研究。收敛并行混合方法模式也面临样本选择的挑战，但可以通过结合两种方法来解决变量选择的问题。整合定性和定量数据、解释和对比研究结果、必要情况下对不一致性进行进一步探索是所有这些方法的特点（Hesse-Biber 2010）。

对于创业研究，我借鉴了 Leitch 等（2009）提出的解释性序贯法。研究Ⅰ是一个定量的线上调查，用来寻找相关结论；研究Ⅱ是一个定性的访谈，试图解释研究Ⅰ的发现。因此，研究 Ⅰ的结果指导了研究Ⅱ对投资者、企业家、专家小组的选择。

复杂性、融资以及介于两者之间的黑盒子

在第 1 章和第 2 章中，我解释了复杂性如何影响高科技初创企业的融资。问题是我们不知道这种影响的表现以及它是如何产生的。首先，年轻的高科技初创企业似乎比其他许多企业在融资方面更加艰难（PWC 2015；*Economist* 2015，December 4），创业种子轮投资以电子商务风险投资为主，且更多的风险资本流入营销、软件开发或社交网络风险投资中，而不是生物技术等（Tunguz 2015）。其次，我们不知道这种明显的复杂性问题如何影响企业家和投资者的设定

以及投资者的决策。最后，我们不知道初创企业是否可以向投资者发出某种信号以减轻其复杂性带来的负面影响。

研究Ⅰ定量考察了复杂性对高科技初创企业融资的影响。我们调查了 903 家德国初创企业，以展示《德国初创企业观察 2014》中高科技初创企业与其他所有初创企业之间的差异，而造成差异的很可能正是复杂性。研究Ⅱ以研究Ⅰ的结果为基础（见图 3-1），包含了对德国和美国投资者、企业家以及一个国际专家论证小组的 34 次访谈。它研究了可能隐藏在特定复杂性因素中的造成不同融资结构的原因，考虑了复杂性、信息不对称、交易成本、投资者不确定性和第二章讨论的决策制定过程之间的联系。此外，研究Ⅱ还考察了成功的初创企业发出的用于说服投资者为其初创企业投资的信号。

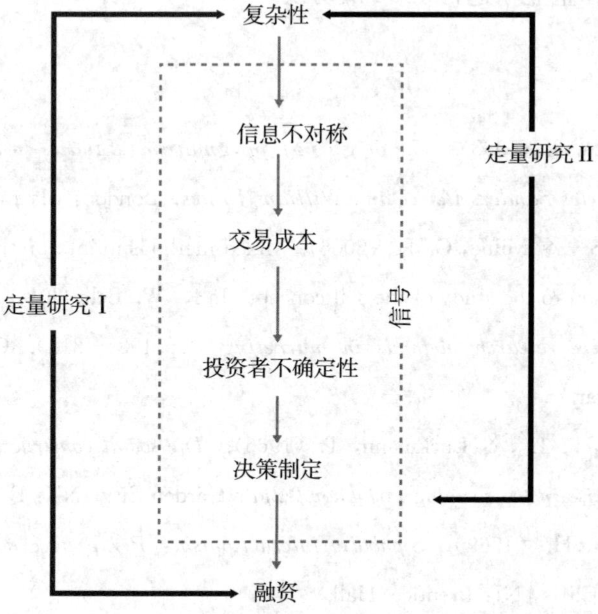

图 3-1　研究设计：混合方法应用

3.4 本章小结：实用主义与解释性序贯法

本章讨论了研究创业融资问题的各种方法选择。尽管我承认大多数金融决策研究都是基于数学模型的。但本研究没采用这种客观主义方法，而是采用了基于实用主义方法的多层次系统（Creswell 2014；Tashakkori and Teddlie 2010；Singer 2009；Cherryholmes 1992)。这种方法可以灵活地组合最适合研究高科技初创企业融资模式、复杂性和不确定性因素以及匹配信号的方法，这也是我选择解释性序贯法设计的原因。本研究通过研究Ⅰ（定量调查）对903家德国初创企业进行了调查；以及研究Ⅱ（定性调查）对德国和美国的投资者和企业家进行了34次访谈。

参考文献

Ayer, A. J. (1968). *The origins of pragmatism: Studies in the philosophy of Charles Sanders Peirce and William James*. London: Macmillan.

Bahl, S., & Milne, G. R. (2006). Mixed methods in interpretive research: An application to the study of the self concept. In R. W. Belk (Ed.), *Handbook of qualitative research methods in marketing* (pp. 198 - 218). Cheltenham: Edward Elgar.

Berger, P. L., & Luckmann, T. (1966). *The social construction of reality: A treatise in the sociology of knowledge*. Garden City, NY: Doubleday.

Blumer, H. (1969). *Symbolic interactionism: Perspective and method*. Englewood Cliffs, NJ: Prentice-Hall.

Bryman, A., & Bell, E. (2011). *Business research methods* (3rd ed.). Oxford: Oxford University Press.

Bygrave, W. D. (1989a). The entrepreneurship paradigm (I): A philosophical look at its research methodologies. *Entrepreneurship Theory and Practice*, 14 (1), 7-26.

Bygrave, W. D. (1989b). The entrepreneurship paradigm (II): Chaos and catastrophes among quantum jumps. *Entrepreneurship Theory and Practice*, 14 (2), 7-30.

Campbell, D. T., & Fiske, D. W. (1959). Convergent and discriminant validation by the multitrait-multimethod matrix. *Psychological Bulletin*, 56 (2), 81.

Cherryholmes, C. H. (1992). Notes on pragmatism and scientific realism. *Educational Researcher*, 21 (6), 13-17.

Crabtree, B. F., & Miller, W. L. (1999). *Doing qualitative research* (2nd ed.). Thousand Oaks, CA: Sage.

Creswell, J. W. (2014). *Research design: Qualitative, quantitative, and mixed methods approaches* (4th ed.). Los Angeles, CA: Sage.

Crotty, M. (2003). *The foundations of social research: Meaning and perspective in the research process*. London: Sage.

Cryer, P. (2006). *The research student's guide to success* (3rd ed.). Berkshire: McGraw-Hill.

Denzin, N. K., & Lincoln, Y. S. (2005). *The Sage handbook of qualitative research* (3rd ed.). Thousand Oaks, CA: Sage.

Downing, S. (2005). The social construction of entrepreneurship: Narrative and dramatic processes in the coproduction of organizations and identities. *Entrepreneurship: Theory and Practice*, 29 (2), 185-204.

Economist (2015, October 31). Theranos—The fable of the unicorn. *Economist*. Retrieved from http://www.economist.com/news/business/21677192-fable-unicorn-theranos-much-hyped-medical-startup-plagued-doubts.

Fay, B. (1987). *Critical social science*. Ithaca, NY: Cornell University

Press.

Fayolle, A., Kyrö, P., & Ulijn, J. (2005). *Entrepreneurship research in Europe—Outcomes and perspectives*. Cheltenham: Edward Elgar.

Feynman, R. (1967). *The character of physical law*. Cambridge, MA: The MIT Press.

Giddings, L. S. (2006). Mixed-methods research—Positivism dressed in drag? *Journal of Research in Nursing*, 11 (3), 195 - 203.

Girod-Séville, M., & Perret, V. (2001). Epistemological foundations. In R. A. Thiétart et al. (Eds.), *Doing management research—A comprehensive guide* (pp. 13 - 29). London: Sage.

Greene, J. C. (2007). *Mixed methods in social inquiry*. San Francisco, CA: Jossey-Bass.

Greene, J. C., Benjamin, L., & Goodyear, L. (2001). The merits of mixing methods in evaluation. *Evaluation*, 7 (1), 25 - 44.

Greenwood, J. D. (1994). *Realism, identity and emotion: Reclaiming social psychology*. London: Sage.

Guba, E. G. (1990). The alternative paradigm dialog. In E. G. Guba (Ed.), *The paradigm dialog* (pp. 17 - 30). Newbury Park, CA: Sage.

Harrison, R. T., & Mason, C. M. (2007). Does gender matter? Women business angels and the supply of entrepreneurial finance. *Entrepreneurship Theory and Practice*, 31 (3), 445 - 472.

Hayek, F. A. (1941). The counter-revolution of science. *Economica*, 8 (31), 281 - 320.

Hesse-Biber, S. N. (2010). *Mixed methods research—Merging theory with practice*. London: Guildford.

James, W. (1907). *Pragmatism—A new name for some old ways of thinking*. New York, NY: Longmans, Green.

Johnson, R. B., Onwuegbuzie, A. J., & Turner, L. A. (2007). Toward a definition of mixed methods research. *Journal of Mixed Methods Research*, 1 (2), 112–133.

Leitch, C. M., Hill, F. M., & Harrison, R. T. (2009). The philosophy and practice of interpretivist research in entrepreneurship: Quality, validation, and trust. *Organizational Research Methods*, 13 (1), 67–84.

Lincoln, Y. S., & Guba, E. G. (2000). The only generalization is: There is no generalization. In R. Gomm, M. Hammersley, & P. Foster (Eds.), *Case study method* (pp. 27–44). London: Sage.

Mandelbrot, B. B., & Hudson, R. L. (2008). *The (mis) behaviour of markets*. London: Profile Books.

Maynard, M. (1994). Methods, practice and epistemology: The debate about feminism and research. In M. Maynard & J. Purvis (Eds.), *Researching women's lives from a feminist perspective* (pp. 10–26). New York, NY: Taylor Francis.

Mertens, D. M. (2010). Transformative mixed methods research. *Qualitative Inquiry*, 16 (6), 469–474.

Miller, S. I., & Fredericks, M. (2006). Mixed-methods and evaluation research: Trends and issues. *Qualitative Health Research*, 16 (4), 567–579.

Morgan, D. L. (2007). Paradigms lost and pragmatism regained. Methodological implications of combining qualitative and quantitative methods. *Journal of Mixed Methods Research*, 1, 48–76.

Olesen, V. L. (2000). Feminism and qualitative research at and into the millenium. In N. K. Denzin & Y. S. Lincoln (Eds.), *Handbook of qualitative research* (pp. 215–255). Thousand Oaks, CA: Sage.

Patton, M. Q. (1990). *Qualitative evaluation and research methods* (2nd ed.). Newbury Park, CA: Sage.

Phillips, D. C., & Burbules, N. C. (2000). *Postpositivism and educational research*. Oxford: Rowman & Littlefield.

Popper, K. R. (1972). *Objective knowledge: An evolutionary approach*. Oxford: Clarendon.

Popper, K. (2005). *The logic of scientific discovery*. London: Routledge.

PWC. (2015). *Venture capital investing exceeds $ 17 billion for the first time since Q4* 2000. Retrieved from http://www.pwc.com/us/en/press-releases/2015/venture-capital-investing- exceeds.html 2016/01/23.

Reason, P. (1988). *Human inquiry in action*. London: Sage.

Reason, P., & Bradbury, H. (2008). *Sage handbook of action research: Participative inquiry and practice* (2nd ed.). London: Sage.

Ryan, B., Scapens, R. W., & Theobald, M. (2002). *Research method and methodology in finance and accounting* (2nd ed.). London: Thomson.

Sara, C., & Peter, R. (1998). The financing of male-and female-owned businesses. *Entrepreneurship & Regional Development: An International Journal*, 10 (3), 225 - 241.

Shane, S. A. (2007). *A general theory of entrepreneurship: The individual-opportunity nexus* (2nd ed.). Cheltenham: Edward Elgar.

Silverman, D. (1993). *Interpreting qualitative data: Methods for analysing talk, text, and interaction*. London: Sage.

Slife, B. D., & Williams, R. N. (1995). *What's behind the research? Discovering hidden assumptions in the behavioral sciences*. Thousand Oaks, CA: Sage.

Singer, A. E. (2009). Classical pragmatism and modern finance. *Human Systems Management*, 28 (3), 83 - 92.

Tashakkori, A., & Teddlie, C. (2010). *Sage handbook of mixed methods in social and behavioral research* (2nd ed.). London: Sage.

Tunguz, T. (2015). *Startup investment trends* 2015. Retrieved from http://tomtunguz.com/startup-investment-trends-2015/.

Weber, M. (1968). *On charisma and institution building*. Chicago, IL: University of Chicago Press.

第四章　研究 I：对德国初创企业的调查

此定量研究的目的是揭示高科技初创企业的融资状况，并描述融资市场的现状，定量检验的假设建立在现有文献的假设基础上。我们遵循了 Popper 证明理论和假设错误的方法，即证伪，而不是试图证明假设的绝对正确（Crotty 2003；Popper 1972）。

4.1　假设

正如我在第二章中所讨论的，新古典经济学和 NIE 对信息不对称的影响持截然不同的假设。前者指出，只要投资回报率，即利率足够高，就不可能存在资金缺口。更重要的是，由于企业家和逐利投资者之间的信息不对称只存在非常短暂的时间，因此在筹集资金的时间上应该没有实质性的差异。假设 1 就是为了验证这一点，具体为：

H1：当产品高度复杂时，初创企业需要更多的时间来获得外部风险投资。

从创业融资这一章可以看出，大多数研究都将风险投资基金和BA资本作为初创企业外部资金的主要来源。事实上，主要研究发现，风险资本支持的融资在高科技初创企业中占据主导地位（Audretsch et al. 2012；Scellato 2007）。然而，考虑到潜在投资者阶层的广度，以及高科技初创企业在融资时面临的困难，我怀疑这些企业会利用其他融资方案。因此假设 2 为：

H2：相比于非科技型初创企业，高科技初创企业会从不同的投资者那里筹集资金。

风险投资是最重要的外部资金来源。它也曾是硅谷早期高科技和硬件创新引擎的燃料。但今天基于互联网的商业模式和产品，实现了更快且往往更高的回报。因此，传统风险投资基金，包括德国的风险投资基金，也更有可能为这些初创企业提供资金，而不是投资于复杂的高科技初创企业。因此，我们有假设 3：

H3：高科技初创企业获得的传统风险资本融资低于非高科技初创企业。

4.2 数据来源和样本选择

决定是使用现有的辅助数据还是生成新的数据主要受两个因素的影响：第一，现有的数据必须与手头的研究问题有关；第二，这些数据必须产生研究者可以接受的可靠性和有效性。利用现有数据在效率方面有重要的积极影响：可以节省资源，特别是时间和金钱，并将其用于数据分析。然而，研究人员受限于已有数据，但这些数据可能是为其他目的生成的。

德国初创企业观察

在本研究中，由于缺乏可靠的现成数据，我使用了原始数据。先前有关初创企业融资策略的研究或多或少地在以下方面存在缺陷：(1) 足够大的样本；(2) 专注于高科技和硬件初创企业复杂的产品；(3) 聚焦德国；(4) 专注于早期的初创企业；(5) 科学合理的数据收集；　(6) 数据集的可用性，而不仅仅是对数据的分析解释；(7) 对融资来源的细致的分类调查。我使用了一种定量的研究方法尽可能接触更多的硬件和高科技初创企业，而这些企业通常比基于软件的初创企业更难找到（Hesse-Biber 2010）。针对这一特定的创业人群，我请求将我的问题纳入德国最大的创业调查——德国初创企业观察（DSM）。

我们使用的是 2014 年版的非实验性调查。由于这项研究的主要目标之一是讨论在存在信息不对称和不确定性的背景下，复杂的产品如何影响融资，我参考了 Creswell（2014）提出的一种定量方法。为了能将研究结论从我们的样本推广到整个德国初创企业，我们必须得到一个具有代表性且足够大的样本集合。我知道环境和期望很可能影响我的选择和框架（Popper 2005）。

样本大小

为了估算德国相关初创企业的数量，我使用了 KFW 2014 创业活动报告（KFW 2014/2015）。这项研究将所有个体经营者归类为初创企业的创始人——尽管与这里使用的定义矛盾，但它提供了一个覆盖全德国创业活动的指标。根据该报告，首先，只有 7%的企业家（对应 6.4 万家企业）声称自己在开发一种新颖的服务或产品；其次，该报告还收集了融资数据，显示仅有62%的企业家进行了融资，21%的企业家筹集了外部资金（KFW 2014/2015）。可以假定，只有那些利用外部资金为自己的初创企业提供资金，并且正在开发一种新产品的企业家才是真正的初创企业的创始人。根据这一假设，初创企业的估计数量从91.5万家降至6.4万～19.2万家。如果在99%的置信水平和50%的分布率下接受5%的误差幅度，那么推荐的样本大小大约是660家初创企业。调整和清理后DSM的样本总量为903家初创企业，覆盖了几乎所有联邦州，并且主要收集了柏林、慕尼黑和汉堡等经济和科学大都市的数据。

在此基础上，我们识别了工业技术与硬件、医药、纳米、生物技术、能源与绿色技术等行业，它们的比例略高于总样本的11%。从KFW的数据和DSM的样本可以得出，德国大约有20 000家高科技和硬件初创企业。我们采用前述方法对高技术初创企业样本进行了选择，这一方法也与Carpenter和Petersen（2002）采用的方法相同。样本最初由101家初创企业组成，但最终降至71家。在只有10%的误差、90%的置信水平和50%的分布率的情况下，这仍然是一个可接受的样本量。

4.3 数据分析

DSM 2014定位到了101家初创企业，占整个DSM样本的11.4%，且符合我在第一章中定义的高科技和硬件分类标准（DSM 2014，p.19）。但更深入的分析显示，只有其中的71家初创企业完成了问卷调查且能确保数据可用。例如，一些受访者显然是草草了事，留下了很大一部分问题没有回答。另一些人表示没有筹集到任何风险资本，但在后续问题中又声称从美国获得了风险资本。在第23题（这一问题的重点是获得外部资金的容易程度，可能过于复杂）附近，放弃率急剧上升。这导致最后两个问题的可用答案进一步减少到46个。因此，最终对初创企业的发展阶段、创新能力、商业模式定位、人力资源特征、融资模式等方面的数据的分析包括71家初创企业，对创始人数量的分析是基于46个案例，但对资本准入评估的分析是不可行的，因为数据太少、太弱且太分散。

4.4　调查结果

商业模式定位

高科技初创企业和DSM样本企业的商业模式定位明显不同。51%的高科技初创企业专注于B2B模式，但仅有35%的初创企业采取这一策略（见图4-1）。

图4-1　DSM样本企业和高科技初创企业的商业模式定位

创始人和雇员的数量

高科技初创企业创始人的平均数是3.93人（$n=46$，$\sigma=1.59$），整个样本的平均数是2.34人（$n=867$，$\sigma=1.83$）。此外两者在初创期的就业情况明显不同。种子阶段和启动阶段初创企业的平均雇佣人数分别为1.8人（$n=193$）和5.0人（$n=397$），而高科技初创企业在种子阶段和启动阶段分别为0.6人（$n=22$）和5.6人（$n=28$）。

技术创新和商业模式创新

DSM样本企业与高科技初创企业在创新性方面也存在较大差异。60%的高科技初创企业认为，它们的技术非常具有创新性，创新得分平均为4.4/5，标准差为0.92，且占据了整体创新性技术的21%。相比之下，样本总体平均创新得分为3.45。另外，从创新评价的分布来看，样本总体的创新评价相对更加分散，而高科技初创企业样本的值则相对集中且有偏（见图4-2）。在商业模式创新性方

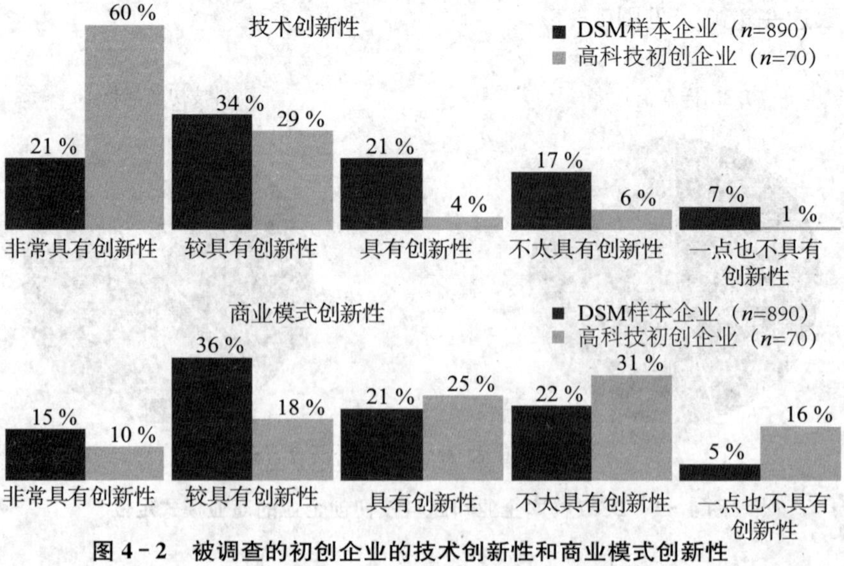

图4-2　被调查的初创企业的技术创新性和商业模式创新性

面，样本之间的差异非常明显——高科技初创企业的算术平均值为 2.75/5，而整个 DSM 样本的平均值为 3.34。因此，高科技初创企业样本的创新倾向较弱，标准差为 1.22。

刚起步的初创企业的融资

初创企业几乎利用了所有可用的融资渠道。为验证假设 1，我们比较了企业成立年份和外部风险资金获得率。两个子样本被分离出来：一个子样本是所有成立不到 12 个月的初创企业，另一个子样本是高科技初创企业。只有具有明确盈利动机的外部资金来源我们才予以考虑，所以我们不考虑企业家自有资金、公共补贴以及来自 FFF 或内部现金流的资金和补贴。

从图 4-3 可以看出，在非常年轻的 DSM 样本企业和高科技初创企业中，通过银行贷款或众筹筹集资金的企业所占的比例几乎相同：通过银行贷款筹集资金的企业所占的比例分别为 5%和 5.4%，通过众筹筹集资金的企业所占的比例分别为 3%和 2.7%。但在 BA、VC、加速器和孵化器项目方面则存在相当大的差异。样本中刚起步的高科技初创企业从 BA（16.8%/8.1%）和 VC（8.4%/2.7%）那儿获得资金的可能性不到前者的一半，且没有一家高科技初创企业

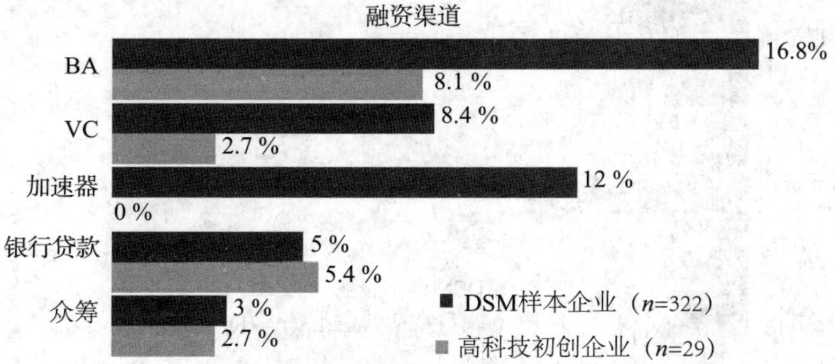

图 4-3　被调查的成立不到 12 个月的初创企业的融资渠道

从加速器项目中获得资金，而相比之下，DSM 所有成立不到 12 个月的初创企业中有 12%从加速器项目中获得了资金。很明显，年轻的高科技初创企业需要更多的时间来筹集外部资金，因为它们最终会从更多样化的投资者那里筹集资金，如下面的分析所示。

资金来源

DSM 的样本显示，83%的被调查的初创企业投入了自有资金，而 92%的高科技初创企业也是如此。在 DSM 的初创企业中获得 FFF 资金支持的占 33%，略高于高科技初创企业的相应比例。虽然公共补贴对于所有 DSM 初创企业都很重要，但是高科技初创企业尤其依赖这种资金来源（见图 4 - 4）。

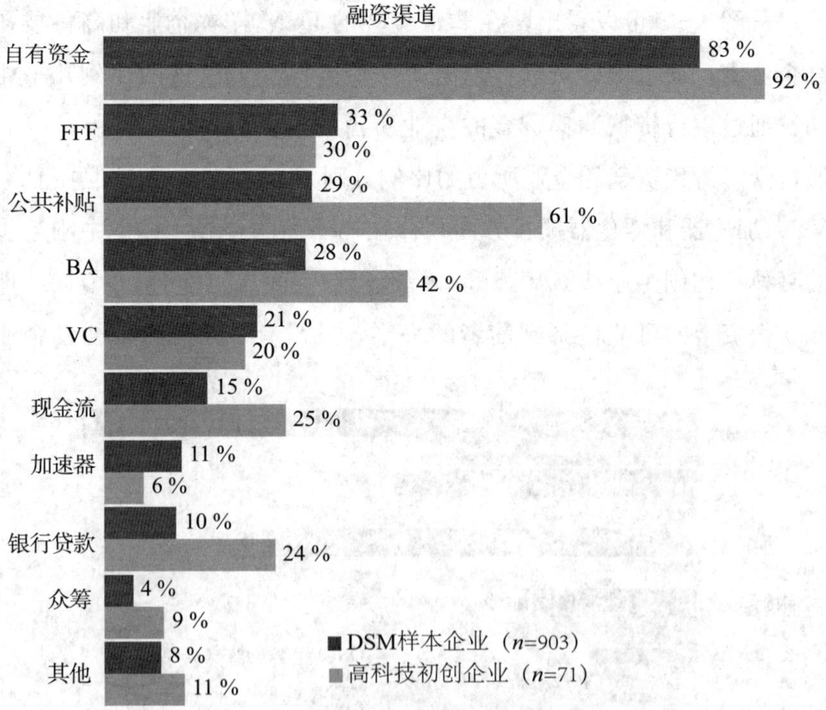

图 4 - 4　被调查的初创企业的融资渠道

62%的高科技初创企业表示它们获得了公共补贴资金，这个数值是DSM所有初创企业的两倍多。与整个样本相比，更多的BA投资于高科技初创企业，VC也有类似的表现，但需要更深入的研究。高科技初创企业中利用现金流的比例更高（分别为25%和15%），由银行贷款（24%）和众筹（8%）支持的比例也更高。加速器项目似乎不是高科技初创企业常用的融资来源。综上所述，高科技初创企业更有可能从各种各样的来源、更多样化的投资者那里筹集资金，一定程度上从非高科技初创企业筹资渠道以外的渠道筹集资金。这点特别支持了假设2，因为高科技初创企业更倾向于接受公共补贴和银行贷款，并利用现金流资本为运营提供资金。

当我们只考察早期的高科技初创企业时，上述结论同样成立（见图4-5）。但需要注意的是，这与上面讨论的成立不到12个月的初创企业不能混淆，因为它们可能要“老”得多，这是因为早期的定义包括了创业原型等因素。

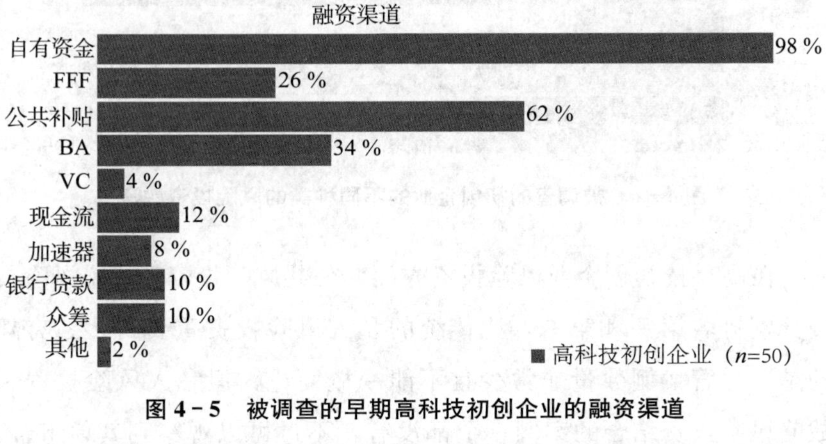

图4-5　被调查的早期高科技初创企业的融资渠道

62%的初创企业在创业早期获得了大量公共补贴，98%的高科技初创企业的创始人在创业早期把自有资金投入公司，但只有26%的企业获得了FFF的投资。BA为34%的早期高科技初创企业提供了资金。在这个阶段，其他创业资金来源似乎都不那么重要了，但通过现金流、银行贷款和众筹进行的内部融资，几乎或已经超过了整个 DSM 样本的水平。

风险资本融资

为了检验假设 3，我们有必要更仔细地考察风险资本的具体来源（见图 4-6）。在这项调查中，初创企业能够选择多个选项：私人风险投资、公共风险投资和战略风险投资。DSM（2014）指出，接受风险投资的初创企业中，有 69%（193 家）获得了私人风险投资，47%获得了公共风险投资，26.9%获得了战略风险投资。而相比之下，25 家高科技初创企业从私人风险投资（16%）、公共风险投资（44%）和战略风险投资（40%）那儿获得了风险投资。这似乎支持了 **H3**。

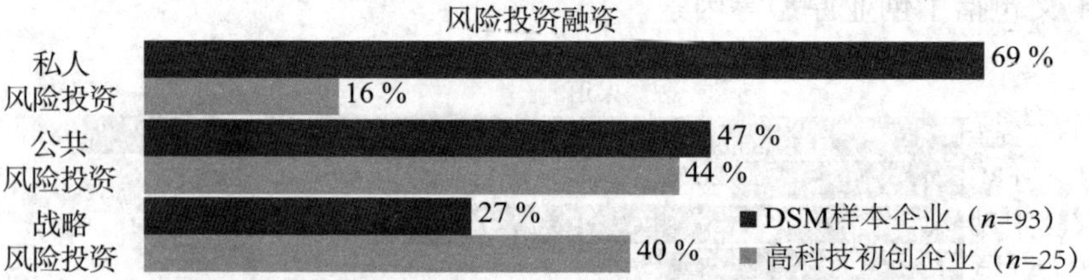

图 4-6　被调查的初创企业的不同种类的风险投资融资

在高科技初创企业风险投资方面，公共风险投资和战略风险投资分别排名第一和第二，比传统的私人风险投资重要得多。有趣的是，尽管案例数量非常少且不能一概而论，但私人风险投资和战略风险投资结合的案例一个都没有，不过可以观察到其他组合，比如私人风险投资加公共风险投资、战略风险投资加公共风险投资。

4.5　本章小结：高科技初创企业的融资模式

这一章介绍了研究Ⅰ的开展。我对参与2014年一项统计调查的903家德国初创企业进行了定量研究，其中有71家属于高科技类。本研究旨在揭示高科技初创企业的融资状况及其独特的融资模式。我们基于制度和行为的相关研究提出了假设，并利用本研究提供了证据。为了验证假设1，即高科技初创企业需要更长的时间来筹集资金，我研究了一个成立时间不到一年的初创企业的子样本，即所谓的成立不到12个月的初创企业。研究发现，高科技初创企业从BA和VC那儿获得资金的可能性不到整体水平的一半，且没有一家高科技初创企业从加速器项目中获得资金，而样本中所有成立不到12个月的初创企业中有12%获得了资金。对于假设2中提出的不同的融资模式，我发现高科技初创企业更有可能获得公共补贴和银行贷款，且更多地依赖现金流资金进行运营。针对假设3，即高科技初创企业比非高科技初创企业获得的传统风险投资融资少，我们的研究表明，公共风险投资和战略风险投资在高科技初创企业风险投资中分别排名第一和第二。显然对于高科技初创企业来说，这几类风险投资要比传统的私人风险投资重要得多。

参考文献

Audretsch, D. B., Bönte, W., & Mahagaonkar, P. (2012). Financial signaling by innovative nascent ventures: The relevance of patents and prototypes. *Research Policy*, 41 (8), 1407-1421.

Carpenter, R. E., & Petersen, B. C. (2002). Capital market imperfections, high-tech investment, and new equity financing. *The Economic Journal*,

112 (February), F54 - F72.

Creswell, J. W. (2014). *Research design: Qualitative, quantitative, and mixed methods approaches* (4th ed.). Los Angeles, CA: Sage.

Crotty, M. (2003). *The foundations of social research: Meaning and perspective in the research process*. London: Sage.

DSM. (2014). *Deutscher Startup Monitor 2016*. Berlin: BVDS & KPMG.

Hesse-Biber, S. N. (2010). *Mixed methods research -Merging theory with practice*. London: Guildford.

KFW. (2014). *KFW-Gruendungsmonitor 2014*. Frankfurt (Main): KFW Research.

KFW. (2015). *KFW-Gruendungsmonitor 2015*. Frankfurt (Main): KFW Research.

Popper, K. (2005). *The logic of scientific discovery*. London: Routledge.

Popper, K. R. (1972). *Objective knowledge: An evolutionary approach*. Oxford: Clarendon.

Scellato, G. (2007). Patents, firm size and financial constraints: An empirical analysis for a panel of Italian manufacturing firms. *Cambridge Journal of Economics*, 31 (1), 55 - 76.

第五章　研究Ⅱ：对企业家与投资者的采访

现象研究不仅能帮助我们探索复杂性引致的不确定性的真正来源，也能帮助我们理解投资者如何在这些不确定性情况下进行决策，还有助于识别那些企业家能够发出的潜在信号，以缓解不确定性带来的负面影响。

5.1　研究问题

研究问题的设计指引了定性研究的方向，旨在基于制度经济学、交易成本、代理人问题、产权问题和行为经济学理论，阐释我们在定量研究中的主要结论。这里需要特别强调的是，我们想探究初创企业复杂性和投资者不确定性与决策的相互作用关系。

在 2.1 节我们已经对复杂性有了一定的理解。复杂性建立于 CoPS 范式下（Novak and Eppinger 2001；Hobday 1998），其分析方法主要从内部、外部和产品因素三个层次展开（Grover and Saeed 2007；Gomes et al. 2003；Prencipe 2000；Hobday 1998）。根据 Jaeger et al.（2013），Olsen（2011）和 Kahneman and Tversky（1979）等的研究成果，从投资者视角出发的不确定性定义主要聚焦于 2.7 节所描述的风险概念。

研究问题 1：哪些早期高科技初创企业复杂性导致了投资者的不确定性？

接下来，我们尝试去理解定量研究 I 所揭示的高科技初创企业融资模式的巨大差别。如果我们假设复杂性与不确定性相关，而且这两个因素就是导致投资者决定是否给早期高科技初创企业融资的关键原因，那么我们就必须理解这两个因素的确切关系。当然，这个问题也被纳入制度经济学设定（正如 2.2、2.3、2.5 节所描述的）和行为经济学决策过程［在 2.7 节已有阐述，如 Richards（2014），Yazdipour（2011）和 Slovic（1987）等研究成果］的检验中。

研究问题 2：这些复杂性因素和不确定性如何与投资者决策建立联系？

企业家和初创企业发出的信号可以影响甚至缓解初创企业复杂性和投资决策中的不确定性所带来的负面效应。识别投资者能够理解和处理的具体信号似乎是很合理的解决方式（如 Conti et al. 2013a，b；Busenitz et al. 2005）。这就与本书 2.4 节提到的信号以及 2.9 节阐述的生产性信号可能的应用有关。

研究问题 3：企业家和初创企业需要发出怎样的（生产性）信号给投资者，才能有效地缓解这些复杂性和不确定性所带来的负面效应？

5.2　数据收集

我们设计了定性研究方案，主要包括对行业专家的采访以及后续来自不同背景的专家小组评估。数据的主要来源是对企业家和投资者的半结构化采访以及过往定性文件分析——比如在采访中获取的信息和文本的评估。定性数据采集区间从 2014 年 5 月到 2015 年 2 月，采访样本由来自德国或美国的 34 位受访者构成。2016 年年初，由 6 名专家组成的专家小组通过数据采集和调研，论证了主要结论的有效性，这也是为了确保定性研究的设计不存在盲点以及主要结论不失偏颇。

面对面采访中包含两个标准化的半结构化采访指引，分别针对企业家和投资者群体。采访涉及的主要问题分类反映了本书所讨论的焦点内容，包括：商业模式、发展阶段、创业复杂性和融资视角，此外还包括相关背景信息和一些开放性问题。附录 9.1 和 9.2 中的表格分别列示了针对专家和企业家群体的采访指引。在采访期间，我们会将采访地点设在受访者的办公室，以营造轻松的采访环境，使受访者能够安心和自由地谈论他们的业务与经验。采访伊始，我们会提供采访人及本研究相关的背景资料给受访者。需要明确的是，所有数据都会被匿名化处理。我故意排除了一些与我此前的研究关系很密切的初创企业样本。但是，我们的样本中包含了我所熟知的企业家和专家。因此，这里可能存在“后院研究”的因素（Glesne 2010，p.41）。在非常依赖于参与者——投资者和企业家——的人际关系的领域内，我们几乎不可能找到与我没有任何关联的采访伙伴。

2016 年春天，在柏林的洪堡大学，专家小组审阅了我们从采访中获取的初步结果。专家小组对复杂性因素和企业家能够发送的信号类型进行了讨论和排序。专家们所做出的重要陈述都被详细记录下来，包含在结论的最后一部分中。

取样

我们选取的受访者主要来源于柏林，因为柏林是欧洲最具活力的初创企业聚集区，而且大多数外部创业融资都发生在这里——柏林的外部创业融资占整个德国的 1/3（DSM，2014）。我们也纳入了德国其他地区的初创企业，主要集中于投资规模排名第二和第三的城市：慕尼黑和汉堡（DSM，2014）。对于初创企业的融资分析，Cassar（2004，p. 279）认为："理想的企业家样本应该从其创业初期一直追踪到企业形成业务模式的初级阶段。"尽管我无法直接追踪创始人，但我选择了那些仍然处于早期阶段的初创企业的企业家们，他们能够回想起最近发生的与投资者的沟通过程。

我采访了 34 位来自美国和德国的初创企业创始人和投资者（见表 5-1）。我们选择采访来自美国和德国的受访者群体，是为了探索两国在高科技初创企业融资方面的差异和相似之处（Carpenter and Petersen 2002）。我选择采访来自纽约、波士顿和芝加哥的专家和企业家，确定了一批具有代表性的样本——因为这些城市在美国风险投资金额排名中分列第 2、第 4 和第 8 位（National Venture Capital Association 2016）。共有 17 位初创企业的企业家接受了采访；他们要么担任 CEO，要么担任董事总经理，要么担任具有管理职能的联合创始人。另外，专家小组中的三位企业家专家也是按此标准筛选而来。这是为了确保受访者对初创企业发展及其创业融资决策有较为深入的了解。初创企业的筛选标准如下：（a）在价值创造主张中拥有复杂的实物产品；（b）处于种子阶段或者初创阶段；（c）拥有至少一个外部融资来源。

表 5-1　德国和美国的采访概要

受访者	
德国企业家（German entrepreneur，GE）	12
德国投资者（German investor，GI）	12
美国企业家（US entrepreneur，USE）	5
美国投资者（US investor，USI）	5
总计	34

接受采访的17位投资者和投资专家通过多种网络关系和专家推荐接受采访。所有的专家都必须与早期初创企业投资有直接联系，并拥有高科技初创企业经验，最好具有硬件初创企业经验。初创企业投资包括很多资助和孵化学术类初创企业的大学计划（TU Munich、HU Berlin、MIT Cambridge）、BA（柏林、汉堡、慕尼黑、波士顿、纽约、芝加哥）、企业风险投资和传统风险投资基金以及银行和众筹平台。为了确保可信度，所有专家都必须具备深厚的专业知识，且在各自的组织中担任高级管理人员或领导职务。对于后续的专家小组，我们也选择了三种不同类别的专家（见表5-2）。

表 5-2　洪堡大学专家小组构成

专家小组	
德国企业家	3
德国投资者	2
美国投资者	1
总计	6

我承认这种抽样方法有两个关键性偏差：第一，它忽略了尚未成形的创新型产品和团队——新生企业家。Davidsson（2006，p.2）指出，这种商业偏差“可能来源于我们只考虑了运行良好的商业模

式背后的创业努力”。第二个偏差是幸存者偏差，因为所有受访企业家所在的初创企业在当时都处于运营状态。

步骤

大多数采访都是以面对面的会议的形式进行的。采访过程进行了录音，后来又进行了完整的或者选择性的转录。有趣的是，德国和美国的受访者都对采访录音这件事非常坦率。只有 4 位德国企业家和 2 位美国企业家不希望被录音，并明确要求匿名化处理——我们对所有的受访者都进行了类似处理。另外，我们有选择地分析了文本资料，比如推介展示、公司网站和手写采访协议等，以验证我对初创企业的分类方式和仔细研究采访中所提供的信息。

饱和度（Charmaz 2006）影响了我们的数据收集。受定量研究结论的启发，我在德国进行了最初的 20 次采访（12 位企业家和 8 位专家），接下来又去美国进行了 10 次类似的采访，包括 5 位专家和 5 位企业家。返回德国后，我又进行了 2 次专家访谈和 2 次企业家访谈。后两者是两个初创企业的“偏离案例”（Green and Thorogood 2009，p. 119），以进一步检验我的初步假设。这两个团队都依赖单一来源融资，而且在当时正在与投资者谈判。但是，他们并没有提出任何新的见解或问题，因此我们停止了数据收集。最终样本包括 15 位专家和 19 位企业家，共 34 个样本。这符合 Charmaz（2006）提出的定性样本指引要求。Green 和 Thorogood（2009，p. 120）也指出：“大多数定性研究的经验表明，在采访研究中，当你采访了 20 个或 20 个以上的人后，就很少有新东西出现在采访记录稿中了。”我相信，严格关注创业发展的早期阶段、复杂的产品尝试以及可比较的商业模型和融资结构有助于我们达到数据收集的饱和度要求。

在最后一次采访结束 10 个月后，我们召开了专家小组论证会议。现有研究的主要方面都得到了解释，六人小组也讨论了定量研究发现的主要问题。专家小组讨论持续了 1.5 个小时，包括在初创企业会议期间的私人和公开讨论。讨论的焦点问题主要就是如何按照一定的范围给已识别的复杂性因素进行排序。正如 Creswell（2014）所说，这是为了保证一定程度的外部论证和有效性。

5.3　数据分析

数据分析在整个数据收集过程中持续开展。我分析了第一次采访的质量，并对调查问卷进行了微调和改进，使得后续采访能更加注重特定问题——特别是信号维度方面。最终的数据分析开始于全面地审查所有已收集到的定性数据，目的是：（1）识别重要性陈述；（2）编码和指派标签；（3）对主题进行分类（参见 9.3 节）。为了进一步深化数据分析，我对数据和标签进行了筛选（Ryan and Bernard 2003）。

数据组织与说明

在每次采访后不久，我都会选择性地转录录音，录入我的笔记，并经常收集其他信息材料，比如企业家提供的推介展示材料。一些专家授权我进入他们的投资组合数据库，这样我就能进一步了解他们的投资决策。我们会为每位受访者进行匿名处理，包括额外的背景信息和标签，比如“企业风险投资”或“董事 CVC”。论证小组的专家也采用同样的处理。所有受访者概览总结于表 5－3 中。

表 5-3 受访者名单

序号	ID编码	附属信息	职位
1	GE01	德国初创企业，B2C硬件，汽车，种子阶段	CEO，联合创始人
2	GE02	德国初创企业，B2C硬件，机械，种子阶段	CEO，联合创始人
3	GE03	德国初创企业，B2C硬件，计算机，种子阶段	CEO，联合创始人
4	GE04	德国初创企业，B2C硬件，机械，种子阶段	CTO，联合创始人
5	GE05	德国初创企业，B2C硬件，计算机，种子阶段	CEO，联合创始人
6	GE06	德国初创企业，B2B硬件，计算机，种子阶段	CEO，联合创始人
7	GE07	德国初创企业，B2B硬件，机械，种子阶段	CEO，联合创始人
8	GE08	德国初创企业，B2B硬件，装备，种子阶段	CEO，联合创始人
9	GE09	德国初创企业，B2C硬件，机械，初创阶段	CEO，联合创始人
10	GE10	德国初创企业，B2C硬件，装备，初创阶段	CEO，联合创始人
11	GE11	德国初创企业，B2B/C硬件，计算机，初创阶段	COO，联合创始人
12	GE12	德国初创企业，B2C硬件，光学，初创阶段	CEO，创始人
13	GI01	德国专家，VC，高科技	COO，合伙人
14	GI02	德国专家，BA，多样化	CEO
15	GI03	德国专家，CVC，高科技	董事
16	GI04	德国专家，银行/公众，多样化	董事
17	GI05	德国专家，众筹，多样化	董事
18	GI06	德国专家，大学/公众，多样化	高层领导
19	GI07	德国专家，BA/加速器，多样化（软件）	董事总经理
20	GI08	德国专家，大学，多样化	董事总经理
21	GI09	德国专家，BA，高科技	合伙人
22	GI10	德国专家，VC/公众，高科技	CEO
23	GI11	德国专家，BA，多样化	高级管理合伙人
24	GI12	德国专家，BA，高科技	高级管理合伙人

续表

序号	ID编码	附属信息	职位
25	USE01	美国初创企业，B2C，硬件，装备，种子阶段	CEO，联合创始人
26	USE02	美国初创企业，B2C，硬件，装备，种子阶段	CEO，联合创始人
27	USE03	美国初创企业，B2C，农业，种子阶段	CEO，联合创始人
28	USE04	美国初创企业，B2C，医疗技术，医药，初创阶段	CEO，联合创始人
29	USE05	美国初创企业，B2C，硬件，机械，初创阶段	COO，联合创始人
30	USI01	美国专家，大学及BA，多样化	董事总经理
31	USI02	美国专家，BA，多样化	CEO
32	USI03	美国专家，VC，高科技	高层领导
33	USI04	美国专家，VC，医疗技术	董事
34	USI05	美国专家，VC，高科技	合伙人

数据审查与编码

在完成采访阶段后，我对所有数据进行了第一次综合审查，于是产生了最初的主题分类。比如，我最开始从数据中获得的感知就是，美国企业家和德国企业家的主要差异在于融资的数量和速度，这与之前对两个企业生态系统的研究非常吻合。自此，我改变了对投资者差异的理解，后续将进一步讨论。

为了给数据编码，我遵循了 Saldana（2012）和 Tesch's（1990）编写的定性研究编码手册，包括标签、编译和排序数据等八个步骤。编码有助于简化数据分析过程（Saldana 2012）。为了最小化标签过程的随意性，我遵照现有的框架——比如，商业模式的逻辑和按资本来源进行的基本分类——进行了一些尝试。我们使用微软的 Excel 软件进行数据处理，因为它具有灵活和易于排序等特点。这些标签被宽泛地归类到表 5-4 所示的几个大类中，并且作为第一级分类和筛选，以帮助我们创建主题。

表 5-4 数据编码

标签	商业模式	融资
一般初创企业	B2B、B2C 或两者都有	资金筹集
成立日期	成本流	资本来源
注册地/所在地	收入流	资本支出（功能性领域）
团队特征	客户细分	融资来源独特性（来源标签）
技术推进与市场牵引	主要伙伴	信号
产品子系统	主要成分	
高科技从属关系	标准化与定制化	
发展阶段	独家分销	
	知识产权	

主题

已识别的主题被分为四类：内部维度、外部维度、产品相关复杂性维度、投资者类别（当主题高度指向某一投资者类别时）。这些分类在文献综述中以及 1.4 节和 2.1 节已经讨论过。而性别和其他人口统计因素都被省略了。

四种主要分类最终涵盖了所有相关复杂性主题和标签。内部维度的典型例子就是“归因”，其中涵盖了已识别信号“声誉”。表 5-5 提供了所有已识别主题的概览，我们在研究发现部分会进行详细阐释。一些主题可能与不止一个主题分类相关。比如，融资可能兼具内部和外部复杂性，所以和两个维度都有关联。这一局限可以通过其他分类系统解决。现有框架基于 1.3 节提出的控制点理论，我们会在 6.1 节详细讨论。这也是表 5-5 中的分类被称为“初步分类”的原因。

表 5－5　数据分类和主题

初步分类	从采访中获取的复杂性主题
内部复杂性	归因
	团队背景
	时机和成熟度
	控制力
	融资
	商业模式
产品相关复杂性	原型
	知识产权
	制造
	许可证和认证
外部复杂性	地理位置
	融资
	时机和成熟度
	政治和法律
	伙伴关系
	市场
	物流和分销
	投资者主题
投资者类别	自有资金
	FFF
	BA
	银行贷款
	公共补贴
	众筹
	家族办公室
	CVC 和加速器
	VC

论证小组

基于相关讨论的初稿，专家小组讨论了主要的主题分类以及相关的复杂性主题。专家小组认为，主题分类、主题下设层级以及结果都是有效的。有两个主题被单独识别出来（此前没有单独作为一个主题分类）：其一是“物流和分销”，此前是“市场”主题的一部分；其二是“许可证和认证”，此前是“知识产权”主题的一部分。因此，这两个在采访过程中没有充分表现出来的外部风险因素也被加入列表中，这两个因素对于硬件初创企业来说尤为重要。

接下来，每个主题分类都按照重要性进行排序。表 5－6 列示了重要性排序的赋值范围，目的在于为投资者设定一个内部的重要性分类方法。在 7 分的 Likert 量表中，1 分代表非常重要，7 分代表非常不重要。将结果四舍五入到 0.5 的十进制区间，使个体评估差异不超过一个等级，以避免烦琐的细节讨论。所有因素的重要性排序都处于 1～3 之间，这也就印证了这些因素的重要性程度，同时也给出了最终 16 个因素的（非代表性）排名。

表 5－6　专家小组排序范围

排序	
非常不重要	1
重要	2
比较重要	3
中立	4
比较不重要	5
不重要	6
非常重要	7

5.4　主要结论

接下来，我们总结了研究Ⅱ的主要结论。我们按照 2.1 节讨论的三种复杂性维度分类进行展开：内部复杂性、产品相关复杂性、外部复杂性，这也是文献中所倡导的分类方式（Grover and Saeed 2007；Gomes et al. 2003；Prencipe 2000；Hobday 1998）。我也选择了一些针对 1.3 节提到的投资者类别的特殊因素，进行了详细的分析和讨论。在本节的最后，我们展示了专家论证小组的复杂性因素排序结果。

5.4.1　内部复杂性

团队背景

信息不对称和不确定性的最重要部分就是企业家自身。正如理论所揭示的那样，投资者似乎也对企业家的教育背景非常感兴趣。创始团队中教育背景互补是非常有好处的，“人员和团队往往比计划重要得多”。（USI02）

虽然互补且平衡的团队组成一般是可行的，但是几位投资者始终认为，早期的高科技初创企业设定主要关注技术发展，可能会导致人员配置的不平衡。“当你开设一家企业时，卓越的技术人才和具有商业专业知识的 CEO 就是你需要的全部了。”（GI03）

商业胜任能力评估似乎更加严格，它更加关注精英，而不是技术教育背景。USI01 提道：“一个 MIT 的学生可能给你的初创企业带来很多附加值，但如果你拥有一位来自弗吉尼亚理工大学的航天工程师，而且你开设了一家无人驾驶航空器（UAV）初创企业，你一样能过得很好。但是如果你的企业拥有第二或第三梯队的商业主管，我相信你一定会很挣扎。”

企业家的教育背景也跟他们激励别人加入公司并为之工作的能力有关。企业家和投资者明确表示，不同背景的人才必须联起手来，形成一个共同的工作环境——“工作平台”（USE04）。创建这个工作平台被认为是“企业家的一项核心任务”。受访者也认为：“在一个高科技初创企业的案例中，至少应该有一个创始人具有高科技背景。”（GI10）

与正规教育密切相关的是，高科技似乎是一种强烈的信号，但面对信息不对称时也同样很脆弱。当学位和学历能够直接被观察到时，投资者“能够随着时间推移，慢慢了解企业家和他们拥有的技能”（GI08）。另外，高科技产品“往往非常复杂，所以投资者很难了解其背后的所有必备技能”（GI10）。

还有一些因素与团队的教育背景，而不是技术背景有关。GI06提道，种子阶段后企业所需要的技术组合变化非常明显：“市场进入、销售和扩大规模都是巨大的挑战。经验法则告诉我们，擅长开发技术产品的人员往往不懂得销售，所以提前考虑在董事会席位中安排一位擅长销售的人员可能是一种强烈的信号。”

归因

在讨论了团队组成和人员能力之后，追踪记录和声誉似乎与理论所揭示的那样有影响力——所有投资者都提到了这一点。特别是在讨论具有“相同商业模式、相同生态系统”的高科技初创团队时，以往相关行业经验显得非常重要（GI01）。另外，经验方面的差异化程度也很重要，即使少一点经验和知识也能追赶上：“团队中拥有经验丰富的成员是非常有裨益的，因为他们为你带来了更广博的专业知识。所以，头脑灵光的初创团队成员也许刚刚从大学毕业，还有很多东西要学习和试错，但是如果你拥有一个具有混合经验的团队，你可以避免很多不必要的错误。”（GI05）

这一概念与连续创业相关。投资者和企业家都提到，过去的经验和学习是“弥足珍贵的”（USE02）。企业家之前所犯的错误以及“让其他投资者买下的单”（USI05）节约了潜在当前投资者和潜在投资者的资金。很多受访人提到，作为企业家，过去的成功（和失败）创造了一种光环效应。USI04 发现：“尽管有些人很排斥失败，但是在失败的过程中你已经学会了很多。很多风险投资者总是很看重光环效应，因为你之前做错的事不会再发生第二次了。”

但是，关于失败对声誉的影响，美国和德国的看法似乎有所不同。德国投资者认为，美国的初创企业“建立在伟大的愿景之上，他们想要征服全世界”（GI04），而且“支持这些初创企业的投资者，在它成功之前就知道自己究竟想要什么。在它失败的时候，投资者也不会归咎于企业家的恶意”（GI11）。另外，德国的连续创业的企业家只认可成功，失败“被很多专业投资者广泛看作警钟”（GI09）。GI02 还说，尤其在非常早期的阶段，“你没有什么可以展示的……可能就是你的为人、你的追踪记录、你的想法，对吧？也许你有一个团队，也许你有一个原型，或许之后你会走得更远，对吧？几乎所有的一切都需要在德国大地上落地实施才能获得融资。”

对于潜在投资者来说，初创企业以往获得的融资——比如，为种子阶段筹集的资本等——似乎是一个很强的信号。过去发生的一次成功的融资和退出被认为是一种内部因素，它往往被称为“执行团队的血统”（USI03）。这个方面在对外部因素的讨论中也会涉及。

时机和成熟度

投资者和企业家都认同时间在投资中起重要作用。在早期，初创企业的团队及其愿景被认为是主要卖点："在早期，初创企业可以而且必须出售他们的愿景"（GI01），并且"聚焦于产品的愿景，然后再考虑团队因素"（USE03）。USI02 解释说："有时，特别是在种子阶段，如果你有一个令人信服的团队和尚不成熟的商业计划，像我们这样的投资人仍然会给你投资。"USI01 提道："所以目前看来，团队的重要性就在于它是你在种子阶段真正拥有的一切，团队是一切的主宰。从重要性来看，几乎 80%～90%都关乎团队，只有 10%～20%是关乎业务的。到了初创阶段，我们已经有了产品，那么团队与产品各占据 50%。因为现在你其实就是在赌团队，这可能比你想象中更重要，但是你确实应该有一些东西能够作为依据，用来判断我们应该追求怎样的市场。"

在种子阶段之后，绩效指标很快变得重要起来。初创阶段的企业家"需要出售他们的愿景，但是你也会遇到很多问题，比如为什么数字并不像我们希望的那么具有压倒性优势"（GI01）。为了在初创阶段吸引投资者，GI04 坚信，"聚焦硬件和行业的初创企业必须拥有具有市场前景的产品或者至少有一个工作原型。"

在多轮次融资的背景下，长期规划的重要性就凸显出来了。GI04 和 GI01 都表示，"在为企业的成长阶段融资之前，你必须跟 VC 建立联系，使他们了解你的团队、你自身以及你的商业模式。这种联系要提前差不多一年，理想情况下是你想要获得融资之前的那一年。"（GI01）

处于成长和扩张阶段的硬件初创企业，其显著特点之一就是制造，在下一章我们还会更加深入地讨论。关于初创企业的成长历程，

“高科技初创企业通常具有更长的提升阶段”（GI05）。在后期，当产品已经准备就绪并开始销售时，多位投资者注意到，与软件类似，扩张属于营销和销售，制造和物流也是如此。因此，GI05 评论说：“对于网络中的任何东西来说，扩张都是更加简单、快捷、便宜的方式。”但是，GI02 认为，实物产品的制造和物流的扩张“需要大量的资金并且扩大了初创企业对外部资本的依赖性。”

与高科技硬件初创企业扩张所需的资本密集性相关，投资者认为，伴随着初创企业的成熟，早期投资者由于面临更多的融资轮次，因而面临着严重的股权稀释问题。USI01 提道：“早期投资者提供的资金最终只占一小部分，他们面临着巨大的股权稀释风险……能源、生物技术以及硬件行业都是如此——他们都属于资本密集型。”

控制力

当我们谈论高科技硬件初创企业时，德国和美国的投资者都只是笼统地讨论可衡量指标。高科技硬件初创企业的衡量指标在以下两个方面存在差异：（1）可比性较弱，因为这些初创企业往往不可比，比如在科技、收入模式、市场等方面，因此我们无法采用公认的 KPI 体系；（2）这些初创企业的特征之一就是会有一个更漫长的加速阶段，这也导致了数据获取较为困难，因为缺乏历史数据和足够多的数据来源，特别是跟“电子商务和软件公司……以及线上市场”相比时。（GI02）

一些受访者还提到，当他们的产品——以及初创企业——处在如此早的发展阶段时，他们无法确保可预测性。GE08 非常明确地表示：“产品和融资方面的任何结果都是不可预测的。”其他人也表达了他们试图避免具体预测的意愿。投资者甚至对以结果为导向的控制产生了质疑。USE02 甚至说：“在如此早期的阶段，他不相信 KPI

体系。至少对于硬件初创企业来说，KPI 体系是不可取的，因为它们太复杂，有太多东西可能会出问题。你唯一能做的是检查里程碑，建立反馈路径，使你始终保持在循环中。”USI03 对这个概念进行了扩展，他相信：“作为一个早期的风险投资者，如果你不这样做，如果你不是为了控制而投资，那么你的投资仅仅是购买了一个濒临崩溃的前排席位，你只能眼睁睁地看着企业家烧你的钱。”

投资者还谈到了商业计划和财务模型。合适的控制和管理会计被认为是专业化的信号，专业化越来越普遍。如今，“我们接触的所有团队都有非常专业的商业计划，能够运用恰当的软件工具进行敏感性分析，并且能够驾驭各类参数。现在，专业化浪潮正在蔓延开来”（GI12）。不过，USI04 也表示：“所有的财务模型都是错误的，因为它们是模型。作为 VC，我的工作就是弄清楚企业的真正价值。”

融资

融资代表了初创企业内部评估的关键维度，因为对于大多数早期初创企业来说，收入和利润不可能抵消支出和损失，它们必须依赖外部资本。对于投资者来说，了解企业家想要用这笔投资的资金去做什么——资金的目的和用途——以及为什么他选择这种特定的资金来源而不是其他的融资方式，这是非常重要的。

有三个投资者明确地提到，融资策略是初创企业评估中的关键性决定因素。投资者的兴趣点有：“投资的预期用途”（GI12），投资者选择和收购策略，“在再次进入融资之前达到关键里程碑所需要的跑道”（USI03）以及投资者的“投资偿付路径”（GI09）。尽管我们已经讨论过以往融资的效果，但 GI12 还提到了时间维度——比如过去、现在和未来的融资策略：“为什么他们需要我这个投资者？谁已经为他们提供了资金支持？为什么？他们能够自主选择投资者还是只能被动地从所有有意愿的投资者那里获得资金？事实上，我在乎的是企业家过去、现在和未来的融资策略，然后我会反思自己是不是合适的投资者。”

有一位投资者提出了一个非常相关的观点，叫融资策略和商业模式的一致性：“在企业家说‘这就是为什么我们筹集了那么多风险资本之后想要退出’之前，一切都是一致的。当投资者面对企业家的时候，可能会问企业家为什么想要退出，企业家可能会回答‘事实上我们不想退出，我们想要建立一个有利可图的公司’。我不清楚他们是否有其他的融资机会。但是，我认为企业家应该是有的。因为有很多 BA 存在，他们不是以退出为导向的。他们可能是红利驱动的，只是创始人不知道这也是一条可行之路。”（GI07）

商业模式

商业模式兼具公司的内部属性和外部属性。最为重要的是，商业模式可以非常精确地指出，初创企业的主要价值主张是什么，以及它在价值链中处于什么位置。当面对投资者时，商业模式可以帮助初创企业创始人“理解他们自己与市场中已有的解决方案之间的异同”（GI03）。抽象来看，企业家似乎更加了解投资者对于商业模式类型的偏好。比如，很多企业家提到“剃刀模式”——而且他们也在实践这种商业模式，其中一位企业家甚至说：“投资者就是喜欢这种商业模式。”（USE01）

但有趣的是，高科技初创企业似乎更多地在寻找额外的商业模式或元素——特别是关于重要价值主张或愿景的元素。USE01 说道：“对于我们来说，中间的余地已经不多了。没有经过验证的商业模式或可比较的产品，就好像是另一个游戏应用程序了。这些人相信技术和我们，而且现实往往就是如此。”事实上，所有的美国企业家和大多数的德国初创企业创始人都相信，高科技硬件初创企业的愿景应该是“有力量和颠覆性的”（GE01）。USE01 意识到，他的投资者“想要一个宏大愿景——做大做强，否则回家”。关于这背后的原因，他解释说：“如果你想做更大更复杂的硬件，你就必须做出大的突破。这里不容许犯错误，你必须用真本事拿下投资者。”（USE01）

尽管如此，但商业模式的一致性对于投资者也很重要。大多数受访投资者“不指望你提供一个计划完美的商业模式，而是一个指标，表明你的团队能为创造一致、聪明的商业模式付出不懈努力”。（GI12）。受访者列举了商业模式的部分元素，包括：市场和客户细分、融资和重要合作伙伴。

投资者和企业家都强调，尽早与关键合作伙伴建立联系非常重要。一位企业家解释说：“关键合作伙伴不仅包括制造商，也包括负责市场运营的企业参与者。对他们来说，当你拥有先行优势和关键 IP 时，他们就会很感兴趣。对我们来说，这是我们进入特定市场的绝佳方式，这些市场以前往往被大型企业所主导。因此，我们非常巧妙地运用了他们的有机组合，他们也可以利用我们的产品声明抬高自己。”（GE11）

关键资源在知识产权方面发挥了非常重要的作用。在一些投资者看来，初创企业“要么有关键的知识产权，要么有先行优势，抑或有能够做出差异化技术的能力”（USI04）。知识产权的保护和条款也将在以下部分进行讨论。GE12 指出，他们“拥有多项专利，不仅能够抵御竞争对手，还能给投资者留下深刻印象”。在企业创业合作的背景下，GI03 认为，“放弃保护性条款和附加条件”的初创企业可能不是一个好的初创企业。好的初创企业应该知道，什么可以放弃，什么不能放弃。

关于市场分析和细分，我们讨论了 SWOT 分析、总可寻址市场、分段可寻址市场，以及可获得的可寻址市场估计。美国的受访者澄清说："你必须有追求一个 10 亿美元的市场的想法，否则你将无法获得任何资金。"（USE02）。德国的企业家和投资者都没有提到这样的门槛。但是，德国投资者确实提到，他们需要引人注目的细分市场，"能够从利基市场逐渐演变成蓝海市场"（GI08）。这就与很多企业家提到的滩头方法一致。比如，GE12 强调，他们有很多种新产品应用开发方法，以及进入新细分市场的方法。GE11 发现，"专业的投资者特别喜欢我们基于对技术和市场的了解做出的短期、中期、长期战略。"其他以顾客为中心的提议包括定价模型等。受访者强调，这些应该与特定方法（如预算和决策力）、初创企业所面临的客户缺陷（如采购周期）一致。

一些投资者注意到，技术驱动的初创企业更难完成产品市场匹配。GI06 解释道，很多时候这些团队尝试"技术推动，但面临着极富挑战性的问题：我到底想用这项技术来干什么？谁才是我的客户？他为什么要为此买单？"还有一些企业家提到，他们早在接近潜在投资者之前，就测试过各种假设与可能："在我们跟投资者交谈之前，我们已经检验过产品和商业模式。"（GE02）这一点——特别是它如何与产品本身建立联系——将在下一节"原型"中进行详细讨论。

5.4.2 产品相关复杂性

一般来说，在做出选择时，所有受访者都对高科技产品很感兴趣，这并不让人惊讶。值得注意的是，投资者强调了一些重要方面，这些重要方面可能会使产品吸引更多、更广泛的金融家。比如，GI03 解释说，聚焦于软件的投资者很可能会被数字化硬件所吸引：结合"硬件和软件可能对投资者来说是有趣的，因为他们已经了解其中的一半了，也因为这种结合能够产生一些类似于锁定和特洛伊木马等的效果”。围绕高科技产品的初创企业似乎更能被投资者所接受：团队“销售实际产品和获得报酬”是 USI01 最感兴趣的东西。很多投资者构建了尝试进入成长阶段的初创企业的三种风险维度：技术方面的风险消失了吗？制造方面的风险消失了吗？市场风险消失了吗？（USI01）第一个和第二个维度将在本章进行讨论，而市场风险维度在“外部复杂性”章节会进行详细讨论。

原型

所有受访的初创企业都参与了原型设计。而且，很多企业家都明确地将它视为整体精益管理和业务发展方法的重要组成部分。所有的投资者似乎都非常鼓励和支持企业进行早期的原型设计和迭代过程。关于时机（比如，关于企业何时应该创建第一个原型）的讨论出现了一些分歧。很多投资者和企业家希望第一个原型被创造得“越快越好”（GI08），“在我们跟投资者交谈之前”（GE02）以及“在进入初创阶段之前”（GI04）。比如，USE04 记得：“我们开始建设原型。这就是一切的开始。当时商业计划、市场分析或者任何类似的东西都没有。”（USE04）然而，也有人提出了质疑，他们质疑早期初创企业是否必须拥有一个原型才可能获取初始资金。GI02 评论说：“我们都知道，硬件开发，甚至是原型，要比软件开发花费的精力更多。所以在最早期阶段，我们可能并不需要它。”（GI02）类似地，GI09 说：“如果没有至少一些实质性的融资，我们的初创企业不可能产生任何原型。你不可能自己建立一个医疗设备作为原型。因为它太复杂，成本高昂，代价极大。”

原型的类型也发挥着决定性的作用。企业家尤其能够区分概念性的原型、工作原型和最小可行产品（minimum viable product，

MVP)。有位企业家说："我们不是可投资的对象。没有人理解我们想要做什么，所以我们使用自己或 FFF 资金来建立我们的第一个原型以及非常基础的概念证明，之后我们获得了第一个 BA"（USE01）。关于工作模型，GE04 坚称，"我们根本无法想象我们能说服任何合作者或者投资者来相信我们。即使没有工作原型，至少我们也要有一些基础性功能展示，以表明它是可行的。"也有企业家提到，一个要点是，通过与现有用户和潜在客户进行交互测试和问答会话来辅助展示原型的能力。还有一个要点就是，"在早期解决尽可能多的错误"的潜力（GE01）。关于 MVP，一些企业家发现，对于高科技产品来说，定义 MVP 是很困难的。比如，GI06 解释说，对于技术驱动的初创企业，首先，"要建造一些产品，使得客户能够提供反馈，以检验产品性能"；其次，建立一个 MVP，作为"一个真正能接受任何检验的最终产品……尤其是接受市场需求的检验"。尽管如此，但企业家和投资者都非常支持 MVP。有一位企业家称，通过 MVP，初创企业可以展示出"他们高超的生产技艺，以及如何从商业角度来理解这款产品"（USE05）。其他企业家也提到，他们的产品功能经得住假设检验——尤其是在探索"试点客户的市场需求"（GI06）时——并说服潜在的投资者"相信你的产品"（USE04）。

在讨论原型时，一些受访者也提到了战略合作伙伴。GI03 评论说，CVC 和其他的企业合作伙伴可能会要求"你必须为了他们的利益设计特定的原型，而不是为了你的客户的利益"。更一般地来说，GI06 称技术驱动的初创企业使用原型——尤其是 MVP——作为早期"取得联系和快速学习"合作伙伴的方法。原型一般作为被检验的工具，但也可以让初创企业的愿景变得灵动而可见。

有两个企业家提到了原型需要互动的事实，这似乎跟他们非常相关。GE01 强调，有了工作原型，他能够让投资者触摸到真正的实物："现在，我们拥有了第一个基础的但是可用的原型——而且投资者开动了它，说：'很酷，我喜欢。'这很好，因为任何有兴趣的投资者都能够跳上我们的踏板车并尝试一番。"USE04 提到，"我们很高兴可以让有兴趣的投资者体验这个系统，并且让他们弄清楚如何去操作它。"另一种被提到的交互形式就是外部测试用户。企业家发现，通过原型尽早去收集用户的反馈非常有用。比如 GE10、GE02 回忆说："我们以前和现在都在与使用我们产品的客户进行持续的会谈，这对我们非常重要。比如，我们会问：您觉得这个产品怎么样？您感受到了哪些不同之处？"

知识产权

尽管提到知识产权保护方式的投资者都很确信这些方式会影响初创企业的估值，但是企业家对他们的估值却是截然不同的。有些人反对任何保护措施，因为他们拥有"开源思维"（GE04），然而其他人看到了好的一面。

但是，只有一位企业家认为，知识产权保护在防止模仿或不正当使用初创企业技术方面是很有帮助的。GE12 提到，她可以"在竞争对手中占据优势"，然而 GE05 却说："老实讲，我们不需要专利或者任何形式的 IP 保护。换句话说，即使有人使用了我们的专利技术，我们也不会通知他或以任何形式对付他，因为我们无法承担相应的律师费用。我们只需要更快更好，就是这样。"

相反，正如两位企业家和一位投资者所说的，知识产权申请是为了迎合投资者偏好。GI08 解释说，他们"非常鼓励知识产权申请，因为这对于很多投资者来说很重要"，GE12 也说，他们"拥有多项专利，并以此来打动投资者"。知识产权申请的重要性经常被

CVC 投资者强调，因为他们正在寻找关键知识产权，同时他们“也给你提供保护知识产权的能力”（GI03）。

最经常被提及的知识产权就是专利权。就这一特殊的知识产权类型，有两位企业家说，申请专利的成本非常高昂。USE01 使用他的现有资金用于“招聘人才、原型设计和专利”，而其他人处于“准备专利申请阶段”（GE09），但是不得不延迟申请，直到他们获得融资。在 B2B 商业模式下，专利对于 CVC 也是至关重要的。USI05 说：“B2B 初创企业更应该投资于专利。他们的技术有非常高的复杂性。”

制造

在产品不确定性维度的背景下，制造是一个关键因素。在几乎所有的采访中，企业家和投资者都认同高科技的物理属性和硬件产品的重要性，并且强调它们与产品制造的必要性相关——首先是为了原型设计，其次是为了最终迭代产品的销售。

投资者和企业家都谈论到的一项挑战就是资本密集度。与软件类初创企业相比，基于硬件的初创企业需要投资于物理原型设计、建立和测试可能性设施，并最终进行加工制造。如上所述，初创企业在很早期就需要资金采购实物资源，比如机械和原材料，以创造测试版本。早期的初创企业造成了投资者资本效率低下的局面（USI01），因为他们长时间需要大笔资金，导致了后续很强的稀释性。

受访者也评论了硬件初创企业加速时间相对较长的问题。这个时间框架受到制造的影响，因为“它需要令人难以置信的漫长岁月，从看似可行的原型到类似工程的原型，再到可制造的原型”（GE05）。一位投资者也指出，硬件初创企业一直到成长阶段都需要更为长期的外部融资。“你还是需要我的，对吗？因为你现在需要扩大制造规模。”（GI02）GI07 回忆说：“当初创企业说‘我在做硬件’时，投资者便会立即从幻想模式走向防御模式，他们会想：‘好的，风险点已经有了，他们想要生产一些产品，他们可能会生产 500 万个类似的东西，未来可能无法卖掉，或者更坏的情形是，这款产品存在无法修复的致命错误。’设想你开设一个网站，或者开发一款手机应用软件，你可以不断推出新版本，但是当你做硬件的时候，这些都太难了。”

扩大制造规模也可能是不确定性的来源。GI09 表达了他的见解：“即使在非常早期的阶段，比如刚刚有了可工作的原型，我也会问我自己：我要不要扩大规模？不仅仅是市场规模，还有制造规模。有些产品真的太复杂、太新颖了，你根本找不到任何能够以合理的价格生产它的人。”一些受访者提到，标准化（部分是开源的）组件的使用有助于更简单地扩大生产规模。一位投资者认为，可扩展的制造性“与标准组件的使用绝对是正相关的”（GI12）。其他人谈到了规模扩大时质量的重要性。企业家报告说，尽管很多原型都是内部制造的，或者与当地合作伙伴一起制造的，“但是为 PCB 找到最为合适的制造者，是有史以来最大的挑战之一”（GE03）。

在伙伴关系方面，受访者识别了三个重要的制造伙伴：企业合作伙伴、供应链合作伙伴和投资者。企业合作伙伴——通过 CVC 投资或者加速器项目——对提升制造能力和专业知识都有帮助。USI04 说：“任何企业都面临着技术、制造和销售方面的固有困难与挑战，CVC 的出现都是有用的。”供应链合作关系包括组件供应商、制造商和分销商。比如，GE05 提到，“与重要配件制造商尽早签订合约”是非常重要的。GE03 把它称作“可行性认可”，这对于他的投资者很重要。也有人提到，找到 IP 安全的制造伙伴很重要。投资者被认为是可以带来人脉的非直接支持者。一位企业家明确表示，当他面临制造挑战时，他的第一个BA——他的投资组合中持有很少的高科技初创企业投资——帮助他联系另一个投资组合中的初创企业（他们以前也面临过相似的问题）。其他企业家发现，通过早期投资者获取制造专业知识和见解同样是非常重要的。USE01明确表示，投资者的“非货币”价值增加值，由企业家的、技术的——比如制造方面——或者市场的专业知识构成。GI09强调，在加工制造方面，有效的合作伙伴网络是至关重要的：“即便是跟我认为非常专业的人在一起，他们中的大部分人也缺乏与现实生活生产设施的联系”。(GI09)

有趣的是，在协调模式（集成与市场）方面，我们讨论过的制造方案从来没有包括集成的解决方案。制造总被认为是市场提供的一项任务。

5.4.3 外部复杂性

地理位置

几乎所有的德国和美国受访者都提到，地理位置是一个非常有影响力的因素。一般的理解是，初创企业有某些热点区域，即德国的柏林、慕尼黑和汉堡，美国的波士顿、硅谷、洛杉矶、圣地亚哥和奥斯汀等。

地理位置方面的一个关键概念就是生态系统的力量。当我们谈到波士顿时，USE04明确地说，他很幸运能够融入这个城市生态系统中。这里的生态系统真的很有帮助。人们乐于谈论一切。这也是为什么在其他城市或者世界的其他地方，创业者都更加艰难。与生态系统相关的元素是网络效应、辛迪加联合组织和心态上的差异。

网络效应使“人们能在更短的时间内遇到更多相关群体”（USE05）。当被问及某个特定位置的信号价值时，最初位于汉堡的一家初创企业负责人说：“在柏林开设办事处为我们打开了很多道门：投资者、合作伙伴等等。在那里，就好像你成了那个小团体的一部分。”（GE06）。其他受访者也在不经意间提到了位置的重要性——比如，当我们谈到用 BA 辛迪加来资助金额更大的投资轮次时，或谈到初创企业创始人的心态时。一位投资者说：“柏林有一批非常认真的初创企业创始人，他们清楚地知道他们在做什么以及他们想要什么，而且那里还有一大群疯狂的人也想成为那个秀场的一部分。”（GI05）

有三位德国投资者和所有美国受访者都表示，位置对于正在获得资助的商业模式和产业类型是有影响的。在美国，技术复杂程度、B2C 和 B2B 以及收入模型等方面的投资关注度有所不同。两位美国专家提到，免费增值商业模式不会引起东海岸投资者的共鸣：“在美国西部，人们可能会认为免费增值是一种商业模式。但是在东海岸，免费增值并不是一种商业模式，它只是一种获客策略。”（USI01）消费品初创企业往往会与纽约、硅谷建立联系，而波士顿和奥斯汀则“以其高科技和 B2B 产品闻名”（USE04）。“硅谷产品”（USE03）——比如 Facebook、Twitter、Instagram 等——都被认为是在特定地点兴起或者搬到那里的，因为它们在其他地方不能吸引投资者。比如，Instagram“不可能在波士顿融到 100 万美元”（USE03）——这么大的金额在美国生态系统中是很少见的。

融资

在访谈期间，我们发现融资的一个重要视角是外部人风险。企业家和投资者的关注点和评估有时会大相径庭。当投资者自信地说“实际上，这里有充足的资金可用于支持有良好计划的优秀团队”

（USI01）时，我们很容易看到明显的差异，因为我采访到的所有企业家都讲述了他们过去或者正在经历的融资挣扎。更具体地说，出现争议的议题一般包括投资者选择和融资策略。有趣的是，没有任何一个受访者明确提到融资策略，但大部分人都评论了该策略的要素。

当我们谈到投资者方法及选择这个基础问题时，企业家和投资者的观点出现了分歧——比如，我们从哪里筹集资金。投资者普遍表示，来自精挑细选的金融家团体的智慧资金是非常重要的。一些投资者还提到，他们担心还有其他投资者投资于这个项目。一位投资者（GI09）明确指出了投资前和投资后股权结构对决策的影响。另一位 BA 为正在选择投资者的企业家指明了道路："选择你信任的人、拥有良好人际关系的人，或者非常坚定的投资者。这就是你想要做的事情。这在未来并不会发生太大改变，它在很大程度上是一件基于信任的事情。"（GI11）另外，一些企业家非常坦白地说，他们"不会差异化对待，他们会接受愿意投资的任何人"（USE05）。有一位企业家——在采访的时候，他已经融资 200 万美元——拥有"热点初创企业的光环。媒体也很喜欢我们，所以我们的问题不仅仅是'我们可以筹集到资金吗?'而是'谁想要投资给我们的团队?'"（USE01）。关于投资者的关注点，USI04 评论说，不仅仅是专业投资者拥有特定的关注点，即使是早期的 BA"也会有特定的行业专业知识，并且选择在那个行业投资"（USI04），这也是需要关注的。多位投资者强调了与潜在未来投资者保持稳固关系的重要性。有一位 VC 投资者建议说，"企业需要在成长阶段融资前，与这些投资者建立并保持良好关系。只有这样，投资者才能充分了解他的团队、他个人以及商业模式，最理想的甚至要提前一年的时间来完成关系建立。"

当被问及他们对于多种投资者混合投资与辛迪加的看法时，受访者表达了不同的观点。BA 团体由私下了解对方、以前进行过联合投资的 BA 构成，他们被看作早期初创企业融资的重要组成部分（比如，USI04）。在美国和德国受访者之间，最值得注意的差异就是信任和专业化程度：尽管德国天使网络仍然处于发展过程中（GI04），但美国辛迪加被认为是经验丰富且更加专业的。现代线上 BA 辛迪加常被看作一个“展示投资者的大超市”（GI05）。运营线上平台的经纪人和投资经理们往往是“缺乏信任的，因为他们没有一个值得信赖的机构，只能随机地告诉别人，他可以管理投资。但是这些 BA 想要的是自己管理自己的投资”（GI05）。有一位投资者也谈到了在 CVC 领域的辛迪加。GI03 讲述了来自互补母公司的 CVC，他们与母公司联手进行初创企业投资，这也是“CVC 最流行的方式”。他说，他们投资的初创企业实际上是“2～3 个早期企业 VC 之间的催化剂”。

战略投资者——比如企业风险投资基金——也被认为是重要的。一些投资者评论了大型企业购买初创企业股权的长期影响。一位美国投资者解释说，首先，其他投资者，特别是其他的 CVC，可能会放弃投资；其次，企业出售可能也变得比较困难，因为收购方会期望企业背后的 CVC 去收购这个初创企业。USI04 说，其他潜在买方可能会提出一系列问题：“他们知道什么我们不知道的吗？为什么他们不来收购你？或者他们还没有准备好收购？好吧，那你的公司是不是有什么问题？他们本应该收购你的才对。所以，我不会收购你，因为我不想蹚浑水。”类似地，GI09 说，潜在投资者也会问自己：“为什么我要投资这个公司？潜在的买方已经是它的股东了。”德国投资者也扩展了这一观念，他们也认为战略投资者给 VC 商业模式带来了不小的冲突。VC 的目的是提升初创企业的价值，“然后未来能够以很高的价格出售他持有的股份，但是如果买方已经是股东了，那你就不会这样做了。”特别是在早期阶段，“大部分 VC 甚至不会多看一眼这种公司，因为有了战略投资者的参与，他们将面临很多麻烦事”（GI09）。

在高科技初创企业方面，非股权融资和另类融资来源也经常被讨论。USI04 提到，众筹作为一种信号方式，能够帮助企业从专业投资者那里筹集到启动资金。他解释说，通过（以非股权为基础的）众筹，“这些最初想法会萌芽、成长、开花、结果，并融入现实环境中。之后，他们就会变得对我们这样的投资者更加有吸引力”。USI04 进一步解释说，众筹可以达到“启发投资机会、想法和优点的目的”，反过来又有助于投资者的进入。其他投资者说，很多硬件和以技术为基础的初创企业必须依靠项目融资。“你必须进入项目融资或者其他类似渠道，因为它太资本密集了，我没有办法通过股权为它融资。所以你必须超越股权融资，你必须采用更加复杂的融资工具。”（USI03）风险贷款、税收抵免和其他政府补贴等多种形式都属于另类融资方式。USI03 认为，对于高科技初创企业——特别是高度资本密集型企业，比如生物科技和能源企业——来说，“CFO 和融资变得更加重要。对于软件企业而言，你不需要融那么多资金，而且融资方式更为直接，就是股权融资。但是对于其他公司，就有很多种不同的融资方式了”。

有两位受访者提到了初创企业估值这一主题。GI10 观察到，可转换贷款在高科技初创企业中非常受欢迎。他认为，可转换条款是一种“避免估值讨论”的方法——估值讨论通常被认为是非常繁杂的讨论过程。当我们比较硬件和软件初创公司时，GI10 强调，软件公司的投资更加普遍，因为“它发展得更快，能够给你更高的回报”。但是，他还说：“好公司的估值是很高的。”相比之下，硬件初创企业的估值可能是比较低的，这样能够帮助投资者平衡投资组合，增大分散化程度。

还有几位受访者讨论了倍数。很多投资者都表示，可比初创企业过去的退出金额和并购倍数限定了最大可能投资额，并且被量化为一种市场利率形式。GI10 提到，他的基金中的硬件初创企业能够在 4～5 年后获得 2.5～4 倍的收益。USI04 表示，外部刺激能够使倍数增加，这个我们后续会进一步讨论。一位企业家笃定，他的初创企业无法吸引到传统 VC，因为他们不是那种“快速增长（曲棍球棒效应）、拥有 10＋倍估值、能够快速退出的初创企业”（GE02）。

受访者也讨论了投资轮次规模。最有影响力的因素是初创阶段、地理位置、产品、市场和行业归属。一般来说，美国的种子阶段和初创阶段投资轮次规模要高于德国 2～3 倍。被采访的处于种子阶段和初创阶段的德国企业家分别筹集到了 2.5 万～5 万欧元和 50 万～160 万欧元。而他们的美国对手在相应阶段筹集的金额则一直是这些金额的 3 倍。受访投资者也证实了这个比例。

只有一位投资者提到了初创企业的一般退出导向。GI07 谈到了德国 Mittelstand 公司，“他们根本没有想过退出这回事”。在这一背景下，他谈到了一些初创企业创始人，他们想要留在企业并尝试让它实现盈利：“当我遇到创始人的时候，有时他们会推销自己的企业，你会知道，他们真的很想要创立一个很好的 Mittelstand 公司。”（GI07）他们不是通过出售和组织退出来回馈投资者，而是“与他们一起赚钱，并支付红利给他们的股东”（GI07）。德国的 BA 和加速器多次观察到了这种导向。“在企业家说‘这就是我们筹集了那么多 VC 之后想要退出的原因’之前，一切都是一致的。当投资者面对企业家的时候，可能会问企业家为什么想要退出，企业家可能会回答：‘事实上我们不想退出，我们想要建立一个有利可图的企业。’我不清楚他们是否有其他的融资机会。但是我认为，企业家应该是有的。因为有很多BA存在，他们不是以退出为导向的。他们可能是红利驱动的，只是创始人不知道这也是一条可行之路。”（GI07）

时机和成熟度

关于投资者偏好，初创阶段是最具决定性的阶段。多位受访者指出，有些投资者类别，比如FFF和BA投资得很早，而VC进入相对晚一些。有趣的是，发展阶段也是投资者类别中很关键的区分因素。比如，BA和VC投资者被按照他们的阶段和轮次重点进行定义。初创企业“必须关注那些在这个阶段进行交易的投资者”（GI03），而且“每一个VC都有不同的方法。有些在早期阶段，有些在B轮和C轮，有些比其他人更挑剔”（USE05）。同时，“即使是早期阶段投资者，比如一些BA和小型的VC基金，在谈及高科技领域时，他们的投资也非常聚焦”（GI01）。考虑到融资数量的国际差异，美国和欧洲企业家获得外部融资所需要花费的时间和努力也是不同的：“在欧洲，他们需要到达一个更后期的阶段才能获得融资”（USI05）。在采访中，焦点就落在了早期的初创企业上。但是有一些讨论也包括了成长和后期阶段初创企业的一些方面和内容。关于初创企业缺乏追踪记录，以及风险项目中其他与阶段相关的不确定性因素，已经讨论过了。但是，有一个投资者指出：“当你进入成长阶段后，无论你是否喜欢这个团队，所有的东西就都是关于执行的。什么风险消失了？技术风险消失了吗？制造风险消失了吗？市场风险消失了吗？你知道的，把钱投入你想依靠它赚钱的地方，这就是投资的全部。”（USI01）

令人惊讶的是，并没有任何一个企业家提到跑道——就是初创企业耗尽所有资金所持续的时间。另外，投资者确实对此发表了评论。对 USI03 来说，跑道非常重要，因为“他看到很多企业家在产品开发和融资之间来回奔波，但那样非常不好，因为无法专注于企业发展。所以，在他们再次进入筹资模式之前，我必须了解我能够提供的使这个团队达到关键里程碑所需的资源”。这一概念得到了 GI11 的支持，他认为：“硬件创始人基本上需要寻找 BA，BA 也必须给他可获得的跑道才行。他们必须能够在 A 轮融资之前持续支持初创企业，不只是第一年，也许要持续 2～3 年。到了 A 轮融资，事情就变得严肃了。”（GI11）具体来看，GI05 指出：“理想情况下，一个初创企业差不多有 18 个月的跑道，但几乎从未实现过（因为当你有更多的钱的时候，烧钱的速度就会加快），然而，那才是好的投资者团队应该追寻的东西。”

时机和趋势方面的问题也被提及。多位受访者指出，趋势在波动中演进，这与消费者和投资者市场有关。USI04 指出，初创企业的产品必须在正确的时点及时投向市场。事实上，“经营初创企业的艺术之一就是抓住潮流，如果你超前潮流太多，你就会崩溃，如果你落后于潮流，那么你将被践踏”（USI04）。类似地，USI05 把时机不好作为企业失败的四个主要原因之一。USI02 指出，在初创企业尝试融资的时候，“所处行业是否正在流行”是非常重要的。另一个投资者观察到，“创始人遵循特定的周期和波动，投资者的兴趣也是遵循这些。”（GI01）他扩展了这个概念，并指出：“投资者不像 5 年前或 8 年前那样，愿意给能源企业提供那么多资金。但是，你也知道，对于一些特别有利可图的项目，这还是有可能的。”GE07 和 USI05 都谈到了硬件初创企业缺乏时间灵活性。从一个企业家的角度来看，GE07 表示：“我们的投资者知道硬件比纯软件需要更多时间。”但是，USI05 指出：“对于高科技产品的硬件初创企业来说，创业确实是很艰难的。我的意思是，他们的产品研发需要很长时间，当他们准备好的时候，市场可能已经变成：噢，那很好，但这是我2年前想要的。”

政治和法律

外部宏观风险之一就是政治和法律框架。受访者经常将有利的或不利的影响与不断变化的外部环境联系起来。外部政策刺激被认为是影响国内初创企业的最重要因素。USI04提到的一个例子就是2010年的平价医疗法案。这次政府干预创造了“巨大的推动力”，给在经营的医疗保健公司带来了不小的创新压力，并且“促使它们部署更好的基于技术的解决方案”（USI04）。很多公司都向初创企业——比如，那些聚焦于医疗设备研发的初创企业——寻求帮助。需求的激增增加了整体的可用资金，但它也直接影响了投资者的估值和倍数，因为企业的并购活动加快了步伐。德国的受访者并没有提到任何关于政府刺激的效应。一位德国的投资者表示：“在欧洲，我们并没有像美国那样拥有大量的政府资金，特别是军事来源的资金。”（GI06）她接着说：“在德国，我们很少有项目能帮助初创企业起步。但是在美国，尤其是对高科技领域来说，有太多基于军事和情报的资金，可以促进已获得私人资金的成长型初创企业的发展。”还有一位投资者表示，早期阶段的公共补贴可能令人望而却步。德国的BA（GI11）投资于那些还没有找到商业模式的初创企业，因此他们需要保持精益和敏捷——但是，公共补贴往往限制了企业的灵活性。

审慎监管在四场访谈中都被提到，尽管焦点不一样。GI05谈到了股权众筹领域的金融监管。他说，监管非常严格，而且有很多繁杂的工作要做。特别地，GI05提到，初创企业需要投入大量的时间和努力去披露信息。典型的——通常是强制性的——信息披露方式是尽职调查报告、商业计划和访谈。他认为这种类型的监管是有积极作用的，因为“这些通过众筹投资的私人投资者有权利在他们将钱置于风险之前获得信息”（GI05）。也有人从产品和技术本身的角度出发讨论了监管问题。比如，USE01 知道他的 VC“能够帮助他处理供应商管理和监管事宜”。GE07 扩展了这个概念，并且评论说：“我们知道，我们对扩大销售和法律的要求知之甚少。我的意思是，所有这些不同领域的技术问题都很难，我们要寻找顾问和投资者来帮助我们解决这些问题。他们知道如何处理这些事，因为他们以前投资了大量的初创企业，也遇到过类似问题。”USI04 把监管和高科技企业新增资本要求联系起来，正因为“有了监管的存在，建立很多商业模式都非常昂贵”。投资者也会衡量初创企业解决这些问题所花费的时间和成本，他把这种成本叫作“测试成本和批准成本”（USI04）。

有一位德国投资者提到了合同。关于他的加速器项目使用的标准化合约，GI07 表示：“投资我们公司的 BA 喜欢使用那些现成的合约。”他也观察到：“没有任何一位德国投资者会对投资斯洛文尼亚实体有兴趣，而这只是因为他们不明白该怎么做。”

合作伙伴

合作伙伴的重要性之前已经有所提及——比如，在 CVC 部分。关于公司投资于初创企业，杠杆似乎是主要的增值部分。“当它们支持你的想法的时候，它们会给你提供他们自己技术的杠杆、它们销售网络的杠杆、它们保护 IP 能力的杠杆。”（GI03）从产品和技术的角度来看，GI03 解释说：“一个有技术公司支持的硬件初创企业，无论在哪里（我们就以美国为例），都能从技术公司众多可用的产品序列中选择几种产品，或者在他们的产品的基础上继续改良，来解决自己的初创企业中遇到的一个或多个问题。这些杠杆真的很有帮助，尤其是在硬件方面。”其他人所提到的杠杆包括采购、销售和分销（USI05），还有 IP 保护。

受访者强调的另一个主题就是可信度。USI04 强调了 B2B 设定下可信度的重要性。由于初创企业往往具有较高风险，在一个大型的系统，比如企业系统中，信任是关键。“尤其在 B2B 领域，一个值得信赖的公司合作伙伴可以提供初创企业所没有的机构信誉。”（USI04）

一般而言，生态系统对于初创企业的认知是不断变化的。当你与已有合作伙伴建立关系时，这种认知可能会变得积极。CVC 经理 GI03 解释说，初创企业能够使用企业合作者的光环，使自己被更积极地看待：“‘嘿，我们得到了 3M——全球最具创新性的企业之一——的支持。’尤其在美国，就好像是，当你有了少女骑士时，人们会用完全不同的方式来看待你。任何大企业，比如通用电气（GE）、杜邦（DuPont）、施乐（Xerox）或者其他我不了解的企业，无论是哪家企业，都是如此。”

市场

除融资之外，受到最多关注的居民外部风险因素就是市场风险，其范围从一般的产品市场匹配到 B2B 设定中采购周期的销售和分销。

多位受访者描述了产品市场匹配的难度和不确定性。此前已经提到过高科技和硬件初创企业所特有的挑战——比如，相比软件公司，它们存在多维度复杂性和时间延迟问题（GI06）。人们普遍认为，产品市场匹配应该通过“与用户和潜在客户测试、测试、测试……”的快速迭代来实现（GE12）。但是，受访者对众筹作为一种市场匹配测试方法持有不同意见。GI05 认为：“回报型众筹模式

（最好的例子就是 Kickstarter）对于硬件驱动的创业项目是一个非常好的机会，因为他们在生产之前就能够得到市场的验证。我认为这是一场革命。”USI04 将众筹称为“启发想法”，也暗示了其市场匹配的作用。GE11 指出：“众筹活动让我们更多地暴露在消费者面前——而且它也同时实现了我们的第一批零售交易。”其他受访者对于众筹的重要性并没有做出确定性回答。比如，GI03 非常明确地提到，众筹能够作为产品市场匹配指标“还言之过早。因为你说服了一些人去购买一个还没有成形的产品，但是你并不知道这些人是谁。众筹就类似于一种很好的社交媒体营销，但是关于人们是否真的愿意购买这款产品，你还是不知道答案。”USE04 也说，他的企业决定反对众筹模式，因为他们根本不需要通过这个方式来“测试市场”。

受访者也讨论了市场证明和准入问题，及其在硬件和软件基础业务之间的差异。“制造产品是一回事，但是出售它就是另一回事了。”（USE04）GI04 解释说，对于硬件产品，“我们可以测试、观察、感受到这个产品是什么样的”，因而具备测试“现实产品需求”的能力——比如，我们可以看到这款产品是否真的能为市场带来足够大的额外价值。他也谈到了软件初创企业，对于它们来说，“测试更加困难”，它们一心想“尽快把产品推广到市场上去，接下来，如果失败了，很快就会一败涂地，但如果成功了，就通过了市场的验证”。在这种背景下，有一位受访者提到了购买周期的概念。GI06 指出，初创企业需要了解典型的行业销售流程，特别是关于时间框架。对于服务 B2B 客户的高科技和硬件初创企业来说，其客户的购买周期被认为是非常重要的。她也提到，很多高科技初创企业都在执行技术推动战略，需要大量的客户基础。

市场规模在我们的多个采访场景中被多次提到。在美国，追逐

10 亿美元的市场似乎是一个普遍存在的概念。一位美国企业家解释说，因为“硬件初创企业想要扩展大量的投资者”（USE01），就必须展示出“这不仅仅是一个利基产品或想法”，而是“一个能解决大问题并且拥有 10 亿美元市场前景的市场”（USE01）。德国投资者指出了硬件可扩展性方面的一些局限，相比于软件企业（GI05），有些人称自己“适合利基细分市场，这个市场之后可以演变成一个巨大的蓝海市场”（GI08）。德国初创企业应该考虑快速从德语市场转到英语市场，尽管——就像 GI07 所说的——“我们告诉德国初创企业：不要聚焦于德国市场，考虑全球化，或者至少是讲英语的国家”。

遵循营销产品的逻辑链条，很多受访者讨论了销售渠道的问题。尽管 B2C 初创企业提到了线上分销模式，但 B2B 初创企业更倾向于依赖更少的买家，比如最有可能的就是依赖中介机构。对于初创企业来说，一般认为销售渠道很难建立。处理这个问题的可行方法之一就是与现有的市场参与者——战略合作伙伴（GE06）或者 CVC——建立联系（GI03 和 GI04），或者与具有相关专业知识的 VC（GE07）建立往来。

物流和分销

在销售渠道概念的基础上，受访者强调了分销结构，即各种可用分销渠道或分销方式的重要性。对于 USI04 来说，分销是硬件初创企业面临的两个主要问题之一——另一个问题就是测试、扩展产品及生产。专家小组也强调了硬件初创企业的特殊性，它们需要实际运送产品，而不是通过网络进行分销。相应地，专家小组也将物流作为一个独特风险和复杂性因素。

与成熟企业建立合作伙伴关系，是解决分销挑战的一种方法。

这些成熟企业已经建立了分销网络，并在该领域获得了相关经验。当然，这就引出了两个相关的概念：成熟公司和初创企业的战略合作、CVC 的初创企业战略投资（比如 USI05 和 GI10 提到的）。一般而言，尽早制定全面的物流相关战略是一种可能的缓释方法。

5.4.4 投资者类别

分析表明，投资者的某些特征在德国和美国之间以及不同投资者类别之间差异很大。因此，我们必须从不同的角度来阐释这些特征。投资者类别部分包括从 FFF 到 CVC 的所有主要投资者类别。

一个特殊的差异：心态

无论是德国专家还是美国专家，对不同投资者类别的要求在受访者样本中都几乎是一致的——除 FFF 融资外。比如，两个国家都采用相同的 BA 投资模式。另外，心态被认为是一个重要的差异。比如，未投资者，即可以投资于初创企业但没有投资的富人群体，被认为是德国普遍存在的风险厌恶心态的表现。两位投资者分别说："这里有很多富人。但是，即使他们有很多的钱，他们也不会投资给你。"（GI07）"我们德国人没有那么勇敢，没有那么开放去做这个事情，尽管我们可以做，因为钱就在那里。在这种情况下，一切都与心态有关。"（GI03）另一位投资者观察到，"美国很多人都需要更务实、更高端的产品方法，不需要太具体、太复杂的产品方法，但是德国人需要，而且初创企业不可能那么完美、那么有秩序。"（GI02）德国投资者认为，美国人对于承担风险这件事心态更加开放，因此会更多地聚焦于企业家，而德国人倾向于关注产品和技术（GI06）。所有德国受访者和两位美国投资者（USI02 和 USI03）都提到，一般来说，美国投资者有更强的承担创业风险的倾向，但是也有一位受访者强调：“硅谷真的非常疯狂。那里有很多投资者更加注重通过一家初创企业改变世界的可能性，而不是赚到或损失 10 亿美元。”（GI02）

自有资金和 FFF

如上所述，美国和德国唯一表现出差别的投资者类别就是 FFF。德国投资者和美国投资者的具体心态差异似乎对这个类别有着极强的影响力。在美国，投资者和企业家把 FFF 当作初创企业主要的资本来源，而且经常是第一资本来源。而在德国就不是这样了。尽管大部分受访德国企业家（6/10）都提到，FFF 资金是资金来源之一，但是资金量非常少，也就差不多“几个月的生活费”（GE01）。

一位德国投资者详细阐述了创始人的朋友资助他们的过程：“在美国，他们碰面交谈，只要他们相信或者喜欢这个想法，他们就会投资，当然他们也清楚这样可能会遭受损失。所以，在某种程度上，他们更在乎企业家精神。但是在德国，初创企业创始人的朋友不想把友谊置于危险之中。”（GI12）尽管如此，自有资金和 FFF 资金仍然很重要。USE01 说：“我们是没有人愿意投资的。没有人理解我们到底想要做什么。所以我们只能用我们自己、朋友、家人的资金来进行我们的第一个原型设计，类似于一个很基础的概念证明。这也是我们的第一笔天使投资。”

三位德国投资者（GI01、GI05、GI11）都提到了一个可能的变化。他们说，企业家朋友的低融资率可能会在中期发生变化，因为更多成功的初创企业退出催生了富裕的企业家，他们拥有适合年轻 VC 的心态，即“接受失去一切的可能”（GI01）。

BA

从商业模式、技术和受访者方面来看，BA 都被视为早期初创企业投资者中最重要的类别。受访者一致认为，信任是BA是否给初创企业投资的关键因素。两位德国BA（GI11和GI12）也认为，价值观一致是非常关键的因素。BA之间的主要差异在于其专业化程度。GI04梳理了德国BA的发展历程，发现有越来越多的专业化BA参与初创企业投资，他们更多地采用标准化投资合约，遵循更加简明的投资策略。GI07补充说："现在的BA从完全非专业化到非常专业化的都有，就像小型基金一样。"而且，很多BA在非标准化环境中寻找标准化模式，比如，采用标准化合约。

对于高科技初创企业和BA来说，GI11指出，他们需要更多的资金和更长的跑道："硬件创始人基本上需要寻找BA，BA也必须给他可获得的跑道才行。他们必须能够在A轮融资之前持续支持初创企业，不只是第一年，也许要持续2～3年。到了A轮融资，事情就变得严肃了。"

受访者也讨论了初创企业和BA之间的互补性。很多投资者强调，天使投资对于理解初创企业产品的一般业务和技术特性非常重要。这种重要性主要体现在四个层次上：（1）BA可以更有效地与初创企业沟通。"他们说着互相能懂的术语，有助于汇集技术方面、市场方面或者一般态度方面的智慧。"（GI11）（2）企业家除了希望从BA那里获得资金外，还希望能够获得关于产品特征或者目标市场细分方面的指导——企业家也在寻找那种能够带来特定专业领域知识的投资者，反之亦然。USI02说："我总是在寻找我可以支撑起来的团队。他们能否有效地运用我的专业知识？我对于他们的快速成长是否真的有用？"（3）高科技初创企业似乎特别吸引BA，他们在初创企业融资经验方面有着特殊的互补性。GI01、USI04和USI05评论了投资高科技初创企业的BA的专业性，以及"他们非常了解他们投资的目的"（USI05）。（4）风险认知被认为是与互补性反相关的。比如，USI01 谈到了商业模式的目标市场，他不能“评估关于 B2C 市场机制的假设”，并认为它“风险太大，因为他并不了解它”。GI11 强调了经验丰富的企业家作为 BA 的好处，“因为他们知道，企业需要好的团队，而且他们知道企业需要配备什么样的人员。虽然企业仍然面临很多风险，但是他们能够更好地评估风险，因为他们了解企业究竟需要什么、缺少什么”。

同样，德国的未投资者群体关于高科技初创企业的看法不一。GI06 称，越来越多的富人开始接触他们所在大学的高科技孵化器，借此与初创企业建立联系。关于德国国家高科技初创企业，GI02 解释说：“我们有很多硬件产品工程师，数量远远超过美国。只要他们把初创企业理解成一种投资机会……那么他们很多人就会变成富人。”（GI02）

银行贷款

在硅谷以外，没有一位受访者认为早期或者初创阶段的初创企业可以直接得到私人银行贷款融资。正如 GI04——一个公共银行经理人——所说，传统的银行经常有借款企业能够达到盈亏平衡点或者在 12 个月以内很有可能达到盈亏平衡点的最低要求。GI04 指出，如果不能制止融资损失，那么银行就不会愿意贷款。当初创企业能够提供抵押品时，银行更愿意提供贷款——因为“如果他们有大量的抵押品，在违约事件发生时就可以进行清算”（GI04）。

受访者也讨论了传统主义。GI04 进一步解释说，银行追寻“传统的商业模式和机制，主要是能够制造产品且有库存的工业企业”。其他投资者和企业家得出的结论是“银行就是不会给初创企业贷款”（GI07），因为这些机构“在经济中有着不同的任务，这也是 VC 会存在的原因”（GI12）。

但是，公共银行，即政府主体资助的银行能够发挥融资者职能。他们有不同的要求和目标，使得他们能够摆脱其他银行遵循的传统要求。GI04 解释说，他的角色“就有点像催化剂”，能够帮助高科技初创企业进入下一个发展阶段。他解释说，一个很典型的例子就是，公共银行可以给无法从 BA 处融资的“第一批产品的制造”提供资金，这是吸引 VC 投资的必要前提条件。

在这方面，USI05 发现，“机构融资对银行投资来说更具吸引力，因为他们有一些信用评级”。这也和 GE11 的发展经验一致。GE11 刚刚进入了增长阶段，该初创企业在机构投资者对其进行投资、估值和监测后获得了一笔贷款。“这就好像是一种骑士荣誉，向他人表明投资于我们是值得的。”（GE11）

公共补贴

上文我们已经提到 GI04 对于公共银行所扮演的角色的评论。作为公共大学加速器的管理者，GI06 强调了公共补贴对于高科技初创企业的重要性。公共补贴是很有必要的，因为它可以“帮助初创企业在第一时间开始运作”。（GI06）她也提到，欧洲和美国都有大量的公共补贴项目。美国的公共补贴项目通常与军事和情报基金有关，也有一些项目是为初创企业增长阶段提供资金的。

众筹

使用众筹的全部五家德国初创企业都将市场营销作为它们使用众筹平台的第二大甚至最重要的原因（GE02、GE03、GE05、GE08、GE11）。当然，众筹被视为一种融资手段，但即便如此，像 GI07 这样的投资者还是强调“融资和营销工具的结合”。他还表示，众筹不仅仅是“成为投资人，更多的是，人们通过这种方式有了切身感受，成为一名支持者”。

有些人把股权众筹看作“股权结构表的重中之重”（USI03）。GI04 明确指出，“我们不喜欢股权众筹”，因为“坦白来讲，所有股东的进入都带来了不可控制的复杂性”。其他受访者把股权众筹作为一种“克服信息不对称的有效方式，因为这种方式聚集了初创企业的很多信息，并把它呈现给了很多潜在投资者”（GI02），而且能够达到“阐明投资机会的目的”（USI04）。一位投资者把股权众筹看作一种尝试，“作为普罗大众，能够做跟机构投资者一样的事情”（GI05）。作为一家股权众筹平台的总经理，GI05 强调了初创企业实施众筹的几点要求，包括每一个初创企业的尽职调查、初创企业展示的商业计划，以及创始人的网络现场直播。

回报型众筹模式被认为是“硬件驱动想法在投入生产之前得到市场证明的绝佳机会”（GI05），并且能够“发展成为更加制度化的设定”（USI04）。GE03 和 GE11 强调营销工具的概念，并将众筹看作一种与潜在 B2C 客户交流、吸引零售合作伙伴注意的方式。GE11 的结论是：“众筹活动给予我们更多展示给顾客的机会——同时它也让我们完成了第一笔零售交易。”

关于高科技初创企业众筹成功的先决条件，GI05、GE02 和 GE05 强调了可信度的重要性。正面影响可信度认知的因素包括明确定义的商业计划、大胆的愿景和专业化制作的视频资料。对于高科技和硬件来说，想法及与制造商和零售合作伙伴的现有关系显得尤为重要。这似乎也引发了一些担忧。换句话说，我们提前预订了一款实体产品，但是在它最终投入生产之前，我们需要等待几个月的时间。有些产品甚至根本不会进入生产过程，因为“导致初创企业在起飞之前崩溃的方式有很多种”（USI04）。这就导致了整个投资的损失，而且能够获得补偿的概率很低。

家族办公室

正如1.3节讨论的那样，来自家族办公室的初创企业投资很少，特别是在早期阶段。两位本土投资者对家族办公室的发展和模式提供了更多见解。第一，有证据表明，家族办公室根本没有固定模式。GI07解释说："关于如何投资于初创企业，一些家族办公室的确有很好的结构化策略，采取直接或间接方式，或是通过他们自己的基金。但是有些家族办公室根本不考虑策略问题。"据GI11所说，家族办公室通常是"非常谨慎的，但是并不意味着他们是风险厌恶的。他们只是刚开始搞清楚初创企业的运作方式。他们中的大部分人都是非常有创业精神的，也对高科技非常感兴趣，因为那是他们以及他们家族谋生所必须要做的事。"

GI07回忆了一家初创企业的展示过程，当时有一位家族办公室的投资者（F）在场。F说："我可以用60万欧元得到所有的这些东西吗?"GI07说："是的。"F说："当我们给其他项目投资时，一般都是上千万欧元的规模。这是一个很好的项目。我们需要做两件事：第一，我们需要进行投资；第二，在投资之前，我们需要了解这个市场的运作过程，因为我们没有任何线索。"

然而，GI07也注意到，大多数家族办公室很可能聚焦于初创企业后期阶段投资——伴随着VC资金和私募股权的进入。有时，早期阶段的初创企业"如果能够完全符合家族的私人利益，也是有一定机会的"（GI07）。家族办公室参与初创企业投资的另一个原因就是目前银行提供的利率较低，而且"寻找其他投资才刚刚开始，真正的潜力还没有完全释放"（GI07）。

CVC和加速器

尽管对高科技初创企业的评估差异很大，但所有的投资者、7位德国企业家和 4 位美国企业家都把企业提供的风险资本看作高科技初创企业融资的一个关键来源。

很多受访者认为，CVC 缺乏稳定性和一致性，并且存在潜在偏见，无法很好地激励企业投资经理。包括企业加速器在内的企业投资活动被认为是一种营销工具（GI07），能够帮助他们“更好地被外界了解，特别是被客户所了解”（GI03）。另外，一位 CVC 负责人（USI05）说：“CVC 对于长期项目来说是非常好的。VC 融资模式适合服务软件：前 5 年投资，之后的 10 年从投资中分红。但是，CVC 服务的是数十年的企业。”

VC 和 CVC 的另一个重要区别在于，CVC 投资的基本逻辑不是以获取货币收益为主，而是学习新的观点和实践经验（GI03、GI04 和 USI03）。一个很明显的趋势就是，很多 CVC 从以往使用的“广撒网方法”（USI03）逐渐演变成以更加集中的方式参与初创企业。CVC 不是投资于长远的创业项目，而是把他们的投资范围缩小到那些与他们现有的商业模式相近，或者能够与他们投资组合中的技术互补的项目上。USI04 识别了 CVC 投资的三个主要原因：第一个原因可能是初创企业拥有对企业战略至关重要的知识产权；第二个原因可能是初创企业在关键市场细分中具有先行优势；第三个原因是企业能够运用这项技术去“做一些与众不同的事情，并把它加入产品组合中”。

GI04 解释说，越来越多的企业承认，有潜力的新技术“不必在内部开发。相反，公司可以寻求外部帮助，培育一家初创企业，当初创企业快要成功的时候，收购这项技术。”一位 CVC 负责人（GI03）详细阐述了外部创新的概念，并解释说：“我们公司正将越来越多的资金用于 CVC，而不是用于内部研发。我们希望把更多的资金用于来自外部的想法。我们只需要在技术足够成熟并经过充分验证时，将它们筛选出来就可以了。”

他还强调，现在崇尚合作共赢的CVC辛迪加为高科技初创企业投资了大量的资金。之后，这些初创企业就会成为“两三个早期阶段CVC投资者之间的催化剂。这是当前最前沿的投资艺术”(GI03)。

关于偏见，一位美国投资者说，在他的经验中，大部分CVC投资经理不会选择高风险初创企业。USI04还说：“这些人在大型企业工作，他们希望选择安全的、风险更低的项目。这是他们决策中的一种偏见。”

VC

VC很有可能是美国和德国之间差异最大的投资者类别。这个差异我们在1.3节讨论过，在采访收集的数据中也有所体现。首先是相似性。美国和德国VC企业的投资方法都比其他投资者类别的专业化程度高很多。比如，USE05提到，风险投资者关注的焦点是初创企业的发展阶段和融资轮次，但是，USE01强调，他们在技术和商业模式方面与VC的投资范围更为贴合。还有受访者强调了地理位置的重要性。GE01指出，他们的“VC投资者真的想要在欧洲投资”，但是其他人则认为，VC往往会拉近与初创企业的距离，以便更好地监督它们并利用它们的网络。一位VC一般合伙人（USI03）甚至声称：“任何距离超过1个小时飞机里程的初创企业，我都是不会投资的。”此外，投资者和企业家都特别讨论了VC资金的运行时间（即在特定的时间框架安排中，发生退出事件之前的时间）。GI03和USI05认为，在硬件和高科技产品领域，这些初创企业的产品开发周期往往较长，这也使得他们很难获得VC企业相对早期的投资。

GI11分享了投资组合多样化方面的内容。GI10将硬件初创企业加入多样化的投资者组合中，他总结说："高科技硬件企业最大的特有风险在产品方面，它必须有用、必须有需求、必须可交付。一旦这些风险都消失了，他们就比软件企业更加安全，因而可以补充投资组合。"

GI10还详细阐述了他们的投资组合中硬件和高科技初创企业的退出特征。第一，这些企业有最低的违约率，卖出价值在600万～1 000万欧元。第二，投资者在退出企业之前一般有3～4年的持有期，因而稀释程度更低。第三，大部分企业被Mittelstand公司收购，因为它们借助现有制造和销售能力，可以充分利用初创企业的产品成果。

VC在投资决策中的一个关键特征就是可扩张性。GE02公开表示，他的初创企业"并不是快速增长（曲棍球棒效应）、拥有10+倍估值、能够快速退出的初创企业，这也是它对VC没有太大吸引力的原因"。不出所料，相比其他投资者类别，风险投资者更加注重数字，较少关注产品和企业家。因此，"早期的VC为了控制权而投资，而且其在扩张和退出初创企业之前，会经历多个CEO的交替"（USI03）。

GI05表明，许多VC努力地去评估高科技初创企业。他声称，很多人发现，用传统的KPI体系去评估高科技初创企业非常困难，因为这些评估往往适用于线上和软件企业。硬件初创企业可能会发现，与严格数量导向的投资者沟通它们的表现和未来的潜力是一件很困难的事情。

不像美国同行那样，大多数德国VC都强调，他们在寻找合作投资者时困难重重。尤其是在硬件行业，很难找到在投资方法、投资时间、标的企业方面志趣相投的投资者。关于美国和德国的区别，GI02还注意到，"在德国，你可能会得到一家VC的青睐。然而，当你去了美国后，你可能会发现，除了他之外，还有很多VC愿意投资给你，而且他们可能会更有钱。”

鉴于此，很多初创企业创始人强调，尽早识别有潜在兴趣的 VC 是非常重要的。比如，GE01 和 GE05 仅仅筛选出了四家 VC，他们之前投资过类似的初创企业——这些 VC 的关注点与他们自身相匹配。他们也会在需要任何投资或现实投资之前和 VC 展开对话。GI04 非常认可这种策略，并建议“在寻求 VC 投资之前，向他们提供一年内的最新进展”。

5.4.5 有效性评估小组

专家小组根据表 5-7 对复杂性因素进行了排序。市场、新进融资、团队背景组成了高科技初创企业的最重要因素。请注意，下面列出的所有因素都很重要。专家小组认为，原有的 14 个因素是有实质意义的（在 5.3 节列示的 7 分 Likert 量表中，这些因素至少排在“比较重要”以上），此外他们又额外增加了两个因素。专家小组的评估引出了我们接下来要讨论的复杂性因素框架。

表 5-7 论证小组复杂性因素排序

复杂性因素	排序 1（非常重要）到 7（非常不重要）	
市场	1	非常重要
新进融资	1	非常重要
团队背景	1	非常重要
归因	2	重要
原型	2	重要
时机和成熟度	2	重要
现有融资	2	重要
知识产权	2	重要
商业模式	2	重要

续表

复杂性因素	排序 1（非常重要）到 7（非常不重要）	
地理位置	3	比较重要
伙伴关系	3	比较重要
制造	3	比较重要
许可证和认证	3	比较重要
物流和分销	3	比较重要
政治和法律	3	比较重要
控制	3	比较重要

5.5　本章小结：复杂性引致的不确定性与信号

本章构成了第三章提出的混合方法分析中的主体部分，并采用了我在第一章和第二章中建立的理论框架。在定性研究中，我们的主要研究问题基于制度经济学、交易成本、代理理论、产权和行为经济学理论，同时也基于定量分析的研究结果来设计。特别是，我想要更多地关注初创企业复杂性和投资者不确定性与决策的相互作用。这是为了解释研究Ⅱ中的一些结论。我总结了与美国和德国的投资者和企业家的 34 场访谈的内容，在分析了数据之后，我们组建了专家小组来论证结论的有效性。

首先，我们识别出特定的复杂性因素，这些因素与投资者不确定性高度相关（RQ1）。采访和论证小组一共筛选出 16 个复杂性因素。接下来，我搜索了投资者决策过程的参考文献；尤其是关于情感启发式的文献资料。我们识别出情感启发式（比如低概率的过度加权、乐观主义、一厢情愿、过度自信）的多种效应，并且找到了情感启发式与复杂性引致的不确定性之间的密切联系（RQ2）。本书的基础假设是企业家和初创企业能够发出信号来缓解初创企业复杂性和投资决策不确定性之间的不利影响（RQ3）。我们找到了很多信号，包括第三方担保背书的信号、尚不完备的投资合约以及原型等，从而帮助投资者加深对产品的理解与认识。

参考文献

Busenitz, L. W., Fiet, J. O., & Moesel, D. D. (2005). Signaling in venture capitalist—New venture team funding decisions: Does it indicate long-term venture outcomes? *Entrepreneurship Theory and Practice*, 29 (1), 1 - 12.

Carpenter, R. E., & Petersen, B. C. (2002). Capital market imperfections, high-tech investment, and new equity financing. *The Economic Journal*, 112 (February), F54 - F72.

Cassar, G. (2004). The financing of business start-ups. *Journal of Business Venturing*, 19 (2), 261 - 283.

Charmaz, K. (2006). *Constructing grounded theory: A practical guide through qualitative analysis*. Thousand Oaks, CA: Sage.

Conti, A., Thursby, M., & Rothaermel, F. T. (2013a). Show me the right stuff: Signals for high-tech startups. *Journal of Economics & Management Strategy*, 22 (2), 341 - 364.

Conti, A., Thursby, J., & Thursby, M. (2013b). Patents as signals for startup financing. *The Journal of Industrial Economics*, 61 (3), 592 - 622.

Creswell, J. W. (2014). *Research design: Qualitative, quantitative, and mixed methods approaches* (4th ed.). Los Angeles, CA: Sage.

Davidsson, P. (2006). *Nascent entrepreneurship: Empirical studies and developments*. Boston: Now. DSM. (2014). *Deutscher startup monitor 2016*. Berlin: BVDS & KPMG.

Glesne, C. (2010). *Becoming qualitative researchers: An introduction* (4th ed.). Boston, MA: Pearson.

Gomes, J. F., de Weerd-Nederhof, P. C., Pearson, A. W., & Cunha, M. P. (2003). Is more always better? An exploration of the differential effects of functional integration on performance in new product development. *Technovation*, 23 (3), 185-191.

Green, J. C., & Thorogood, N. (2009). *Qualitative methods for health research*. London: Sage.

Grover, V., & Saeed, K. A. (2007). The impact of product, market, and relationship characteristics on interorganizational system integration in manufacturer-supplier dyads. *Journal of Management Information Systems*, 23 (4), 185-216.

Hobday, M. (1998). Product complexity, innovation and industrial organisation. *Research Policy*, 26 (6), 689-710.

Jaeger, C. C., Webler, T., Rosa, E. A., & Renn, O. (2013). *Risk, uncertainty and rational action*. New York, NY: Routledge.

Kahneman, D., & Tversky, A. (1979). Prospect theory: An analysis of decisions under risk. *Econometrica*, 47 (2), 263-291.

National Venture Capital Association. (2016). *2016 National venture capital association yearbook*. New York, NY: Thomson Reuters.

Novak, S., & Eppinger, S. D. (2001). Sourcing by design: Product complexity and the supply chain. *Management Science*, 47 (1), 189-204.

Olsen, R. A. (2011). Financial risk perceptions: A behavioral perspective. In R. Yazdipour (Ed.), *Advances in entrepreneurial finance: With applications from behavioral finance and economics* (pp. 45-67). New York, NY: Springer.

Prencipe, A. (2000). Breadth and depth of technological capabilities in CoPS: The case of the aircraft engine control system. *Research Policy*, 29 (7), 895-911.

Richards, T. (2014). *Investing psychology: The effects of behavioral fi-*

nance on investment choice and bias. Hoboken, NJ: Wiley.

Ryan, G. W., & Bernard, H. R. (2003). Techniques to identify themes. *Field Methods*, 15 (1), 85 - 109.

Saldaña, J. (2012). *The coding manual*. Thousand Oaks, CA: Sage.

Slovic, P. (1987). Perception of risk. *Science*, 236 (4799), 280 - 285.

Tesch, R. (1990). *Qualitative research: Analysis types and software tools*. New York: Falmer.

Yazdipour, R. (2011). A behavioral finance approach to decision making in entrepreneurial finance. In R. Yazdipour (Ed.), *Advances in entrepreneurial finance* (pp. 11 - 29). New York, NY: Springer.

第六章　基于高科技初创企业的复杂性信号的匹配框架

从研究 Ⅰ 和研究 Ⅱ 可以明显看出，高科技初创企业复杂性、投资者与企业家之间的信息不对称及投资者的不确定性感知都有显著的副作用。如同文献中所提到的，生产具有高度复杂性的实物产品的高科技初创企业很难使投资者相信其产品的价值，这尤其适用于初创企业传统融资来源，如 BA 与 VC。尽管一些投资者认为，只要是好的初创企业就一定能获得融资，但只有一位高科技初创企业创始人认为其不需要为了引入资本而战。

定量研究显示，相对于传统初创企业，绝大多数高科技初创企业有截然不同的融资模式，但这并不能说明高科技初创企业面临系统性的融资难问题。但是，有证据证明，高科技初创企业需要更长的时间获得外部融资。关于更加多元化的资金来源，GSM 中的数据并不能解释这些初创企业主动或被迫地选择某些资金来源的原因。

下面的定性研究探讨了：（1）最终影响投资者感知的不确定性程度的高科技初创企业的复杂性因素；（2）这些复杂性因素怎么影

响投资者的投资决策；（3）能够缓解不确定性并引导投资者投资决策的初创企业可以发出的有效信号。如同文献中所提到的，下面我们将从内部复杂性、产品相关复杂性、外部复杂性以及行为风险等多种维度进行分析。这些维度非常适合对投资者在处理早期高科技初创企业进行投资决策时感知的大量不确定性与信息不对称进行分类。

为了对这些因素进行实际操作，我们需要一个另外的框架，特别是针对企业家得出一些有意义的结论的时候。为了确保针对特定的投资者与特定的复杂性因素，企业家可以发出匹配的信号，我们需要确定企业家所能影响的范围。控制点范式是有帮助的，也是必需的，因为信号被定义为企业家有能力影响与修正的属性。控制的边界决定了有效信号的范围。尽管内部控制、中间控制与外部控制的边界是流动的，但它们也都是复杂性的不同维度。

6.1 复杂性因素框架

1.2 节提到的控制点范式是我们的新框架的基础。它包含了定性分析识别出的 16 个复杂性因素，论证小组基于重要程度将它们进行了排列。

需要注意的是，这个框架包含三个流动的控制层次：（1）内部控制层次包含企业家可以自由操作的复杂性因素；（2）中间控制层次包含难以影响的因素，例如外部参与者有同样能力去影响的属性；（3）外部控制层次包含那些几乎只由外部因素影响的因素，企业家或初创企业对其的影响都极小（见图 6－1）。

下面，我们将讨论所有的 16 个因素以及与之相匹配的信号。基

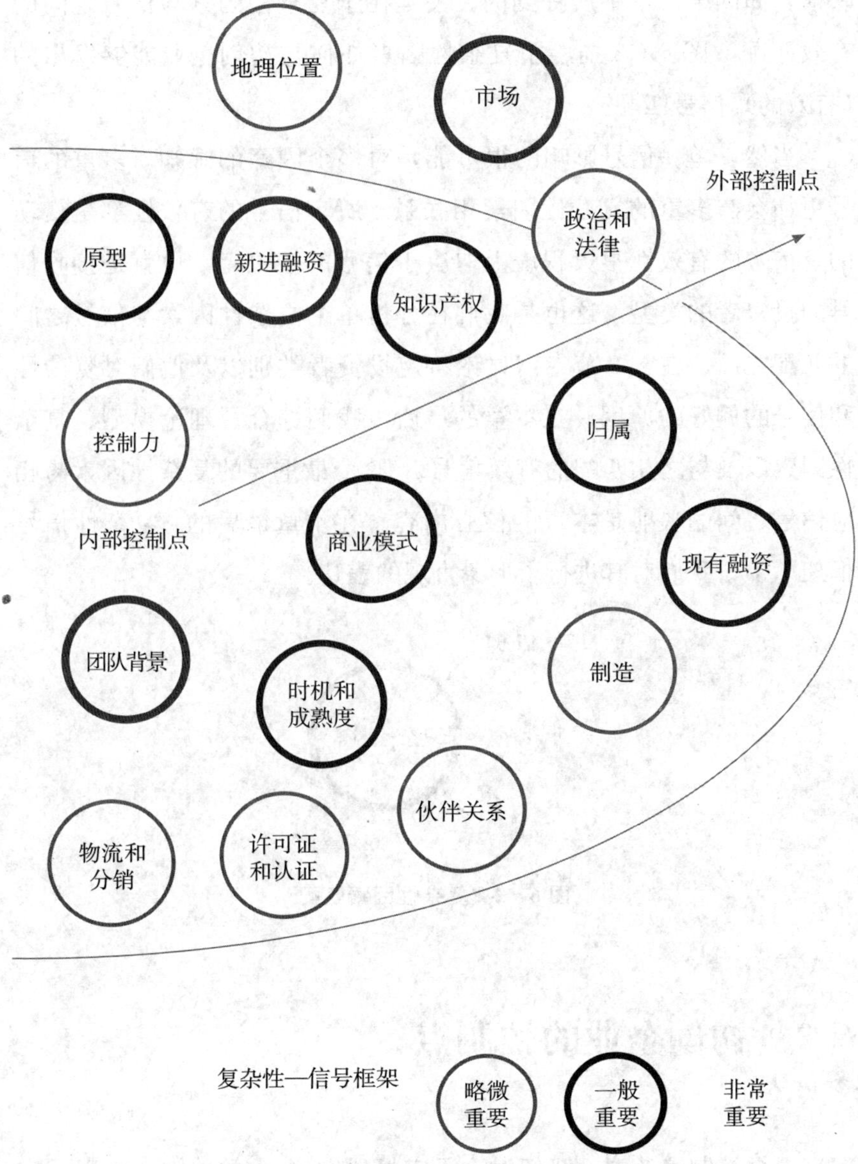

图 6-1　控制点与复杂性因素

于我的评估，得出每个因素与企业家和初创企业对其影响力之间的映射。如同第二章中所提到的，关键在于复杂性因素与信号之间的有效匹配。图 6－2 描绘了复杂性因素如何与初创企业能够发出的（有效的）信号匹配。

当然，单一信号影响的很可能是对多个因素的感知。多重的信号更加会与多重的复杂性因素相联系。所有信号的有效性都是变动的。信号的有效性很大程度上取决于信号的接收者，也就是接收信号的投资者的类型。这也是我们在分析单个复杂性因素与信号之间的匹配之后，在 6.3 节专门讨论特定投资者类别以及他们对复杂性和信号的偏好的原因。在本章的最后，我们综合了理论模型、复杂性因素以及与之相匹配的有效信号。16 个最重要的复杂性因素与相应信号之间的映射是本章的核心内容。在本章最后的"复杂性信号框架"中，我们对其进行了形象直观的表达。

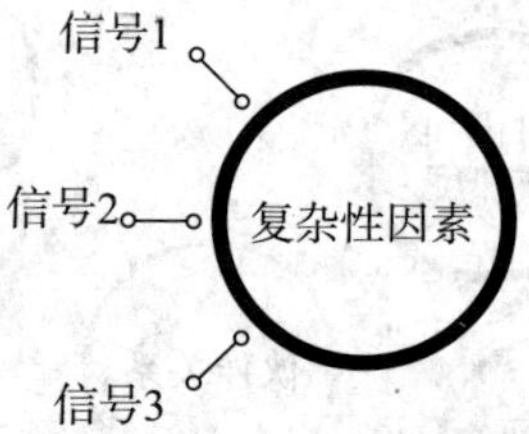

图 6－2　复杂性因素匹配

6.2　初创企业的控制点

根据控制点范式，我们讨论了定量研究 Ⅰ 中的关键方面以及定性研究 Ⅱ 中探究的多个复杂性维度，并包含了第二章与 5.4 节中识别出的信号。

6.2.1　内部控制点

团队背景

投资者特别希望挖掘出技术团队强大的高科技初创企业。在企业发展初期，团队（技术）背景相对于营销、销售、设计与法律权能的重要性明显更高。一个平衡的团队结构是投资者喜欢的，但是如果该团队主要关注技术，其次关注业务，则当然更为理想。

对于科技创业者来说，机会成本信号（例如，Hsu and Ziedonis 2008；Ross 1977）也是有价值的。它强调了创业者放弃去另一家公司拿高薪的机会。尽管机会成本不是一个生产性信号，但是我认为拥有技术背景的创业者不仅通过他们的学位，而且通过他们所放弃的高薪机会展现了他们的素质。

相较科技业同行，负责商业事项的创业者似乎会受到投资者更严格的审视：为了使投资者信服，排名靠前的大学的学历以及相关领域的商业经历显得十分必要。商业创业者与技术创业者之间的区别可能和与技术相关的能力具有极大的特殊性相联系——例如基于石墨烯的材料科学背景。另外，商业能力一般较为宽泛而且模糊——这是投资者天生较为厌恶的（Barberis and Thaler 2003）。更加重要的是，商业联合创业者的经验通常是在“同样的商业模式和同样的生态环境”（GI01）以及当前初创企业所在的同一行业下积累的。如同我们下面要进一步讨论的，这些信号与创业者过去的职业路径以及从失败中吸取的经验教训也相关。

一般来说，投资者更加偏好显示出综合能力要求与创业者技术集合有机结合的团队（见图 6－3）。这与由需要协同的多种多样的（新的）知识与技术的集合驱动的复杂性是相关的（Gomes et al. 2003；Hobday 1998；Prencipe 2000；Shenhar 1994）。事实上，与技术相关的能力存在极大的信息不对称，但是一般来说，复杂且多元的业务能力也会影响信息不对称的程度。

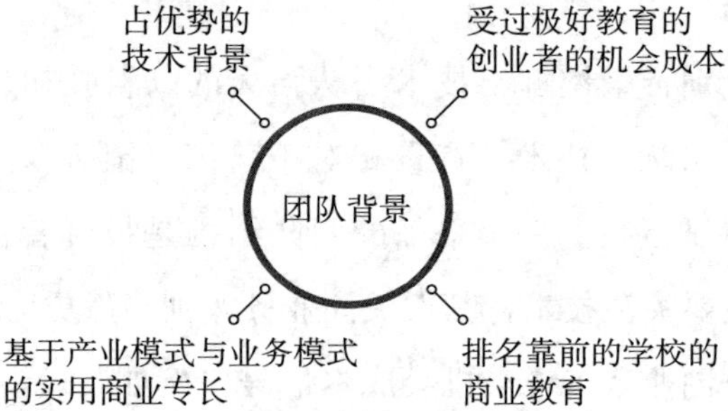

图 6-3　复杂性因素——团队背景

控制力

初创企业的控制力——特别是委托人与代理人之间的目标一致性问题——是一个不确定性的重要位点（Gompers 1995；Ollier and Thomas 2013）。尽管（感观上）控制力应随着控股权的增强而提升，但得建立在可比性和数据的基础上。由于许多投资者对硬件投资并不熟悉，他们不太可能进行比较分析。早期阶段的初创企业往往缺乏足够的数据，特别是那些具有较长试产扩量期的高科技初创企业。在现实中，无法正确地设置信息系统，例如 KPI 体系，将使投资者感知到的不确定性增大（Mason and Stark 2004；Sommer et al. 2009）。受影响的初创企业努力采取合适的控制措施。投资者将使用代表性启发式方法并且倾向于忽视样本量（Gilovich et al. 1985）。对于投资者而言，通常会通过与可比案例进行比较得出测度与评估结论。这些可比案例可能是之前在类似的初创企业的投资中积累的。这些投资会向金融家展示：其他投资者也进行了类似的投资活动。一个能成功识别此类初创企业投资的团队可以利用这种启发式方法并释放相应的信号。

一个合适的商业计划可以成为一个强烈的生产性信号，并且可以显示出专业精神。如果使用投资者了解的标准模板，它甚至可能降低从初创企业感知的复杂性（Mason and Stark 2004）。另外，投资者也显得喜欢内容丰富的财富规划——例如，基于不同场景的规划。初创企业可以进行大胆的财务假设，只要这些假设是可以被理解的，因为金融家认为，全面而正确地看待财务数字是他们的责任。

在这些问题中，时间起到了决定性作用。随着时间的推移，通过监督与相互交流会减弱信息的不对称性（Sommer et al. 2009）。一些受访者提出，创业者应该在投资前较长时间就努力建立与投资者之间的关系。在真的需要投资的时候，投资者就能利用这些历史数据，这与 Maxwell 和 Levesque（2014）的结论相联系。而且，创业者或初创企业能够发出更多的表现目标一致性的信号（见图 6－4）。例如，里程碑计划可以作为一种增强控制力的手段，减少投资者可能被企业家套牢的不确定性。虽然我们必须在业绩压力、现实的目标设定与时机之间找到平衡，但投资者投资不足的问题也可以通过这种方式得到缓解。理想情况下，里程碑可以作为企业未来成熟期的合适且必需的生产性信号。例如，产品原型就可以成为检验需求的里程碑，销售特定数量单位的产品也可以作为显示市场需求的里

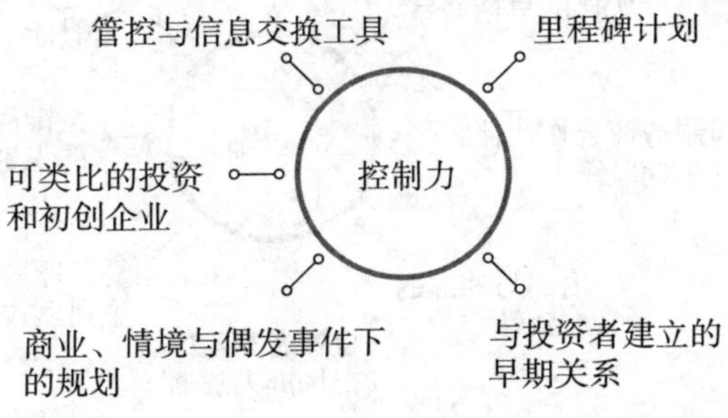

图 6－4　复杂性因素——控制力

程碑。这些例子都可以作为KPI体系的一部分，向现有种子阶段投资者显示出执行能力，同时它对未来初创阶段的投资者来说也是一个很强烈的信号。

商业模式

商业模式是匹配投资者偏好与初创企业目标的另一个指示器系统（见图6－5）。例如，价值定位与价值愿景在极大程度上决定了一个投资者对企业的估值（Maxwell et al. 2011；Parhankangas and Ehrlich 2014）。价值主张是被消费者定向控制的，并且应该是解决消费者的相关问题的，愿景则是针对初创企业与其投资者的。一个成熟的具有破坏性的且强有力的愿景可以激起乐观情绪、一厢情愿与过度自信，但它也表明了雄心壮志，以及对市场力量与趋势的理解。理想情况下，愿景应该包含投资主张，并且反映出投资者和企业家在追求真正的创业机会上的目标一致性（Lindsay 2004）。总的来看，投资者更倾向于关注那些他们比较熟悉的商业模式，或者是那些可以与投资者的投资组合中其他初创企业的商业模式类似的模式。

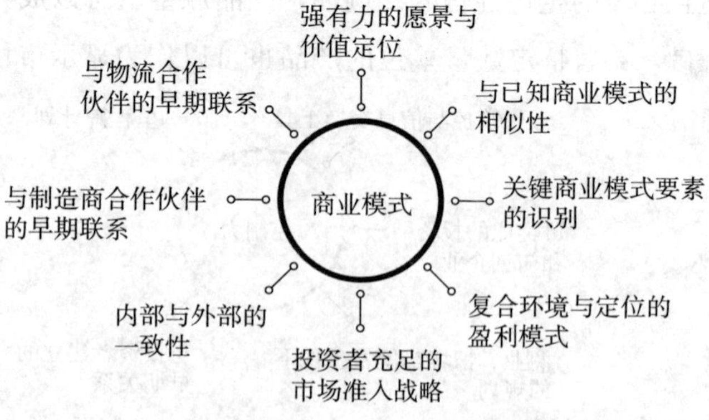

图6－5　复杂性因素——商业模式

另外，商业模式中的单个要素也可以作为信号。识别并与主要合作伙伴（例如制造商）建立联系的初创企业，攻克了一个复杂产品与系统中的主要复杂性领域（Grover and Saeed 2007）。知识产权保护下的核心资源使得初创企业能够吸引到其他合作伙伴，例如相关公司或者现有的市场参与者（Conti et al. 2013b；Hottenrott et al. 2015）。与产品市场匹配信号相结合，初创企业的 IP 可以发出专属权信号，因而减少了由复杂性和专业知识匮乏带来的不确定性。它也可以作为其他参与者的市场准入门槛。当然，专属权依赖于一个合适的市场与盈利模式。美国初创企业与德国同类企业采用了迥然不同的市场策略。美国的宏伟蓝图与巨大的市场战略与乐观且一厢情愿的启发式方法之间产生了非常好的共鸣。德国式战略似乎是先占据利基市场，进而借助创业者的技术和市场知识占据较大的市场份额，这种战略与保守主义和感知控制的启发式方法是相联系的（Edwards 1968；Tversky and Kahneman 1975）。市场准入策略信号是否合适取决于投资者的风险预测。总而言之，显示内部和外部一致性的商业模式发出了有关创业者的能力与努力程度的信号。如同 Prencipe（2000）所提到的，组织了大量投入和产出的一致的商业模式也可以作为一种降低感知到的复杂性的方法。

6.2.2　中间控制点

现有融资

现有融资状况与未来的融资都是不确定性的来源，但是它们的复杂性是以不同的方式存在的。图 6－6 总结了与现有融资相联系的关键信号。下面我们将分析初创企业已经得到的融资的有利方面以及一系列错综复杂的影响。

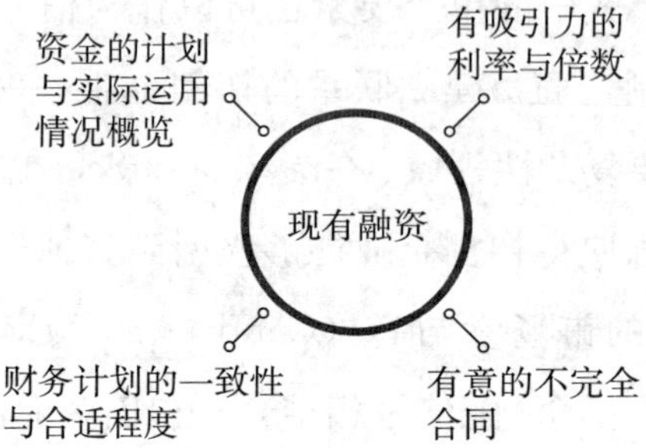

图 6-6　复杂性因素——现有融资

信息不对称主要存在于融资战略中。首先，投资者感兴趣的是他们提供给初创企业的资金的计划使用方式与实际使用状况（Evans 2004；Gompers 1995；Hellmann 1998）。基于收益率设置一个有吸引力的锚，也就是利率或倍数，可以帮助规划投资机会（Tversky and Kahneman 1975），但它也必须符合高科技投资的较长回报周期的要求。至于资金使用状况的信号，可以认为核算记录的深度是基于投资者的损失厌恶程度、必需的感知控制以及专业知识而变化的。

相关参与者之间的信任是一个关键要素（Maxwell and Lévesque 2014），特别是在初创企业的早期阶段，不确定性非常大而且投资者的执行力十分有限。这也是许多 BA 都会避免组成天使辛迪加的原因。那些投资者想要保持他们仅有的一点控制权并希望尽可能直接与企业家互动。这不仅能够降低信息不对称性并监督初创企业，而且能够建立信任。事实上，正如 Herold（2010）所说，有证据表明，许多投资合同被刻意设计成不完全的。也许，这承认了，完全合同的不可能性也是投资者与初创企业之间相互信任的信号。与之紧密联系的是可转债的使用越来越多。在估值方面，它并不必然降低不确定性，但可以起到延缓作用。在未来某个特定时点上，关于初创企业业绩以及意图的可获得信息更多，而且经验丰富的潜在投资者将会对企业进行估值。这与 Jensen（2005）利用委托代理理论对于估值过高的评估一致，其表明估值应该基于可获得的信息。

最后，财务战略的一致性将降低关于企业发展的里程碑与跑道的信息不对称，并且使投资者可以将投资策略与创业者的目标匹配起来。致力于创立一家有利可图的中小型企业（SME）的企业家会使退出导向的投资者敬而远之，但会吸引分红导向的BA。

新进融资

关于新进融资的不确定性对于创业者和投资者都是至关重要的。我们需要结合多种信号来缓解这种不确定性，联合多重信号缓解该不确定性的需求是重要的，但也很复杂（见图6－7）。尽管一些投资者对于有好计划的好团队获得足够的可得资本有着极强的信心，但创业者们往往系统性地被资金筹措问题困扰。因此这也是已经投资于初创企业的投资者面临的一个风险。如果已经参与投资的投资者没有能力提供额外的融资（例如BA极少提供A轮融资），并且没有新的投资者投资于该初创企业，则该初创企业可能不得不倒闭，投资者的投入可能面临完全的损失。但是那些能够有效地通过初创企业网络与媒体报道发出有关公司质量的信号的初创企业，能够吸引

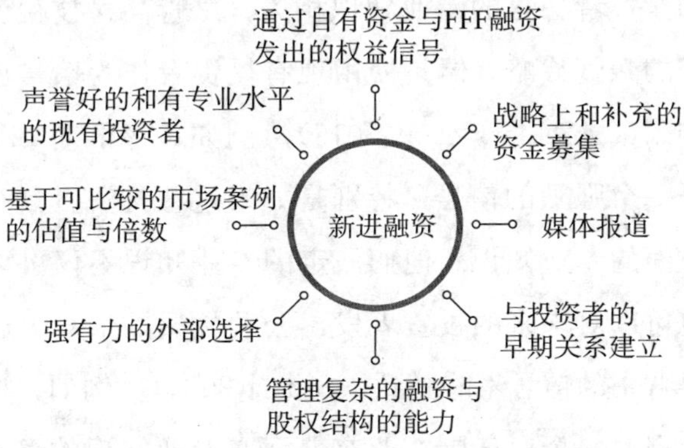

图6－7　复杂性因素——新进融资

到更多的投资者并且（有时）能够基于更正面的影响与更高的熟悉度选择他们希望的融资来源（Maxwell and Levesque 2014）。较早开始建立与潜在（后期）投资者之间关系的创业者能够更早地提出关于融资的路径。这样能够向种子阶段与初创阶段的投资者逐渐灌输初创企业能够获得后续融资的信心。

投资者选择与收购显得十分重要。如同研究Ⅰ中所显示的，高科技初创企业倾向于展现非常不同的投资者类别结构。相关文献显示，从特定融资来源获得融资可能有极强的信号作用（Davila et al. 2003）。例如，一个只从有名气的投资者那儿获得融资的刻意策略能够成为一个有效的信号，但是显得十分不现实。定量与定性的结果都显示，事实上创业者执行的是一个令人绝望的融资策略，也就是从任何可能的来源获得融资。

战略上选择或者计划选择从互补地符合初创企业的复杂性的后期投资者那儿获得融资的团队可能会降低感知到的不确定性和信息不对称程度。例如，Meuleman 和 De Maeseneire（2012）、Gonzalez 和 Pazó（2008），以及 David 等（2000）都研究了公共研发融资与私人研发融资的互补性。互补性可能与初创企业的技术、行业背景，或者市场和投资者各自的专业知识相关。尽管高科技初创企业展现出不顾一切的融资战略，但是使用现有投资者作为信号也确实会成为一个影响因素（Ahlers et al. 2015）。例如，将早期 BA 引入董事会可以作为一个强烈的信号，特别是如果这些投资者具有市场、行业与技术方面的专业知识。他们假定的专业知识不仅可以在内部支持团队，也可以对未来的投资者发出公司优质的信号。这与计划通过背景获得背书的信号策略一致（Stuart 2000）。例如，如果一个水培初创企业引入一个对于园艺业有着深厚专业知识的 BA 进入董事会，将会产生多重效应：（1）由于投资者在该领域的专业知识，投资者与初创企业之间的信息不对称程度将会降低；（2）基于熟悉度和专业知识的启发式方法将适用；（3）投资者的声誉与信任将对其他（潜在的）投资者发出质量信号。此外，创业者自身投入的资本可以作为承诺和目标一致性的强有力的信号，因为这使得创业者有了双重身份：同时作为委托人和代理人。尽管 FFF 融资在美国十分普遍，但是德国的初创企业一般很难从这些来源中获得融资。在这样的情况下，如果一个德国创业者还是能够获得 FFF 资本，那么基于其罕见性，它可能成为一个极其强烈的信号。

信任与互补性似乎不仅在创业者与投资者之间是一个重要的事情（Maxwell and Levesque 2014），而且在现有投资者与未来投资者之间也十分重要。已经参与投资的投资者的专业性和声誉对于其他投资者而言是强烈的信号，并且也会反映在初创企业身上。但是，某些投资者对其他投资者施加的这种影响带来的吸引力是有限的。引入 CVC 投资者是特别具有挑战性的：尽管它们可以补充和极大地支持一个初创企业的发展，因而降低不确定性，但它们也限制了企业获得更多外部资本。由于 CVC 背后的企业应该会成为初创企业的最终买方，因此可能会有以下多种影响：如果 CVC 不再进一步投资该企业，那么这很可能会成为一个非常负面的信号。而且，传统 VC 公司在退出之前对初创企业估值提升的基本原理是不符合 CVC 投资者的利益的。如果 VC 与 CVC 都成了公司的股东，那么它们为了公司共同努力这种情况是不太可能出现的。最后，竞争对手公司将会受到融资阻碍。但是，CVC 联合投资者可能会对股东议程进行调整。人们注意到，战略投资者将会降低产品复杂性，但是会提升与其他投资者之间的不确定性及与（潜在）目标的不一致性。

其他类型的融资也会起到信号的作用。例如，回馈式的众筹将会显示市场动力与市场需求（Sixt 2014）。当然，在众筹中羊群效应与网络效应发挥了重大作用（Agrawal et al. 2015）。初创企业通过广告活动试图吸引潜在的支持者，但这也会提升大家对企业质量的总体认知程度。而且早期资本支持羽翼未丰的企业实现制度化，这可以减少内部不确定性与复杂性因素。由于初创企业的资本密集程度较高，其融资组合相对更加复杂，这也拉长了这些初创企业最终形成适于销售的产品所需要的时间。例如，如果初创企业不得不通过从事一些副业来为核心产品的开发进行融资，或者如果团队不得不申请种种不同的公共补贴计划，宝贵的时间可能就不可避免地被消耗了（Gonzalez and Pazo 2008）。此外，高科技初创企业的融资类型普遍不同且复杂。对于这些年轻的企业而言，项目融资、供应商贷款和风险贷款是非典型的。如同 Gomes 等（2003）和 Prencipe（2000）所提到的，可以处理所有这些不同融资来源的初创企业（例如他们有经验丰富的 CFO）表现出融资和管理能力，因而降低了复杂性。对于风险企业复杂融资的认可能降低投资者所感知到的对于财务和股权结构复杂性的不确定性。

对于投资者而言，最初的估值和退场时可实现的倍数是影响他们做出决定的关键因素。下面我们讨论一个强有力的愿景如何影响投资者的看法。类似地，初创企业可以通过高倍数锚定与构建投资者的感知。另外，一个努力融资 100 万欧元的创业者相对于融资 10 万欧元的创业者更能展现其野心。这样的策略将会激起潜在投资者的乐观情绪与如意算盘，但它也显示了投资者的一个强有力的外部选择。每个个体不得不假设许多其他的投资者也对该初创企业有兴趣。而且，基于许多而且理想情况下声誉好的其他投资者已经投资于该初创企业的事实，通过背书和可能引起的从众效应可以显示有关公司质量的信号（Ahlers et al. 2015），关于其所感知到的不确定性可能被简单地降低。

Jensen（2005，p.5）表明，价值高估是一个不好的质量信号，因为其承诺的投资收入除非运气特别好，否则不可能实现。而且，有一些证据表明，相对于软件初创企业，投资者被硬件初创企业的较低初始估值所吸引——而且他们也接受了较低的倍数和较长的投资回报期。这可能支持了硬件和高科技初创企业可以成为投资者投资组合的补充并使其分散化的观念。但是，其由于高科技初创企业的较高复杂性可能表现出柠檬溢价。对逆向选择和道德风险问题的担忧可能使其融资成本更高，也就是说估值降低（Carpenter and Petersen 2002）。

一般来说，释放出关于融资策略的不充分甚至矛盾的信号的初创企业最可能面临困难。例如，计划从 VC 公司获得融资但缺乏最终出售公司的愿景与野心的风险企业将会发现，说服这样的退出驱动型的投资者是极其具有挑战性的。创造并传递一个一致的、适用于投资者的融资计划似乎是最有前途的策略，虽然其不是唯一的选择。

归因

研究Ⅱ确证了，对于投资者而言，两个最重要的关于创业者和初创企业的归因是过去的追踪记录和声誉（Busenitz et al. 2005；Sudek 2006）。但关于这些归因的来源和估计存在严重的信息不对称。获得信任的投资者将初创企业创始人推荐给其他投资者将使初创企业的可接受度受到正面影响（Ahlers et al. 2015；Park and Steensma 2012）。理想情况下，与当前初创企业的商业模式和产业相关的过去的追踪记录也显示了初创企业创始人是经受过实践检验的。有趣但并不出人意料地，美国投资者倾向于将过去的失败（例如，创始人的上一个初创企业的违约）看作初创企业创始人不必为之买单的错误。但是德国人心里将其视为“红旗”（GI09）。这可能会指向框架效应（Baltussen and Post 2011）。初创企业创始人过去的行为将会成为当前投资者进行评估的框架。相对于德国投资者，美国投资者似乎会将过去的失败解释得更加正面。一个合适的信号策略（受到图 6-8 中总结的信号启发）需要突出或者低调处理过去的经历。而且初创企业创始人当然可以通过他们的行动影响归因的来源和内容，但也可以通过策略性地影响归因要素来影响归因的来源和内容。

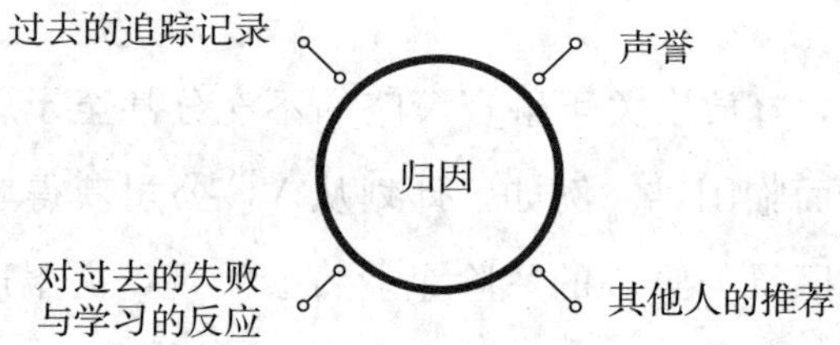

图 6-8　复杂性因素——归因

时机和成熟度

初创企业实际上通过外部资本购买了时间。从一项投资中获得的时间是一个重要的不确定性因素。它似乎从多个方面影响投资者，从而需要一系列的信号（见图 6-9）。

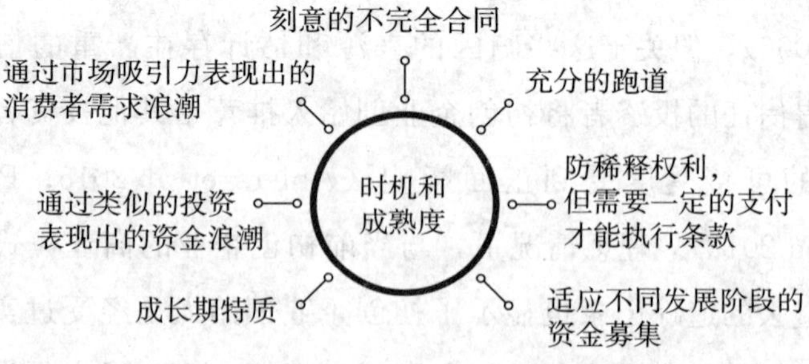

图 6-9　复杂性因素——时机和成熟度

第一，投资者给予创业者可操作的资本越多，可处置时间越长，创业者与投资者之间的潜在委托代理问题越大（Elitzur and Gavious 2003）。例如套牢问题可能会以部分支付的形式发生。这将是创业者对投资者的一种让步，但它对初创企业而言是不利的，从而无法成为一个有效的信号。但是，特意的不完全合同能够固化委托代理关系中的信任（Herold 2010）。第二，如果初创企业的资本存量消耗得过快，那么创业者不得不再次投身于筹资活动中而不是管理与建设公司。种子阶段投资的合理周期是大约 18 个月，但对高科技初创企业来说很容易变成 2 年。第三，与此紧密相关的是，初创企业在获得后续融资的资格之前，常常需要确认并达到关键的里程碑（Christensen et al. 2009）。例如一些公共补贴项目在被允许投资于初创企业之前要求有一个产品原型。一个在准备财务计划时已经考虑到这些先决条件的创业者将有可能降低一些不确定性，甚至可能将其转换为参数风险，这可能激起潜在的投资者的过度自信与易得性启发式。第四，对于硬件和高科技初创企业来说，较长的发展期与成熟期通常表现为一个很大的不确定性因素（Hobday 1998；Novak and Eppinger 2001）。由于他们对外部融资有更长时间的依赖性，因此早期投资者的股权在未来可能会面临极大程度的稀释。防稀释条款，特别是棘轮条款，对投资者有很大的保护力度，但对创业者却并不是这样。但是创业者也可以运用防稀释信号。条款中如果规定，执行防稀释条款时必须包含对初创企业的支付，那么这样的条款可能会成为弱有效的信号，因为这些条款要求投资者持续向初创企业提供资金。

随着时间的推移，许多复杂性与感知到的不确定性将会减弱。关于初创企业与其产品的更多数据和信息将逐渐产生，从而使投资者能够更好地评估与管理初创企业。研究Ⅱ显示了一些证据，说明在成长期所有的风险将迅速减小。如果技术被证明是有效的，制造业也做好了开始着手生产的准备，市场需求也是显然的，那么便只剩下执行了。我们甚至可以说，由于初创企业付出巨大的初始努力达到了目前的水平，所以它已经跨越了一个很高的准市场准入门槛。因此，相对于基于软件的风险企业，已经达到成长期的硬件和高科技风险企业可能会遇到更低的外部不确定性和威胁。因此，发出成长期特质信号能够吸引有相应风险偏好特征的投资者。在其他方面，例如组织复杂性，早期投资者感知到的不确定性可能会上升，因为他们无法跟上初创企业多方面行动的发展，并且失去了可能的控制力。创业者不得不随着时间的推移，相应地改变并平衡信息与信号流。

在建立投资者匹配的过程中，成熟期的时间也起着非常重要的作用。如同第一章中所讨论的，初创企业的发展阶段被认为是相关的，因为许多投资者对于投资的偏好不仅基于特定的行业、商业模式或者区域聚焦，也会考虑偏好投资的时长。对于初创企业而言，这将极度地限制潜在投资者的集合。投资者类型可以给出一些关于投资者偏好投资处于何阶段的初创企业的迹象，例如，BA 倾向于比 VC 投资得更早。但是我们的研究表明，即使在同样的投资者类别中的不同投资者也会有不同的投资方法。多家联合的 BA 所投资的规模已经可以达到轮次融资的效果，而一些（小的）VC 公司也会在种子轮进行投资。这恰恰是过去这些年正在发生的事情。初创企业需要在接触不同投资者时，基于特定投资者释放出合适的有关公司发展阶段的特质信号。

最后，时间和趋势是不仅牵涉投资者，也牵涉市场和消费者的因素。研究Ⅱ发现，本质上初创企业在为其行动安排时间时需要考虑两股浪潮：（1）资金浪潮，也就是说，在考虑特定的商业模式、行业、发展阶段等因素的情况下投资者认为具有投资吸引力的时点，以及（2）消费者浪潮，也就是说，消费者愿意且准备好在某个足够的价格点位上购买特定产品的时点。初创企业可以通过可比较的且具有代表性的融资协议表明其已经赶上了融资浪潮。如果初创企业已经具有了销售产品的能力，显示其已经赶上市场浪潮的指示器可能包括市场证明和市场吸引力。处于种子阶段，也就是那些还没有进入销售阶段的初创企业，需要参考市场研究数据和消费者的反馈。例如，通过意向书表现的兴趣连同反馈一起将成为一个可行的信号。那些在相同或者可比较的市场中运营的最近发展良好的代表性公司也可以作为信号。在宏观层面上，趋势与技术成熟度曲线承担了这个任务。对每个初创企业来说，赶上资金与消费者这两个浪潮都是一个挑战。尤其对于硬件与高科技初创企业来说更是如此，因为它们有较长的起步阶段与发展周期（Novak and Eppinger 2001）。对于硬件和高科技初创企业来说，缺乏时间弹性将表现出巨大的不确定性，对于它们的（潜在的）投资者而言也是如此。

知识产权

有关文献探讨了将知识产权及其保护手段作为一个信号（见图6-10）以及一个复杂性因素（Conti et al. 2013a，b；Häussler et al. 2009；Horstmann et al. 1985；Hottenrott et al. 2015）。尽管对于初创企业而言，似乎知识产权保护主要起到针对投资者的一个信号的作用，也就是说，创业者之所以申请一个专利可能是因为他知道投资者欣赏专利。对于知识产权保护的主要作用的变化最有可能的解释是，如果发生对知识产权的侵犯，初创企业常常缺乏资源去对不履行法律责任者采取实际的强制行动。这进一步显示了初创企业是了解与知识产权相关的复杂性的，并且它已经开始针对潜在的投资者采取应对策略。

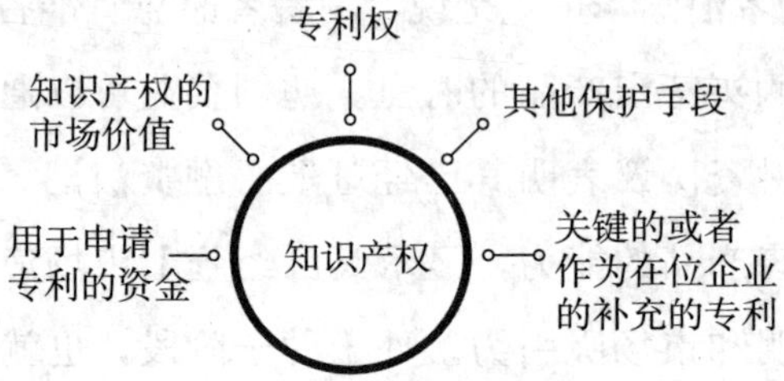

图 6-10 复杂性因素——知识产权

当然，受保护的知识产权也可以成为潜在竞争者的一个可能的市场准入门槛。如果知识产权保护了一个在位企业的某些关键性的东西，则其也可以作为一个信号。作为补充，其他公司行为的保护性权利提升了初创企业的吸引力，特别是在企业对企业的环境下。例如，公司可能被他们的 CVC 分支机构能够提供的杠杆所吸引。相较初创企业，CVC 常常有能力和资源更有效地管理知识产权。

尽管专利权十分昂贵，但其可以被认为是最强的知识产权保护信号。它可以表明，初创企业的行为是专业的，并且初创企业了解知识产权的重要性。此外，投资者似乎特别支持初创企业使用部分从投资者那儿融入的资金申请知识产权。从投资者的视角来看，受保护的知识产权可以充当一个作为估值基础的锚，因为他们可以对知识产权进行定价——例如通过计算可实现的授权费。

许可证和认证

与保护性权利的复杂性相关，许可证表现了初创企业的另一个维度的复杂性。与知识产权类似，许可证似乎具有作为信号（见图 6-11）和复杂性因素的二重性。能够表明他们了解相关的许可证的初创企业会降低投资者关于其复杂的产品和系统所感知到的复杂性。例如，他们可以编制必需的许可证和认证的清单和路径图。能够提出这些概况的初创企业被认为是更好的。初创企业已经签订合同获得的许可证和认证都是有效的信号。标准组件（例如蓝牙技术低能耗模块）能很容易地降低信息不对称程度。初创企业可能也会大量选择依靠开源的许可证和模块以进一步降低复杂性。

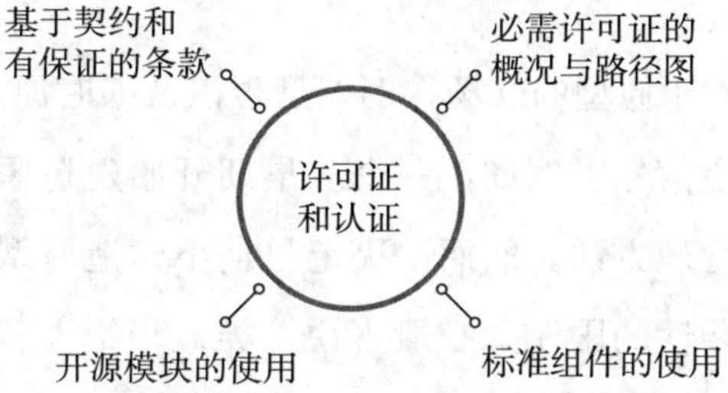

图 6-11　复杂性因素——许可证和认证

原型

研究Ⅱ显示，原型似乎对于高科技和硬件初创企业来说是极关键的。建立一个原型涉及的复杂性常常很早（大概在第一轮融资时）就开始起作用。因此，原型的信号效力是非同一般的（见图 6-12）。在信息不对称程度方面，它可以展现团队的科技和商业技巧以及他们设想和建立（子）系统的能力。作为一个众所周知的复杂性驱动者（Gomes et al. 2003；Miller and Cote 1987；Prencipe 2000），它

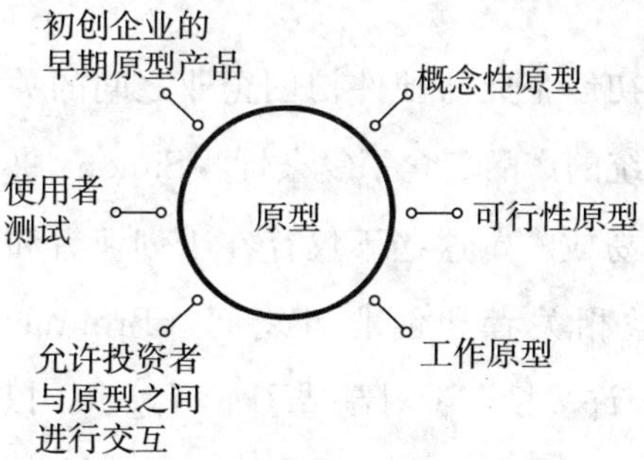

图 6-12　复杂性因素——原型

也考虑到了乍看之下基于初创企业的理解的产品应该成为的样子，以及必然地直接显示出与投资者在潜在想法方面的差异。在启发式的程度上，原型可以充当委托人和代理人参考的强有力的锚。与一个实体对象之间的交互有可能使创业者和投资者对机会出现共同感知。

初创企业对于原型的立场，例如是否以及何时原型被制造出来，也可以作为一个信号。例如，一个从早期开始建造原型的团队展现出一种特别的管理方法。然而，决定早期不建造原型的初创企业可能也受到了复杂性的限制。一般来说，类似于绝大多数硬件初创企业，医疗技术企业常常需要很多资本去建造一个工作原型。因此，原型的缺失对潜在的投资者也构成了一个信号。

在不同的原型之间进行区分似乎是有益的。类似最终产品的概念性的装置已经完成了许多有效的信号。概念的第一次试验能够帮助投资者理解最终产品应该是什么样子。稍微晚期的让使用者检验机能的装置能够进一步降低关于产品市场契合程度的不确定性。当然，某些技术可行性方面的复杂性在工作原型被建造时就浮现出来并被解决。这是与可扩展性生产的直接联系。

制造

制造是软件初创企业与硬件初创企业之间的关键差异。不得不建造一个多重系统的产品蕴含了复杂性（Simon 1996）、过量的信息不对称性以及交易成本，这些不仅存在于创业者和投资者之间，也存在于外部利益相关者和创业者之间（Brouthers and Brouthers 2003）。事实上，许多投资者对制造了解得过少，以至于他们对此类复杂性完全缺乏专业知识、感知控制、代表性和熟悉度。因此，乐观情绪与一厢情愿的启发式方法得到了抑制。对于逆向选择和无法预料的风险的担忧占据了上风。

在这里时间和资金也发挥着它们各自的作用。由于建立起制造体系需要花费的时间较长，投资者面临两个不确定性因素：首先，回报期很可能延长；其次，为了成功起步并规模化生产，需要更多的外部融资，从而他们的股权可能会被稀释。研究Ⅱ中的专家小组认为，制造复杂性因素仅次于市场复杂性因素。一个 MVP 能够被用作缓解这两个不确定性因素的有效信号。它表明了生产是能够被完成的，并且允许第一批顾客使用它。这在制造和市场层面上有助于学习和快速迭代（Hobday 1998）。这样的例子可以在销售缺乏未来可能添加的精细特质的 MVP 的回报式众筹活动中被观察到，这是研究Ⅱ中两个初创企业遵循的策略。

投资者关于复杂的产品和系统的成分的不确定性因素可以通过表明标准组件将被使用来中和（Simon 1996）。预先装配的和现成的子系统也会大大降低复杂性（Ghosh et al. 2006；Tu et al. 2004）。利用标准组件的初创企业将减少新颖子系统的数量以及子系统的总数量（如果使用集成芯片）。子系统的总量和新颖性构成了两个关键性的维度。尤其在早期，对于小规模，这样的策略也是合适的。

与行业内原有企业的伙伴关系也可以作为有效的信号（Park and Steensma 2012）。拥有关键组件的上下游供应链合作伙伴可以显示出创业者的前瞻思维并作为产品的一个背书。与互补性相联系，CVC 或者 VC 通过分享关于制造的专业知识做出了非货币性的贡献。研究Ⅱ提供了证据说明公司的声誉似乎也会感染初创企业。对制造过程的外化似乎十分普遍。例如，完全内部集成的解决方案是不常见的。这引入了很可能比没有经验的初创企业更有能力的外部合作伙伴，从而带来了不确定性。图 6-13 总结了与制造复杂性相联系的关键信号。

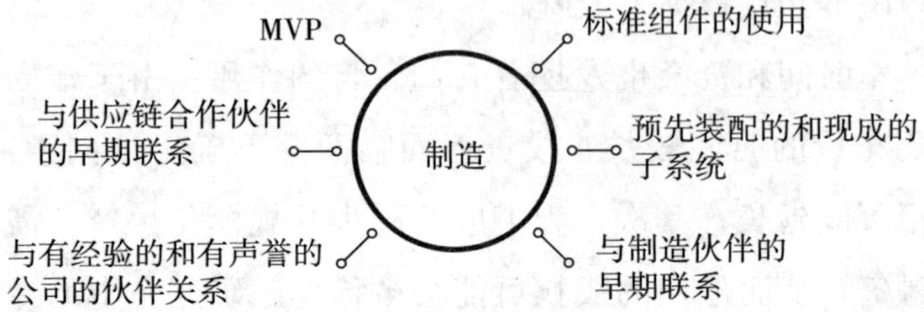

图 6-13　复杂性因素——制造

物流和分销

对于硬件初创企业而言，物理上运送产品的必要性是特殊的。它增加了企业运营的复杂性，而且产品的实物销售对于投资者与初创企业同样表现为一个巨大的不确定性因素。然而，早期初创企业并不关心物流（显然它们并不需要销售产品），尽管如此，但在这个阶段其对投资者还是重要的。研究结果也显示，许多初创企业对税务法规缺乏认识，特别是对产品的进口税和退税政策。缓解这种不确定性和可能的信息不对称的有效信号可以是一个物流概念（见图 6-14）。这样一个概念会包含例如产品将会运往哪里、应交哪些税、有哪些物流合作伙伴、有哪些假定的对出境和入境的物流成本等问题的可能解答。物流策略将会包含供应链和销售的注意事项以及处理退货的理念。

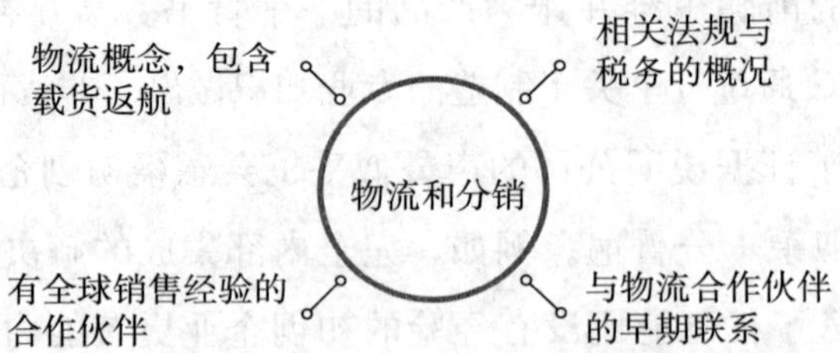

图 6-14　复杂性因素——物流和分销

其他应对机制包含与专业物流企业及有建立和维护销售渠道专

长的老字号企业的战略伙伴关系。这些信号可能触发熟悉度和典型性的启发式方法。类似于前面提到的制造与法律专业知识，内行的投资者，例如CVC，可能也会发现贡献它们的知识资本以影响初创企业是具有吸引力的。

伙伴关系

一般来说，伙伴关系也会构成一个复杂性因素。需要紧密联系外部合作伙伴的初创企业将提升复杂性以及感知到的不确定性（Grover and Saeed 2007；Lakemond et al. 2006）。因为伙伴关系杠杆作用于初创企业向着规模化生产发展的努力，例如通过之前提到过的相关专业知识和制造能力，因此它们可能对公司是有帮助的。例如研究结果发现，显示与一个已有的硬件生产商的伙伴关系可能会降低关于制造的风险（见图6－15）。在早期还不需要伙伴时，意向书似乎已经足够了。如果初创企业进一步显示其能够有效地管理这样的伙伴关系，例如通过特定的接口和交流工具，那么感知到的外部复杂性可能会降低。

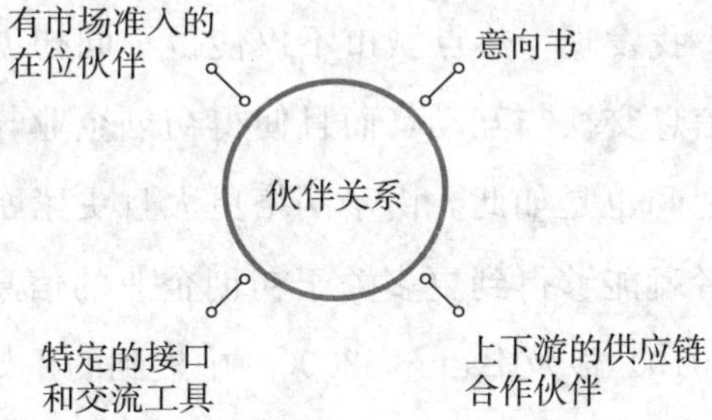

图6－15　复杂性因素——伙伴关系

在位的和行业内原有的伙伴企业也会在市场上提供可信度（Gulati and Higgins 2003；Jeng and Wells 2000；Stuart et al. 1999）。研究Ⅱ表明，特别是在企业对企业的环境下，可信的公司合作伙伴与它们和关键消费者的长期联系一起帮助锚定初创企业。保守主义和损失厌恶起着很重要的作用，并且（间接的）熟悉度支撑了初创企业的市场准入。在投资者面前，初创企业被感知的方式也受到了影响。例如一项 CVC 投资将会改变企业被评估的方式（Park and Steensma 2012）。尽管一些投资者可能被吓跑（因为上面提到的原因），但有其他风险偏好特征和投资目标的投资者可能被这样的伙伴关系所吸引。一个投资于年轻的高科技初创企业的在位企业不可避免地表明了这样的信息：后者能够做到一些在位企业无法做到的事情，无论是更创新的商业模式、产品还是技术。

6.2.3　外部控制点

地理位置

初创企业可以选择它们立足的地点。尽管它们对所定义和指定的关于地理位置因素的影响力是有限的（见图 6－16）。相反，一个初创企业的地理位置以多种方式影响投资者的复杂性感知。基于生态系统的视角，我发现，热点城市不仅使得不同初创企业之间能进行更大规模的信息交换与互动，而且使得初创企业与投资者之间或者不同投资者之间也是如此。由于网络更大且更紧密，很可能在合同前阶段投资者就能够得到更多关于初创企业的信息，如同 Ghosh 以及 Nanda（2010）以及 Baum（2000）中提到的。如果初创企业创

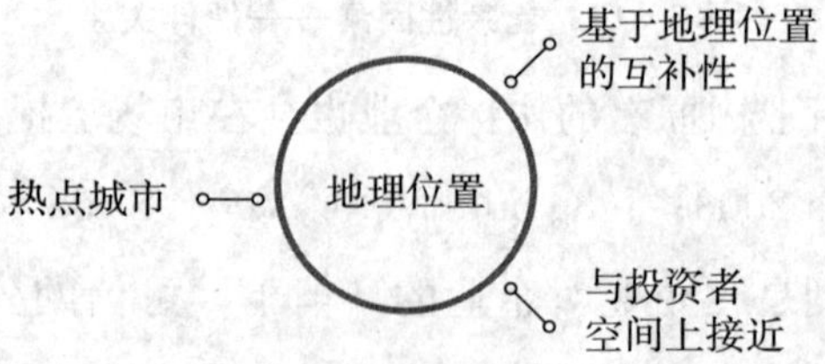

图 6－16　复杂性因素——地理位置

始人和投资者在空间上彼此接近，那么在合同运作期他们之间可能有更多的互动并且管理起来也更加容易。通常这会更快地减弱信息不对称，使道德风险和敲竹杠更加不可能，并且降低交易成本和代理成本。投资者可能也会感到与初创企业之间更高的熟悉度，仅仅因为其属于当地的生态系统。

研究Ⅱ也发现了基于地理位置的互补性能够帮助初创企业募集资金的非常明显的证据。根据地理位置，投资者的投资焦点会变动。一些商业模式和产业联盟在某个地点比其他地点有更好的融资机会。这可能部分是因为投资者的熟悉度和可得性启发式。投资者可能也会在可比较的初创企业和行业内原有企业之间谋求溢出效应。例如在旧金山湾区，这样的情况就能被观察到。奥斯汀或慕尼黑的当地热点地区也会存在大量的高科技初创企业集群，从而吸引人力资本并促进知识的交流。

此外，有证据表明，机构投资者将迫使初创企业搬迁到与其邻近的地区。这可能是因为投资者想要：（1）降低交易成本、代理成本和信息不对称性；（2）利用他们的能力和网络杠杆作用于初创企业的业绩。与投资者处于同一座城市的初创企业因而显示出降低的关于地理位置的复杂性。这特别适用于那些缺乏在位的和有影响力的产业参与者的城市，例如柏林或者底特律。

政治和法律

政府激励与法规能够极大地影响初创企业的复杂性，因而也会影响到资金募集活动。引领某个行业产品（例如医疗器械）的需求浪潮的政府干预，可能使得在这个行业运营的初创企业对投资者更具有吸引力。一个相应的法令草案会制定出那些初创企业可能用到的法令条款，并因此成为一个强有力的信号。其他激励通常也会影响初创企业的融资。例如，对 BA 的税收豁免很有可能引领对初创企业投资的提升（见图 6-17）。

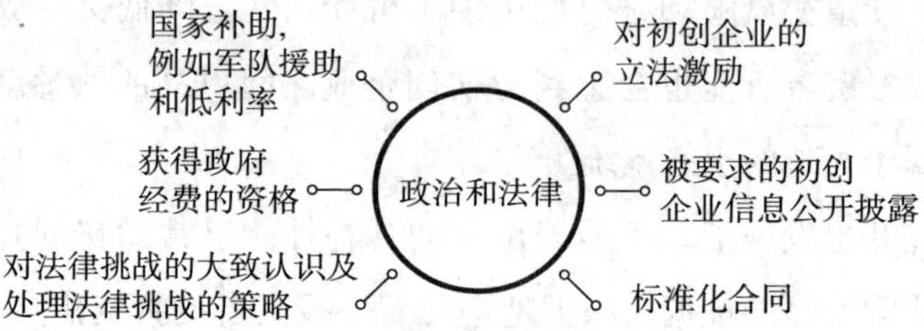

图 6-17 复杂性因素——政治与法律

直接的政府干预，例如补贴，将使得年轻的风险企业有所发展或者实现规模化的经营。许多项目特别聚焦于高科技初创企业。军费开支、科研补助、低利率以刺激投资以及直接的低利率贷款，都使初创企业创始人能够开发复杂的产品并且为制造能力提供资金。这些资金中的大部分并不会稀释投资者持有的公司股权。显示被政府基金所接受这一点很可能是有帮助的。然而一些人可能会认为，公共项目是一把双刃剑，因为它会使得公司缺乏弹性并且提升内部复杂性。尤其是那些还没有建立商业模式的初创企业，可能会受限于补助资金的规则和系统而难以调整商业模式。

初创企业的复杂性也受到法规的严重且直接的影响。例如在融资方面，希望通过众筹或者其他参股权融资的初创企业不得不公开披露广泛的信息（Agrawal et al. 2015）。尽管这确实会降低信息不对称性，但是关于其有效性的问题也浮现出来。从法律的视角来看，标准合同会降低复杂性并因此降低感知到的不确定性（Abbot et al. 2007）。熟悉度和典型性启发式支撑了投资者的决策过程。他可能也会欣赏控制启发式，例如，当他认为那些标准的合同会更完全并会减少代理问题的时候。研究Ⅱ确认了法规会作为一个复杂性驱动者（Goodhart 1998），其对科技和硬件初创企业十分重要。制造、运送、海关程序、产品责任、技术要求，以及关于这些的知识将会为有实物产品的初创企业增添一定程度的复杂性，而软件企业则可以基本忽略这些。展示对这些因素的了解并设计处理它们的策略是有益的，例如，提供许可证和认证以及从不断尝试中获得的数据。一些投资者甚至可能被这些复杂性所吸引，因为他们具有专业知识并对其有经验。与有处理特定相关挑战的追踪记录的行业内原有企业（例如制造者）进行合作的初创企业，也能够对投资者发出一个强有力的信号。

市场

任何初创企业都会想要最终销售它们的产品。Sommer 等（2009）提出，对于复杂的初创企业而言，能够大量降低利益相关者不确定性的初创企业市场表现是一个关键的要素。对于许多虚拟的、线上的以及软件企业，产品往往是用户的数据。研究Ⅱ显示，高科技初创企业在某种意义上似乎十分传统，因为它们采用了直接的销售收入模型。如果投资者十分熟悉传统的商业模式和撇脂策略（追求利润最大化），那么这些模型可能会改善投资者对初创企业的感知。如图 6－18 所示，许多投资者并不欣赏渗透战略，例如依赖于网络效应的免费增值商业模式。

但是，也有证据表明，高科技初创企业相较软件初创企业更时常地依赖于中间商和复杂的销售渠道。这有两个效应：（1）由于涉及合作伙伴和协调，它进一步提升了外部复杂性；（2）降低与消费者联结的能力。与产品市场契合相关联的困难程度和不确定性因此也可能上升。缓解的策略可能包含去中介化，例如通过线上平台，或者在原型的帮助下进行直接的用户测试。由于这个原因，人们认为众筹会不够果断快速。尽管有一些人认为，其主要是一个没有什

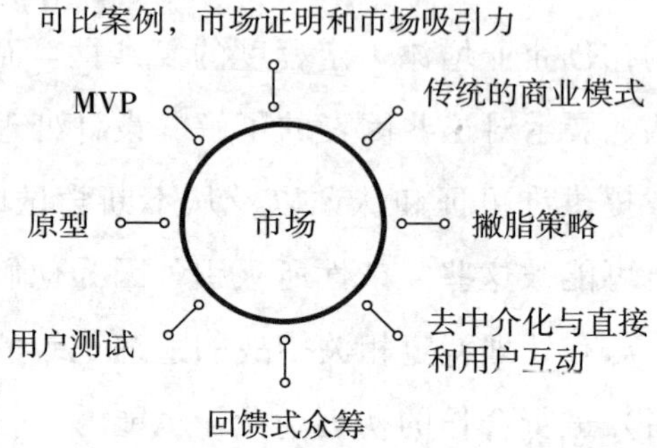

图 6-18　复杂性因素——市场

么价值的营销工具，但其他人会重视其快速测试、对想法的表现以及建立起一个市场需求指标的能力。它也是一种销售初创企业的 MVP 的方法。

市场证明和进入战略在硬件公司和软件公司之间似乎也是有差异的。硬件产品的实物性使得用户和消费者可以在早期就通过原型进行体验。由于在绝大多数情况下，原型都是硬件发展过程中的必要组成部分，用户测试（以及其中的市场测试）会对投资者产生一种正向的副作用，是一个有力的信号。另外，软件企业可能被迫迅速进入市场，因而迅速成功或者失败。特别是在企业对企业的市场（高科技企业常常处于这样的市场）上，由于购买周期极长，这并不可行。由于科技驱动的初创企业也倾向于实行一个技术推动的战略，而不是一个市场拉动的战略，客户拓展是不可或缺的。通过用户的反馈，高科技初创企业可以显示出一个清晰的且被证明的产品传递给市场的附加值，从而降低投资者感知到的市场不确定性。因此研究Ⅱ表明，由于牵涉用户而提升的复杂性（Hobday 1998）可能会最终降低投资者眼中的不确定性。

6.3　投资者特异性

6.3.1　美国和德国的区别

尽管前面提到的研究Ⅱ中显示的复杂性因素显著地适用于所有类别的投资者，但有迹象表明，一些投资者用不同的方式处理一个又一个不确定性。此外，投资者心理的差异是一个很关键的要素，无论是对于高科技初创企业还是其他初创企业。EY（2015）按照心理、可得性以及资金轮次规模识别出了德国投资者和美国投资者的根本差异。本来德国的投资者就较少愿意投资初创企业，即使那些愿意融资给初创企业的投资者也更加风险厌恶。

相较类似的美国初创企业，德国初创企业的融资来源似乎更加多样化。而且无论在定性研究还是定量研究中，几乎每个创业者都在初创企业的资本中贡献了自己的资金。然而，德国初创企业不得不利用来源更多样化的混合资本。而美国的初创企业主要是从 BA 和 VC 那儿筹集资金。这可能是因为美国的融资环境更加成熟，导致合适的专业投资者和传统投资者的可得性更高。例如，如果总体上有更少的 BA，同时其主要关注的也不是高科技初创企业，那么这样的初创企业就不得不寻找替代的资金来源。然而这些来源可能并不能提供相同的财务与非财务的贡献，例如 BA 所做的那些。通过众筹或者接受国家补助筹集资金的初创企业将无法通过 BA 可能提供的网络和特定行业的专业知识而受益。

除了投资者心理以及广泛可得性方面的区别外，在美国和德国的多种投资者类别的风险状况似乎具有相当大的可比性。例如，BA 类型的内部也是差异很大的，特别是在专业性方面。但在与其他投资者类别例如 VC 相比较时，BA 则具有明显不同的风险偏好与动机。在匹配创业者可能向接收者发出的信号时，风险偏好状况起到了关键作用。下面将讨论不同投资者类别的风险偏好状况、相应的匹配信号，以及使得特定投资者对初创企业进行投资的信号的价值。

6.3.2 投资者风险偏好状况

自有资金和 FFF 资金

虽然大部分美国创业者都获得了 FFF 资金支持，但仅仅小部分的德国案例中出现了这种情况，而且那些从 FFF 处筹得资金的创业者常常只获得了极少量的资金。有证据表明，德国初创企业创始人对向 FFF 借钱感到不舒服，因而也不会这样做。然而，理论上从这个投资者类别那儿获得的投资在多个层面上都十分重要。

首先，非常早期的前种子轮投资使得创业者在第一时间就能开始着手（Ebben and Johnson 2006）。它也可以帮助团队弥补资金的缺口，例如在两轮投资之间。其次，在社会资本方面，自有资金和 FFF 资金对于潜在的投资者也是一个强有力的信号（Chua et al. 2011），毕竟这些人最了解创业者，也最应该相信他。如果这些人都不相信他，那么外部投资者凭什么会相信他？因而德国投资者常常缺乏能缓解关于他们个人特质的信息不对称的信号。然而，如果一个德国初创企业确实获得了自有资金以及 FFF 资金，那么由于其罕见性，这会被认为是一个极强的信号。

BA

对于早期的初创企业来说，BA 是极其重要的（Collewaert 2012；Fairchild 2011；Lindsay 2004；Mason and Stark 2004）。考虑到有大

量关于BA的文献，这并不令人讶异。但是BA也是最不同的。类似地，美国和德国的受访者也讨论了许多各式各样的BA：偶尔投资的非专业人士、仅仅投资于非常特定的产业和技术的高度聚焦的投资者、像小型的风险投资基金那样行动的BA联合组织。

创业者和BA之间的信任的必要性是永恒的。仅仅当BA认为创业者可靠的时候，他们才会进行投资（Maxwell and Levesque 2014）。创业温和主义（特别在初创企业发展的早期阶段）被定性研究所确证。共同价值观也会影响投资决策。如果BA认为其十分重要，那么在他的决策中这将起到关键的作用。

BA与创业者之间的互补性可能是多方面的（Parhankangas and Ehrlich 2014；Van Osnabrugge and Robinson 2000）。为了高效地交流，投资者认为，共同语言是十分重要的。考虑到初创企业的风险特点，有对企业风险专业且有经验的BA进行投资看起来十分合适。这是因为BA更了解初创企业尤其是高科技初创企业的高风险。一些BA也通过他们的非货币性投资的互补性追求更高的效率。例如，BA对初创企业贡献相关知识、网络、引导的能力对于他们自身和对于创业者来说同等重要。我猜想，风险感知与互补性感知之间是负相关的。

由于一些BA并不是专业的投资者，所以他们对于标准化合同的需求似乎十分重要。在不标准的环境下，这可能会更加重要（Abbot et al. 2007），例如，不同的初创企业在多个方面有所区别的高科技领域。

银行贷款

尽管研究Ⅰ发现，在高科技初创企业的融资中，银行贷款的占比有所提升，但对于初创企业而言，这种形式的融资相对比较罕见

(De Bettignies and Brander 2007)。研究Ⅱ确认了绝大多数的私人银行要求初创企业至少处于收支平衡的状态。这些投资者也倾向于寻找传统的商业模式和抵押品，从而确保在违约时能够获得清偿(Mason and Stark 2004)。这可能对打造硬件的初创企业有益：首先，它们要求资本投向能够作为抵押品的实物商品和基础设施。其次，它们的商业模式常常依附于直接销售收入模式以及传统的供应商—加工者—经销商商业模式。

有证据表明，风险投资（或者说机构投资）能够对银行融资产生促进效应。风险投资显示了初创企业的重要性，决定了其价值，并且建立了监督机制。这建立了银行可以用作计算基准的某种信用分数。如果一个初创企业没有获得这样的背书，它可能会发现获得贷款十分困难。用美国喜剧演员 Bob Hope 的话来说："银行是一个可以借给你钱的地方，如果你可以证明你不需要它的话。"

公共补贴

如同文献（David et al. 2000；Duhautois et al. 2015；Hall 2008）中所提到的，研究 Ⅰ 和研究 Ⅱ 确认了通常早期阶段的初创企业会从公共补贴中获益。公众银行似乎有支持初创企业的公共服务职责。这允许初创企业背离银行的传统要求。它们也非常特别地在某些里程碑时刻提供融资。例如在 BA 资金已经耗尽但工作原型已经准备好大量生产的情况下，公众银行可以介入。初创企业和公众银行并不会被监管要求所豁免，但这些要求倾向于更加创业化，甚至可能更偏好高科技初创企业。

大学项目，特别是那些技术型院校，可以成为初出茅庐的高科技初创企业的第一个起点。初创企业常常会获得一些资金和辅导，使得初创企业对技术能反复地测试。就释放信号而言，德国的项目相较美国的项目似乎缺乏一些背书效应。无法确定这是不是由于它们的质量更低，或者特定的大学具有较弱的信号效力。

众筹

首先，回馈式众筹被看作一个有益的营销和预售的工具。它是一种阐明商业概念以及测试市场潜力的手段。如同 Agrawal 等 (2015) 所提到的，它也可能通过缩减未来投资者的搜寻成本来减少代理成本。但关于成功众筹的重要性，研究Ⅱ显示其并不确定，因此它的信号效力是模糊的。在某种程度上，对于其他融资来源，众筹可以被视为一个促进者或者中间人。从线上平台例如 Kickstarter 进行融资的初创企业相信它们已经证明了自己的吸引力，但投资者并不这样认为。投资者认为，这最多只是一个向产品市场契合努力，以及使初创企业更加制度化的方式。

其次，对以股权为基础的众筹的看法是具有争议的。一些投资者担心其增加了初创企业股权结构的复杂性。其他投资者认为这是一个接近并说服投资者的有效方式。为了说服那些从来没有亲自见过创业者的投资者，降低信息不对称性是十分重要的，但可能也是更加困难的（Ahlers et al. 2015）。当初创企业准公开地分享尽职调查报告并参加与潜在投资者的直接交流时，它们似乎能做得更好。

家族办公室

家族办公室“十分谨慎，但并不意味着厌恶风险（并且）仅刚开始研究初创企业的模式”（GI11）。此外，个人的互补性和熟悉度被认为会强烈影响家庭理财投资者的投资决策（Amit et al. 2008）。此时此刻，你可以（如同我在 1.3 节中所做的）将家族办公室标注为非投资者，因为其对早期初创企业的参与度较低。

尽管在访谈中没有明确的阐述，但我们可以假设许多当前作为非投资者的个体是潜在的BA。如果GI02的预测有效，也就是说，因为德国“有成吨的工程师”，并且在未来“将初创企业理解为一个投资机会”，那么这个投资群体可能会对高科技初创企业变得特别有意义，因为懂得技术的投资者与创业者之间具有高度的互补性。

CVC与加速器

对于这个课题的定性与定量分析都充分地支持和证明了CVC对于高科技初创企业的重要性。然而对CVC的逻辑和动机存在相互矛盾的看法。一些受访者仅仅将其看作行业内原有企业的一种市场工具。假若如此，那么显示初创企业符合现有企业的市场优先程度很可能对初创企业的融资活动是有益的。可以认为，对现有公司外部利益相关者的吸引力比对公司内部人员的吸引力更加重要。

如同许多文献中所提到的（Benson and Ziedonis 2009；Chesbrough 2002；Jeng and Wells 2000；Park and Steensma 2012），其他受访者将CVC看作一个长期的、高度战略性的融资选择。研究Ⅱ确认了现有企业投资于一个初创企业的动机各式各样，从展现新的思想和实践到外部的产品以及商业革新都有。这与开放式创新模式相联系。战略投资被认为通过关键知识产权收购或者初创企业在关键细分市场的先发优势所驱动。这个市场可以是一个全新的市场，或者是一个原来并不活跃的市场。似乎初创企业和现有公司之间的某种重组互补性是必需的。行业内现有企业通过将外部创新与内部知识产权、工艺知识、科技、产品以及服务相结合，追求外部创新的杠杆效果。

研究Ⅰ表明，公司加速器项目（一种相对新的初创企业融资模式）还远没有发展到对高科技初创企业有重大意义的程度。这可能是因为：（1）缺乏吸收这些初创企业的加速器项目；（2）这样的项目总量较少，使得研究Ⅰ难以调查到参加此类项目的初创企业。

研究Ⅱ发现，志趣相投且非竞争的CVC的联合组织可能是另一个最近兴起的但十分有吸引力的发展方向。高科技初创企业能够作为两个或多个现有企业一起努力进行产品创新的催化剂。联合组织能够对风险企业投资更大规模并且将其作为一个外部创新实体。在新型科技以及实践方面能够有效地显示出开放性和创新性的初创企业将很可能从这样的发展中受益。

虽然在所有受访者中仅有一位美国VC投资者注意到了以下这一点，但我认为还是值得提及：CVC投资经理可能有非常明显的低风险偏好。由于他们选择在一家大企业工作，所以他们很可能也倾向于看重安全甚于风险。这会阻碍他们投资于高风险的高科技初创企业。因此，可能初创企业需要发出能明显地迎合这一点的信号，比如，跟踪记录和机构投资者的背书。

VC

VC基金极其关注产业、初创企业发展阶段、融资阶段和技术（Conti et al. 2013a；Davila et al. 2003；Ghosh and Nanda 2010；Gompers 1995；Gompers and Lerner 2004）。本研究支持了VC十分着重于牵引力（受市场欢迎程度）和可扩展性的观点。定性研究显示，一些VC对于高科技初创企业并不熟悉，因而显然也并不熟悉预示着牵引力和可扩展性的因素。相应地，VC发现，使用传统KPI体系评估这样的初创企业十分困难，如同Jeng和Wells（2000）所提到的一样。因此，展示初创企业的表现以及未来愿景是极具挑战性的。这影响了初创企业与VC之间的信息系统。我认为，有必要使得系统适应于非传统的委托人和代理人的二元关系，并将其与有效的信号相结合。这样的信号可能包括达到生产或者产品交付的里程碑。

关于监督与控制机制（Arthurs and Busenitz 2003；Elitzur and Gavious 2003），风险投资者特别倾向于努力争取初创企业与他们之间在地理上的接近度。即使这样做可行，这对于硬件和高科技初创企业而言也是十分困难的，因为它们很可能依赖于多种实体设备以及无法移动的基础设施，例如实验室。但是，这可能对在德国的初创企业的影响程度远小于对在美国的初创企业，因为德国城市之间的距离没有美国城市之间那么遥远，并且投资者可以很轻易地乘坐飞机从任何 A 地点前往 B 地点。

对风险投资的地理位置效应也被确定下来。首先，定量研究确证了在德国的投资总量更小。这与 EY（2015）的研究一致，其表明美国和德国的融资轮次有一个数量级的差别，在美国内部也有显著的区别。仅湾区就集中了 135 亿美元或者说超过三分之一的美国风险资本，而加州的所有热点地区共集中了超过一半的全美国风险资本（Florida，2016 年 2 月 23 日）。其次，初创企业融资生态系统似乎集中于特定的商业模式下，特别是美国的初创企业。例如波士顿的投资者偏好直销业务模式下的硬件和高科技初创企业，然而“纽约的初创企业是数字媒体和新型融资环境下最大的受益者”（CB Insights 2015）。这显示了合适的 VC 以及足够大的投资规模的可得性高度依赖于地理位置。VC 的熟悉度和可得性启发式因而能够成为位置信号的目标。

如同前面所提到的，与 VC 有界限非常明确的寻找焦点的观点矛盾的是，多方面证据显示，通常聚焦于软件公司的 VC 可能会使用硬件初创企业以达到投资组合的分散化。这显示了高科技初创企业的风险特征可能与其他初创企业的风险特征有互补性。如同研究结果所指出的，在早期，高科技硬件的发展相对于软件的风险更大。但是精通制造与交付（两个最具决定性的障碍）的初创企业能够在风险方面证明其相对于软件公司的竞争优势。持有较大投资组合的

VC公司可能会被高科技初创企业的相应风险互补性信号所吸引。

三个相互联系的因素似乎既帮助了也阻碍了硬件初创企业对VC的吸引力：混合融资、退场时间以及退场方式、由于高科技初创企业不得不吸收多种多样不同来源的外部资本，它们的融资混合结构很可能十分复杂。这可能会吓跑一些投资者，但也可能吸引其他投资者，因为它可以被视为一种资本杠杆运作的形式、一种纯粹数学上可以完全理解因而也是理性的选择。如果贷款比率或者补助比率相对于外部股权融资较高，那么初创企业的吸引力会增强，因为这会导致在退出时股权投资者的股份被稀释。由于产品发展时间长，这种债务融资和股权融资的混合是最常见的也是必要的。然而，这样的发展时间也可能和企业融资的执行时间发生冲突，也就是说，一些融资在初创企业发展完成之前就会要求退出。如同上文指出过的，在已经通过某些关卡之后，成功退出高科技初创企业才更加可能。首次公开发行似乎并不常见。研究Ⅱ表明，相当多的行业内原有企业和企业联合组织购买高科技风险企业，因为它们期望杠杆效应以及重组带来的互补性。初创企业可能有能力向投资者展示其能够使退出时间更短的情境。

最后，对于德国的VC公司而言，共同投资者的可得性看起来似乎是一个重大的挑战，对高科技以及VC投资而言更是这样。我认为下面几个因素与它的相关性最强：总体上创业基金的稀缺性、许多基金的专业化，以及对高科技和硬件企业的投资经验的缺乏。由于这些因素，融资轮次可能由于缺乏共同投资者而融资不足，甚至由于缺乏适当的和有经验的领头投资者而彻底失败。高科技初创企业可以努力促成共同投资者之间的匹配，或者遵循其中一个受访的初创企业的战略去寻找一个有能力完全覆盖这个融资轮次的投资者。首先识别并说服一个领头投资者的风险企业也将有能力为其他潜在的投资者设定一个锚，并释放降低复杂性和不确定性的信号。

6.4 本章小结：复杂性信号框架

本章是关于理论模型、复杂性因素以及有效的匹配信号的综合。我提出的框架结合了三类理论：第一，关于动态复杂性以及与产品相关的内部和外部因素的多重维度复杂性的文献；第二，基于控制点和新制度经济学逻辑的有效匹配信号的构建，特别是基于交易成本效率；第三，行为经济学情感启发式以及影响决策的不确定性维度。

这个框架下的基准思想是复杂性最终导致了不确定性以及投资者做出的不合意的决定。通过适当地将复杂性与关于初创企业实际性质的代理指标的信号相匹配，这个问题可能被缓解甚至解决。打算从投资者身上获得外部融资的高科技初创企业创始人面临在 2.2 节中已经讨论过的在很复杂且非对称的风险企业融资环境下推销高度复杂的初创企业理念的挑战。如果在经济上克服信息不对称问题和降低交易成本以及不确定性并非不可能，只是效率低，那么有效的信号便可以派上用场。

基于研究结果以及前面的探讨，我们构建了下面的框架（见图 6-19，它是图 6-3 到图 6-18 的综合）。第一，其描述了 16 个最重要的影响投资者对于高科技初创企业评估的复杂性因素。第二，其显示了根据专家小组的评估得出的不同因素的相对重要性。第三，信号与复杂性因素的匹配将框架扩展到能够捕捉绝大多数有影响力的信号，如同前面所提到的。信号匹配是高效地减轻复杂性的不利影响的关键。接下来的“复杂性信号框架”形象地综合了理论模型、复杂性因素以及有效的匹配信号。

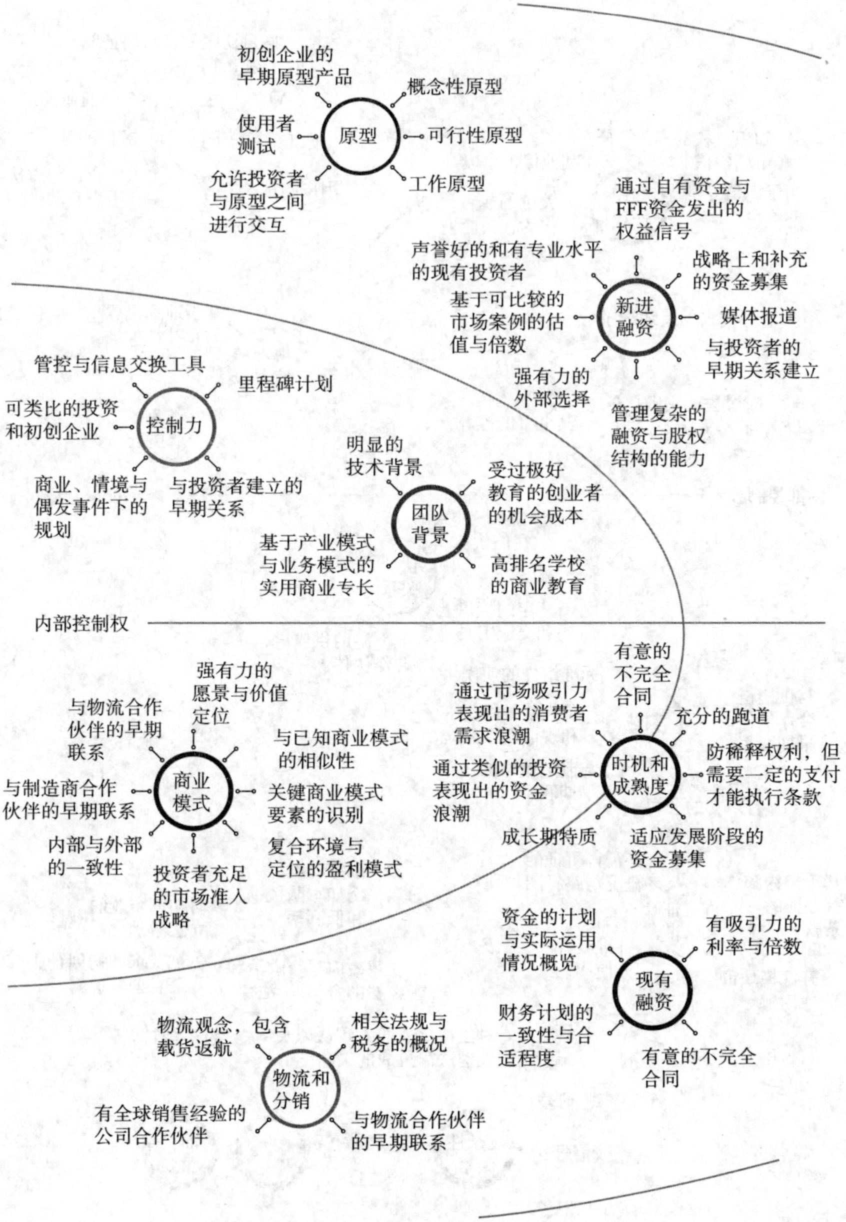

图 6－19　复杂性信号框架

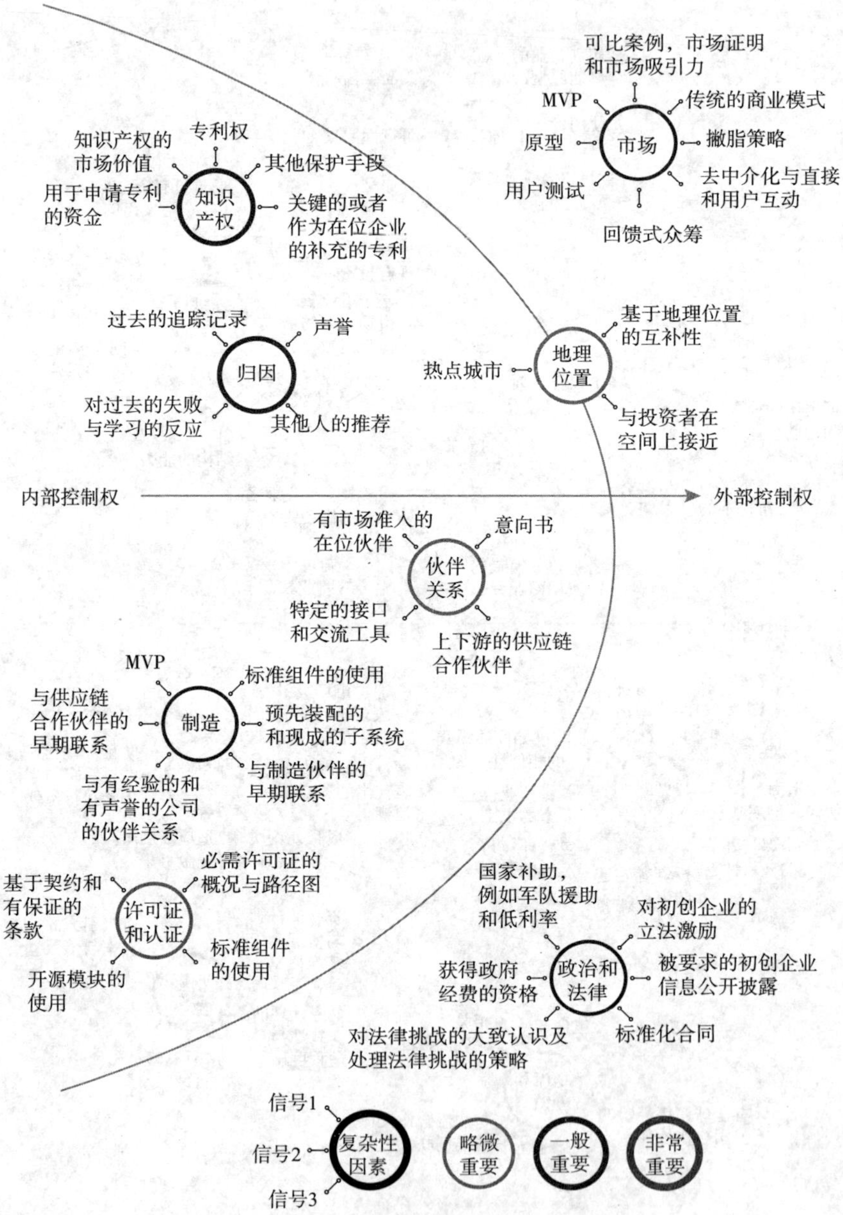

图 6－19　复杂性信号框架（续）

参考文献

Abbot, K., Pendlebury, N., & Wardman, K. (2007). *Business law* (8th ed.). London: Thomson.

Agrawal, A., Catalini, C., & Goldfarb, A. (2015). Crowdfunding: Geography, social networks, and the timing of investment decisions. *Journal of Economics & Management Strategy*, 24 (2), 253 - 274.

Ahlers, G. K., Cumming, D., Günther, C., & Schweizer, D. (2015). Signaling in equity crowdfunding. *Entrepreneurship Theory and Practice*, 39 (4), 955 - 980.

Amit, R., Liechtenstein, H., Prats, I., Millay, T., & Pendleton, L. (2008). *Single family offices: Private wealth management in the family context*. Working paper from Wharton Global Family Alliance. Retrieved from http://wgfa.wharton.upenn.eduldocumentsiWhartonGFA_SFO_Study.pdf

Arthurs, J. D., & Busenitz, L. W. (2003). The boundaries and limitations of agency theory and stewardship theory in the venture capitalist/entrepreneur relationship. *Entrepreneurship Theory and Practice*, 28 (2), 145 - 162.

Baltussen, G., & Post, G. T. (2011). Irrational diversification: An examination of individual portfolio choice. *Journal of Financial and Quantitative Analysis*, 46 (05), 1463 - 1491.

Barberis, N., & Thaler, R. (2003). A survey of behavioral finance. In G. M. Constantinides, M. Harris, & R. Stulz (Eds.), *Handbook of the economics of finance*, 1B (pp. 1053 - 1128). Amsterdam: Elsevier.

Baum, J. A., Calabrese, T., & Silverman, B. S. (2000). Don't go it alone: Alliance network composition and startups' performance in Canadian biotechnology. *Strategic Management Journal*, 21 (3), 267 - 294.

Benson, D., & Ziedonis, R. H. (2009). Corporate venture capital as a window on new technologies: Implications for the performance of corporate investors when acquiring startups. *Organization Science*, 20 (2), 329 - 351.

Brouthers, K. D., & Brouthers, L. E. (2003). Why service and manufacturing entry mode choices differ: The influence of transaction cost factors, risk and trust. *Journal of Management Studies*, 40 (5), 1179 - 1204.

Busenitz, L. W., Fiet, J. O., & Moesel, D. D. (2005). Signaling in venture capitalist—New venture team funding decisions: Does it indicate long-term venture outcomes? *Entrepreneurship Theory and Practice*, 29 (1), 1 - 12.

Carpenter, R. E., & Petersen, B. C. (2002). Capital market imperfections, high-tech investment, and new equity financing. *The Economic Journal*, 112 (February), F54 - F72.

CB Insights. (2015). *Venture capitalists are bullish on news*. Retrieved May 28, 2015, from https://www.cbinsights.com/blog/venture-capital-media-news/.

Chesbrough, H. W. (2002). Making sense of corporate venture capital. *Harvard Business Review*, 80 (3), 90 - 99.

Christensen, E., Wuebker, R., & Wustenhagen, R. (2009). Of acting principals and principal agents: Goal incongruence in the venture capitalist-entrepreneur relationship. *International Journal of Entrepreneurship and Small Business*, 7 (3), 367 - 388.

Chua, J. H., Chrisman, J. J., Kellermanns, F., & Wu, Z. (2011). Family involvement and new venture debt financing. *Journal of Business Venturing*, 26 (4), 472 - 488.

Collewaert, V. (2012). Angel investors' and entrepreneurs' intentions to exit their ventures: A conflict perspective. *Entrepreneurship Theory and Practice*, 36 (4), 753 - 779.

Conti, A., Thursby, M., & Rothaermel, F. T. (2013a). Show me the right stuff: Signals for high-tech startups. *Journal of Economics & Management Strategy*, 22 (2), 341 - 364.

Conti, A., Thursby, J., & Thursby, M. (2013b). Patents as signals for startup financing. *The Journal of Industrial Economics*, 61 (3), 592 - 622.

David, P. A., Hall, B. H., & Toole, A. A. (2000). Is public R&D a complement or substitute for private R&D? A review of the econometric evidence. *Research Policy*, 29 (4), 497 - 529.

Davila, A., Foster, G., & Gupta, M. (2003). Venture capital financing and the growth of startup firms. *Journal of Business Venturing*, 18 (6), 689 - 708.

De Bettignies, J. E., & Brander, J. A. (2007). Financing entrepreneurship: Bank finance versus venture capital. *Journal of Business Venturing*, 22 (6), 808 -832.

Duhautois, R., Redor, D., & Desiage, L. (2015). Long term effect of public subsidies on start-up survival and economic performance: An empirical study with French data. *Revue d'économie industrielle*, 1, 11 - 41.

Ebben, J., & Johnson, A. (2006). Bootstrapping in small firms: An empirical analysis of change over time. *Journal of Business Venturing*, 21 (6), 851 - 865.

Edwards, W. (1968). Conservatism in human information processing. In B. Kleinmutz (Ed.), *Formal representation of human judgment* (pp. 17 - 52). New York: Wiley.

Elitzur, R., & Gavious, A. (2003). Contracting, signaling, and moral hazard: A model of entrepreneurs, 'angels', and venture capitalists. *Journal of Business Venturing*, 18 (6), 709 - 725.

Evans, J. L. (2004). Wealthy investor attitudes, expectations, and behaviors toward risk and return. *The Journal of Wealth Management*, 7 (1), 12 - 18.

EY. (2015). *Liquidity meets perspective—Venture capital and start-ups in Germany* 2015. Berlin: Ernst & Young.

Fairchild, R. (2011). An entrepreneur's choice of venture capitalist or angel-financing: A behavioral game-theoretic approach. *Journal of Business Venturing*, 26 (3), 359 - 374.

Florida, R. (2016, February 23). A closer look at the geography of venture capital in the US. *The Atlantic*. Retrieved from http://www.citylab.com/tech/2016/02/the-spiky-geography-of-ven ture-capital-in-the-us/470208/.

Ghosh, S., & Nanda, R. (2010). Venture capital investment in the clean energy sector. *Harvard Business School Entrepreneurial Management Working Paper*, 11-020.

Ghosh, M., Dutta, S., & Stremersch, S. (2006). Customizing complex products: When should the vendor take control? *Journal of Marketing Research*, 43 (4), 664–679.

Gilovich, T., Vallone, R., & Tversky, A. (1985). The hot hand in basketball: On the misperception of random sequences. *Cognitive Psychology*, 17 (3), 295–314.

Gomes, J. F., de Weerd-Nederhof, P. C., Pearson, A. W., & Cunha, M. P. (2003). Is more always better? An exploration of the differential effects of functional integration on performance in new product development. *Technovation*, 23 (3), 185–191.

Gompers, P. (1995). Optimal investment, monitoring, and the staging of venture capital. *Journal of Finance*, 50 (4), 1461–1489.

Gompers, P. A., & Lerner, J. (2004). *The venture capital cycle* (2nd ed.). Cambridge, MA: MIT Press.

González, X., & Pazó, C. (2008). Do public subsidies stimulate private R&D spending? *Research Policy*, 37 (3), 371–389.

Goodhart, C. A. E. (1998). *Financial regulation: Why, how, and where now?* New York: Routledge.

Grover, V., & Saeed, K. A. (2007). The impact of product, market, and relationship characteristics on interorganizational system integration in manufacturer-supplier dyads. *Journal of Management Information Systems*, 23 (4), 185–216.

Gulati, R., & Higgins, M. C. (2003). Which ties matter when? The contingent effects of interorganizational partnerships on IPO success. *Strategic Management Journal*, 24 (2), 127 - 144.

Hall, B. H. (2008). The financing of innovation. In S. Shane (Ed.), *The handbook of technology and innovation management* (pp. 409 - 430). Hoboken, NJ: Wiley.

Häussler, C., Harhoff, D., & Müller, E. (2009). To be financed or not... —The role of patents for venture capital-financing. *ZEW-Centre for European Economic Research Discussion Paper*, (09 - 003).

Hellmann, T. (1998). The allocation of control rights in venture capital contracts. *The Rand Journal of Economics*, 29 (1), 57 - 76.

Herold, F. (2010). Contractual incompleteness as a signal of trust. *Games and Economic Behavior*, 68 (1), 180 - 191.

Hobday, M. (1998). Product complexity, innovation and industrial organisation. *Research Policy*, 26 (6), 689 - 710.

Horstmann, I., MacDonald, G. M., & Slivinski, A. (1985). Patents as information transfer mechanisms: To patent or (maybe) not to patent. *Journal of Political Economy*, 93 (5), 837 - 858.

Hottenrott, H., Hall, B. H., & Czarnitzki, D. (2015). Patents as quality signals? The implications for financing constraints on R&D. *Economics of Innovation and New Technology*, 25 (3), 197 - 217.

Hsu, D. H., & Ziedonis, R. H. (2008). Patents as quality signals for entrepreneurial ventures. *Academy of Management Proceedings*, 2008 (1), 1 - 6.

Jeng, L. A., & Wells, P. C. (2000). The determinants of venture capital funding: Evidence across countries. *Journal of Corporate Finance*, 6 (3), 241 - 289.

Jensen, M. C. (2005). Agency costs of overvalued equity. *Financial Management*, 34 (1), 5 - 19.

Lakemond, N., Berggren, C., & Weele, A. (2006). Coordinating supplier involvement in product development projects: A differentiated coordination typology. *R&D Management*, 36 (1), 55 - 66.

Lindsay, N. J. (2004). Do business angels have an entrepreneurial orientation? *Venture Capital*, 6 (2 - 3), 197 - 210.

Mason, C., & Stark, M. (2004). What do investors look for in a business plan? A comparison of the investment criteria of bankers, venture capitalists and business angels. *International Small Business Journal*, 22 (3), 227 - 248.

Maxwell, A. L., & Lévesque, M. (2014). Trustworthiness: A critical ingredient for entrepreneurs seeking investors. *Entrepreneurship Theory and Practice*, 38 (5), 1057 - 1080.

Maxwell, A. L., Jeffrey, S. A., & Lévesque, M. (2011). Business angel early stage decision making. *Journal of Business Venturing*, 26 (2), 212 - 225.

Meuleman, M., & De Maeseneire, W. (2012). Do R&D subsidies affect SMEs' access to external financing? *Research Policy*, 41 (3), 580 - 591.

Miller, R. E., & Cote, M. (1987). *Growing the next Silicon Valley: A guide for successful regional planning*. New York: Free Press.

Novak, S., & Eppinger, S. D. (2001). Sourcing by design: Product complexity and the supply chain. *Management Science*, 47 (1), 189 - 204.

Ollier, S., & Thomas, L. (2013). Ex post participation constraint in a principal - agent model with adverse selection and moral hazard. *Journal of Economic Theory*, 148 (6), 2383 - 2403.

Parhankangas, A., & Ehrlich, M. (2014). How entrepreneurs seduce business angels: An impression management approach. *Journal of Business Venturing*, 29 (4), 543 - 564.

Park, H. D., & Steensma, H. K. (2012). When does corporate venture capital add value for new ventures? *Strategic Management Journal*, 33 (1), 1 - 22.

Prencipe, A. (2000). Breadth and depth of technological capabilities in CoPS: The case of the aircraft engine control system. *Research Policy*, 29 (7), 895 - 911.

Ross, S. A. (1977). The determination of financial structure: The incentive-signalling approach. *The Bell Journal of Economics*, 8 (1), 23 - 40.

Shenhar, A. (1994). Systems engineering management: A framework for the development of a multidisciplinary discipline. *IEEE Transactions on Systems, Man, and Cybernetics*, 24 (2), 327 - 332.

Simon, H. A. (1996). *The sciences of the artificial* (3rd ed.). Cambridge, MA: MIT Press.

Sixt, E. (2014). *Schwarmökonomie und Crowdfunding*. Wiesbaden: Springer.

Sommer, S. C., Loch, C. H., & Dong, J. (2009). Managing complexity and unforeseeable uncertainty in startup companies: An empirical study. *Organization Science*, 20 (1), 118 - 133.

Stuart, T. E., Hoang, H., & Hybels, R. C. (1999). Interorganizational endorsements and the performance of entrepreneurial ventures. *Administrative Science Quarterly*, 44 (2), 315 - 349.

Stuart, T. E. (2000). Interorganizational alliances and the performance of firms: A study of growth and innovation rates in a high-technology industry. *Strategic Management Journal*, 21 (8), 791 - 811.

Sudek, R. (2006). Angel investment criteria. *Journal of Small Business Strategy*, 17 (2), 89 - 104.

Tu, Q., Vonderembse, M. A., Ragu-Nathan, T. S., & Ragu-Nathan, B. (2004). Measuring modularity-based manufacturing practices and their impact on mass customization capability: A customer-driven perspective. *Decision Sciences*, 35 (2), 147 - 168.

Tversky, A., & Kahneman, D. (1975). Judgement under uncertainty: Heuristics and biases. In D. Wendt & C. Vlek (Eds.), *Utility, probability, and human decision making* (pp. 141 - 162). Dordrecht: Springer.

Van Osnabrugge, M., & Robinson, R. J. (2000). *Angel investing: Matching startup funds with startup companies*. San Francisco, CA: Jossey-Bass.

第七章　讨论：为什么信号有助于缓解复杂性问题

本章讨论了研究Ⅰ和研究Ⅱ以及复杂性信号框架的理论意义和现实意义，对应本书第一章和第二章的内容，并在结尾部分简要讨论了研究的局限性以及未来有潜力的研究领域。

7.1　理论意义

下面我将讨论本书的主要理论意义，按照与第二章内容相反的顺序展开，即首先讨论有关行为经济学的方面，接下来是包含代理、产权、信号以及交易成本效率理论的新制度经济学的子领域。这些关于高科技复杂性的理论不仅具有理论意义，还具有实践意义。

7.1.1　行为经济学

感知是主观并随时间变化的

以往的研究发现，投资者能够评估不同的信号和不确定性。但我们的研究进一步证明了同类型的个体投资者对于相同的信号有不同的反应。这增加了个体主观不确定性和风险评估与后续的决策过程的维度，并且如同 Gregoire 等（2011）所提到的扩展了企业家的认知。在新的行为经济学视角下，我发现，看似同一个创业者—投资者环境下相同的信号可能具有不同的效果。可以确定的是，不确定性与信号感知是主观且具有时间维度的（Wennberg et al. 2016）。例如，研究表明，投资者会关注风险所在的领域（例如技术和市场风险），却很少关注监测与控制风险。这可能与 Yazdipour（2011）所提出的技术风险评估框架背后的逻辑存在矛盾。他强调，在早期投资者不会聚焦于市场风险和宏观风险，因为这些风险太过长期以至于无法体会。投资者反而会聚焦于即时的风险维度，例如控制风险。其他文献对其已有证明。

情感启发式

高科技初创企业的投资不足也可以用情感启发式来解释。情感启发式理论认为，投资者展现出风险与收益相悖的判断。在不确定性环境下，投资者认为，那些相信可以承担高风险的机会必然会产生较低的收益。类似地，如果投资者接收到有关高收益的信息或者信号，则会推断风险较低。这些正面和负面的情绪反应的证据首先在 Finucane 等（2000）中被发现，并且明显与经典的经济学理论相抵触。那些显示投资机会有非常高的收益（例如对投资者来说较高的倍数）的创业者，应该比那些收益较低但较为实际的创业者更好。

Loewenstein 等（2011）观察到，投资者对概率的不敏感可能导致比需求更低甚至完全匮乏的投资，Rottenstreich 和 Hsee（2011）对这一现象进行了实证检验。投资者对于概率不敏感，甚至不重视概率，做出全或无的反应。受结果可能性影响较大的投资者可能会完全漠视概率。如果结果是强烈地负面的，这可能导致投资者对一项投资完全抗拒，但如果是非常正面的，也可能导致完全的投资——这两种情形下对结果的概率均没有引起重视。

研究结果支持了情感启发式效应。它显示了释放有较大市场潜力的信息或者信号的创业者有能力更轻易地获得更多的融资。当然，这意味着一个清晰定义的初创企业想要去抓住的细分市场。作为一个例子，这里讨论的德国汽车初创企业提供了远超当前产品的愿景。想要颠覆全球食品产业的美国水培初创企业是另一个例子。采用该策略的一个声名狼藉的例子就是 Theranos 血液检测公司。当休谟 1888 年写《投资的艺术》（*The Art of Investing*）的时候，这是其最可能所指的投资类型："在投资领域，任何可能的艺术的运用主要都是为了避免不值得的投资供给。"（p. 21）这个医疗科技和独角兽初创企业声称其创造了一种可以进行广泛的血液检测的装置，而且仅仅需要几滴血液而不是当前需要的较大的血液样本。《经济学人》（*Economist*，2015 年 10 月 31 日）分析道："Theranos 的案例提出了一个当今高新技术产业的核心课题：那些许诺颠覆当前有利可图的生意的初创企业，其价值仅仅基于它们潜在的而非当前实际的幻想。投资者太过渴望投资于听上去十分有吸引力的初创企业，以至于他们欣然接受创业者的大肆宣传——如果有任何投资者提出一些不合适的问题，那么他们会面临被从这个融资轮次中剔除的风险，因为初创企业偏好更信任它的投资者。"

启发式可能是一件好事：无论对于投资者还是初创企业

一些研究结果表明，情感的和行为的风险评估对于高科技初创企业而言可能是灾难性的。那些在听说初创企业计划生产实物产品的瞬间就选择退缩的投资者就是一个例子。这与先前聚焦于投资组合的分散程度不足的研究有紧密的联系（Alhakami and Slovic 1994；Huberman 2001）。这些研究得出了投资分散程度不足主要是由于投资者对于多种企业类型和行业的认识不足的结论。但也有一些证据表明，行为启发式事实上可能在极端不确定性情形下降低了投资者感知到的风险（Mousavi and Gigerenzer 2014；Slovic 1987）。宏伟愿景以及看似颠覆性的技术和预示着高回报的信号会导致低概率、乐观主义、一厢情愿和过度自信。而与早期阶段高科技初创企业高度相关的启发式会调和这些情绪。当然，在关系层次上，信任度和熟悉度是很重要的。这些启发式可能通过早期投资者关系的建立、投资组合中类似的初创企业或者投资者比较熟悉的商业模式的实行而逐渐渗透。原有关于启发式的理论主要关注个体投资者类型以及单一的启发式，但我们在初创企业融资问题背景下极大地扩展了这个理论框架（Maxwell et al. 2011；Maxwell and Levesque 2014；Parhankangas and Ehrlich 2014）。

7.1.2　代理和产权理论

委托代理关系的模糊性可以导致目标的一致性

从委托代理视角来看，本研究蕴含了对投资者—企业家二重性分析的新方法，从而延续了 Sahlman（1990）对代理问题的讨论。关于谁是代理人谁是委托人的部分模糊性是对于代理动力学的一种可供选择的方法的核心。由于创业者对初创企业倾注了时间与努力，并且提供了部分资本，他们也享受了类似于投资者的地位——作为公司的股东和所有者（Maskin and Tirole 1990）。在这样的角色下，创业者同时具有委托人和代理人的双重身份——也就是委托代理人。委托代理模糊性理论研究领域（Mondello 2012；Mylovanov and Troger 2012；Ollier and Thomas 2013）被初创企业融资问题中委托人和代理人的模糊性所补充。我的研究结果表明，同时作为委托人的创业者无法通过其超过其他委托人的信息边界直接获益——例如在利润分配方面。然而创业者可以使用其股东的角色作为信号。由于所有股东在初创企业创造价值方面是有目标一致性的，作为代理人的创业者能够让人相信，他与其他委托人之间具有目标一致性。这扩展了 Christensen 等（2009）和 Collewaert（2012）聚焦于委托人和委托代理人之间目标不一致性的文章。

融资来源显示了目标一致性

将自身资金投资于初创企业的创业者显示了与投资者之间的目标一致性。所谓的权益信号和创业者自身对初创企业投资的影响（Leland and Pyle 1977；Prasad et al. 2000）在本书中被研究并得到了确认。本书也进一步研究了与之接近的融资来源——也就是从 FFF 处获得的融资。研究发现，FFF 融资在德国环境下相当稀少，特别是在高科技部门。因而德国企业家在通过这条途径展示目标一致性方面面临困难。根据 Park 和 Mezia（2005）提出的信号的有效性与其相对稀有程度相关的思路，具有企业家自有资金或 FFF 资金的德国初创企业就发出了一个极强的信号。这与 Vanacker 等（2011）的结果一致，但可能与 Busenitz 等（2005）的评估矛盾。后者发现，创业者的个人投资行为和自身对初创企业的货币资金投入数额并没有长期效应。本研究也讨论了将机会成本作为初创企业能够发出的新的信号。到目前为止，机会成本信号已经在创业经验和知识产权实现中被讨论（例如，Elitzur and Gavious 2003；Hsu and Ziedonis 2008；Sahlman 1990）。本书提出，创业者为了创业放弃去其他公司工作可能获取的收入也是一种机会成本信号。这种信号显示出他与其余股东之间具有目标一致性。

不完全合同

被广泛使用的金融工具例如可转债都可以被委托代理理论所解释。研究发现，越来越多的初创企业正在使用可转债以延迟对其公司的估值，如同我在 2.5 节所提到的。这可能与产权的 GHM 模型和不完全合同概念有关（Herold 2010；Williamson 2000）。研究结果显示，在早期阶段，投资者特别倾向于刻意接纳和使用不完全合同，这可能是由于缺乏正确的估值。首先，在新古典主义范式下，关于初创企业真实价值的参数不确定性与结构不确定性导致了模型使用的困难——例如在如此早的时期，WACC、CAPM 或者折现现金流评估法等概念由于缺乏数据并不适用。其次，在获得直接股权投资之前，创业者会受到提升其公司价值的激励，因而委托人和代理人之间具有目标一致性。这是 Jensen（2005）中所提出的一种激励策略。由于所有的参与者在主观的个人效用、交易成本以及其他外部因素的影响下努力最优化产权集中度，因而对可转债的使用应运而生。

控制点、复杂性、风险以及信号

本研究也显示了控制点范式的新应用。受到 Eisenhardt 1989 年关于委托代理关系的关键性文章的巨大影响，我使用控制点概念对本研究中的不确定性维度进行分类。这是有新意的，因为它使我可以在一个综合的框架下画出有关复杂性因素、相应的信号以及初创企业对两者的影响能力的示意图。现有文献聚焦于影响合约设计的风险和不确定性因素，我将 Eisenhardt 的思想应用于事前阶段：事前投资者采集信息的时期。从创业者的视角来看，控制点决定了企业家影响不确定性因素的能力。这与 Slovic（1987，p. 280）的观点一致，人们“有额外的能力改变他们所处的环境或者对其做出反应。这种能力既创造了风险又降低了风险”。但它也与 Geraldi 等（2011）的研究相关，该文献作者发现，未来的研究应当“在塑造不确定性及其组织回应时，考虑代理人与机构协商的观点”（p. 985）。

与信号理论相结合，这开启了一场有趣的讨论。对于创业者而言，他们并不必然需要真正影响不确定性才能发送信号。反过来说，他们可以通过表明有能力用一种替代方法处理风险和不确定性来发出高质量的信号。例如，关于初创企业选址的灵活性或者市场变动的反应能力，都能够正面影响投资者对初创企业的感观。

控制点与合同

那些了解他们的影响力边界的创业者能够有效地和委托人协商合约的设计。结果导向型的合同仍然是投资者和早期初创企业之间保持目标一致性的主要途径（Van Osnabrugge 2000）。但这样的合同很可能被那些创业者完全不可控的因素所决定（Boone et al. 1996；Eisenhardt 1989）。研究显示，绝大多数早期投资者喜欢公平博弈绩效制度。那些承认控制力有限且在谈判时将其影响力边界告知投资者的创业者，最有可能和投资者达成更有效的合同。

中间人

如前所述，在委托代理关系中，第三方背书能够起到关键性作用。关于创业者和投资者的信息被第三方搜集并且通过第三方传递，这可以从两方面提高效率：（1）一般情况下，交易成本——特别是搜寻和筛选成本——被降低；（2）可信的第三方对初创企业的背书可以降低投资者的不确定性。

套牢问题

在创业者—投资者二元关系中，套牢问题的概念已经被大量地讨论。创业者可以利用其投资前的价值承诺来套牢投资者。因此，投资者不能确定创业者是否会在事后对他们的投资给予公正的报酬。在本书中，定量研究中描述的投资类型可以在一定程度上对定性结果中讨论的套牢问题进行解释。高科技初创企业投资不足也可以在一定程度上被套牢防御策略所解释。为了减少套牢问题，私人投资者很少投资于复杂的初创企业，并且其投资规模小于市场最优投资规模，这与 Ellingsen 和 Johannesson（2004）、Goldlücke 和 Schmitz（2014）的研究一致。

控制权与债务融资无关

在 Casson 等（2008）的论文中，相较渐近型创新来说，致力于集约型创新的高科技企业更倾向于债务融资而非股权融资。这是出于对控制权的考量。在本书中，我发现了一些证据，这些证据表明，银行（主要的贷款提供方）以及初创企业并不在意任何类型的控制权，而是关注企业能否满足一些最低限度的要求（例如达到盈亏平衡）。只有这样，银行才会提供贷款，然而初创企业根本无法达到这样的要求。

知识产权可能是关键的

对于投资者是否投资于一家初创企业，初创企业的知识产权组成以及其对知识产权的保护方式起着决定性的作用。在初创企业融资问题的背景下，权利束的概念（Klein and Robinson 2011）适用于四个要素中的三个，即对于资金、来源于初创企业生产的产品和服务的收入的使用与处置，以及利用和转让资源的权利，包括知识产权，都在初创企业的控制范围内。研究发现第四个要素——强制实施产权——很可能在初创企业的控制点之外。这在有保护性工具例如专利的情况下是十分显然的。没有一个早期的初创企业会相信，它们可以强制实施它们的产权。这特别有趣，因为前面讨论的关于信号的文献特别强调了在融资方面受保护的知识产权和专利的积极效应。只有 Haussler 等（2009）的文章中更详细地检验了专利的信号能力，并发现专利申请本身就是一个非常强烈的信号。本研究进一步确认并延伸了该信号。

首先，专利和其他保护性的措施确实起到了作用，但是早期阶段的初创企业以及投资者更加重视其他信号——例如原型和教育背景。甚至可以认为，在信号研究中，专利的突出作用主要来源于其相对简单的可度量性。而且，我们目前还没有发现关于专利的信息披露（Horstmann et al. 1985）以及限制专属权的知识外溢的证据。事实上，例如对参与众筹的开放态度表明，信息披露对于许多初创企业来说并不是一件大事。除此之外，知识产权保护措施显示了信号质量并且在多种维度上减轻了信息不对称的负面影响。更重要的是，专利显示了回报的专属权，并且通过与低质量的初创企业进行区分获得了价值。这对于大企业来说尤为重要。现有研究清晰地表明，CVC 投资者寻找互补的或者与本公司具有竞争性的专利并基于此进行投资决策。

其次，结果显示，专利并不必然成为生产性信号。有可能它们的主要目的只是给投资者和相关的合作伙伴释放一种信号。对初创企业的评估表明，由于缺乏资源，加强对知识产权的保护对早期的初创企业来说几乎是不可能的。

高科技柠檬市场

代理理论对本研究确实有着极强的解释力。机会主义、有限理性、个体效用最大化、创业者努力程度、团队以及产品质量、初创企业综合可行性和其技术的不确定性都深深扎根于投资者—创业者二元关系中。但这是否也意味着会形成高科技柠檬市场？也就是说，低品质的高科技初创企业是否大量存在？如果创业者低质量的努力的副作用较小，这种情况就会出现。但是本研究表明，创业者需要大量的私人资金并且面临巨大的机会成本。同时，投资者非常偏好具有良好声誉、目标一致性信号以及初创企业追踪记录的连续创业的企业家。例如，我们可以假定 Elizabeth Holmes——先前提到的柠檬初创企业 Theranos 的 CEO——因为其不良的追踪记录，在未来很难获得融资。对于早期的风险企业以及在合同前的时间区段（即在投资者投资初创企业之前），代理成本效率主要依赖于高效的信号，而较少依赖于逆向选择引起的控制缺失和无谓损失。

7.1.3　信号

在初创企业背景下，关于信号的文献主要聚焦于资金募集与流动性问题（2.2 节中的文献回顾）。本书与这些文献密切相关，并且进行了多层次延伸：（1）结果显示，信号不仅能够影响投资者可选的决定集（机构投资者视角），也能够影响投资者做决策的方式（行为视角）；（2）单一信号可以影响多个风险因素的评估；（3）对于初创企业投资者来说，信号的质量评估主要聚焦于花费的时间而非金钱；（4）对于初创企业来说，传统的发送者与接收者的信号模型可以有效地扩展到第三方，他们能够对风险企业进行背书并赋予企业本来没有的品质；（5）初创企业在某一时刻释放的信号会影响未来发展阶段中的信号效果；（6）高科技初创企业发出的无意识信号很可能具有潜在的毁灭性；（7）信号与投资者的匹配是很关键的，并且超过那些常常在信号文献中被讨论的投资者类别。

信号控制了信息与认知的不对称性

本书的理论模型结合了：（1）投资者与初创企业之间的作用机制；（2）投资者决策动力学。信号能够同时控制这两者。反映不可观测属性质量的生产性信号能够缓解信息不对称。这对投资者和初创企业所处的制度背景有直接的影响。信号降低了交易成本，因为它减少了投资者必须承担的搜索与收集信息的成本。研究结果显示，委托代理问题（例如道德风险问题）可以被相应的信号减轻。这也为初创企业对投资者的选择提供了新的解释，并扩展了关于初创企业融资决策的文献（Casson et al. 2008）的研究。关于产权理论的初创企业信号效应似乎较弱。显示特定信号的治理结构，例如报表系统，对早期阶段的初创企业来说几乎是难以执行的，因此是一个较弱的信号。这可能也解释了为什么较少将产权理论和早期初创企业结合起来进行研究。本书在这个问题上有所建树。特别地，我们在Hellmann（1998）和 Hall（2008）提出的产权框架中加入了信号视角。该文献检验了高科技初创企业与风险投资公司之间的监督结构。

从行为经济学的视角来看，本书发现，投资决策是具有主观性和非理性的。这补充了新兴的尚需进一步研究的创业行为金融学（Yazdipour 2011）。对于缺乏历史数据并在动态环境中经营的初创企业来说，许多技术风险评估方式是不适用的。而通过一些情感启发式的信号，我们可以感知一些能被观察到的属性。本研究显示，情感启发式和CPT的行为不确定性评估逻辑在早期初创企业融资背景下是有效的，然而信号可能是对它们的一个强有力的触发器或者至少是一种催化剂。

初创企业释放信号

评估创业者的技能和作用是很复杂的。如同Gompers等（2006）所提到的，创业者技能对于潜在的投资者是一个极强的信号。本研究细致地研究了这个模糊的技能的实际内容。似乎有必要如同Gompers等（2006，p. 24）那样进行自我批评："文章定义了创业者技能，但它并没有真正区分创业者技能究竟是什么。创业者技能有可能隐含在他与消费者、供应商以及其他市场参与者的关系中，表现在更好的连续创业的结果上。"虽然一些学者推断，主要是外部因素决定了创业者技能，但也有许多学者认为，其是一个内在的特质（例如Silva 2004）。本研究将其看作两者的结合并且定义教育、技术和（或）与商业相关的经验的结合是对创业者的外部评估中最具影响力的要素。

本研究也扩展了关于制造相关的复杂性对风险感知的影响的文献。首先，Stuart（2000）发现的在企业联盟网络中背书和认可的效应在初创企业和与之相联系的合作伙伴的背景下也可以被观察到。我也发现，制造网络对初创企业的表现有正面的影响（Baum et al. 2000），并且它们可以被应用于信号理论，作为一个关于有效信号的最好的例子。其次，通过应用标准组件降低复杂性在传统的交易成本理论中是一个常识（例如，Grover and Malhotra 2003；Williamson 1981），并且近来已经被用于初创企业——例如关于数据安全性的标准（Palmer 2014）。然而，初创企业通过在它们的硬件产品上刻意使用标准组件来释放有效的信号迄今为止还没有被检验过。

品质、成本和时间等价吗?

信号是一个传递有关初创企业无法被直接观察到的，或者难以被投资者观察到的品质的信息的强有力的工具。它们的效力主要通过释放特定信号的成本体现。如果信号确实提供了关于一个特性的质量信息，成本就可以作为质量水平的代理变量。低质量初创企业的这些成本必定比高质量初创企业更高。就早期初创企业来说，并且从纯粹的理论观点来看，我建议将信号成本评估聚焦在时间的维度上。首先，许多初创企业可以释放的信号并不必然导致金钱的花费。其次，由于时间是年轻的风险企业拥有的稀缺资源之一，似乎聚焦于高质量初创企业能够实现的时间节省更加方便。这在任何有关初创企业融资和信号的学术文献中都还没有实现。

第三方背书与援助信号

虽然信号通常被视为发送者与接收者之间一对一的过程，但本研究扩展了这个框架。外部参与者向潜在的投资者发出了一些关于创业者和其初创企业的正面或者负面的信号。许多关于第三方背书的研究聚焦于个人网络（Gimmon and Levie 2010）、BA 或者 VC（Elitzur and Gavious 2003），以及与产业合作伙伴联盟（Gulati and Higgins 2003；Stuart et al. 1999）的信号效应。就援助来说，特别是那些能使初创企业获得一些它们原本不具有的能力的合作伙伴是最重要的，例如能帮助它们了解制造诀窍的合作伙伴或者知识产权保护律师。本研究发现，尤其是 CVC、外部认证实体、制造业和物流方面以及其他上下游供应链上的合作伙伴，都应该是释放第三方信号的重要参与者。对第三方背书与援助者及其对初创企业融资影响的研究扩展了研究框架。已有研究主要聚焦于背书（例如 IPO）

的长期信号效力（Gulati and Higgins 2003；Stuart et al. 1999）。本书研究了这种信号的即时生产性潜能。由于释放信号的来源是初创企业完成生产性目标（例如生产原型或者运送产品）的合作伙伴，因此联盟是最具有生产性的信号，其次才是背书。然而，总体上创业者对于这些第三方释放的信号的影响力是很有限的。

时变的信号

George 和 Jones（2000）以及 Connelly 等（2011）研究了过去和未来的信号的当前效力。本研究显示，对于早期投资者关系的建立，事前信号是强有力的。我们可以认为，正是那些在真正需要投资的时点（$t=1$）之前很久（$t=0$）就向投资者释放的信号，使得投资者在 $t=1$ 时更愿意对初创企业进行投资。前瞻性和关于未来（$t=2$）的信号也被嵌入初创企业先前的信号中。例如，当期的一个宏伟愿景需要未来一个同等的或者更宏伟的愿景所支撑。如果投资者比较在乎初创企业经营的一致性，那么初创企业当期需要释放的信号很可能会受到未来的商业模式和市场战略的影响。由于风险偏好随着时间而改变（Wennberg et al. 2016），所以信号很可能不得不随之改变。事实上，初创企业过去释放的以及预期未来释放的信号将会影响投资者当前对初创企业的感知。本书的研究清楚地表明了时变的信号之间内在的相互作用机制。

信号的多重含义

研究结果清楚地显示了一个信号可以有多重含义。这与 Park 和 Mezias（2005）关于公司股价变动的研究结果一致，并且本书的研究增添了关于初创企业融资的大量多重含义信号。此外，本书也拓展了 Busenitz 等（2005）关于企业家自身投入和 FFF 融资的多重信号效力的结论。例如，CVC投资表明了市场和知识产权的潜力，但它也是一个无意识的负面信号。

在原型方面，研究表明，它具有多方面的含义。本书对原型的信号效力做出了贡献。首先，我们可以确认，原型相对专利更重要(Audretsch et al. 2012)。原型不仅显示出技术上的可行性，还可以通过用户测试反映出市场需求。

无意识的信号

对于早期初创企业来说，释放无意识的信号可能是个大问题。使投资者进入防御模式的复杂性信号可能是毁灭性的，无论是对于想要展现创业者技术能力以及聚焦于内部专利而组建的初创企业，还是对于一个自夸有巴西客户的年轻风险企业。它可能无意识地在一个了解这个国家复杂并困难的进口条例以及高达55%的进口关税(WTO 2014)的投资者心中引起了负面的情感启发式。研究发现，CVC投资是另一个突出的例子。尽管它常常是一个强有力的信号，但它也会在一些投资者心中引起负面的共鸣。VC企业和退出导向型的BA可能担心未来潜在的买家会使他们遭受利益损失。在有关信号的文献中，Bell等（2008）提到了对无意识信号的具体的定义和解释，并且Payne等（2013）在有关IPO的研究中对其进行了检验。

匹配信号和投资者

本研究的结论以及讨论清晰地描述了信号与接收者之间的匹配非常重要，这与Park和Mezias（2005）、Ndofor和Levitas（2004）以及Gulati和Higgins（2003）的研究结果一致。这些研究与其他大部分研究一样，主要关注大企业以及对投资者释放关于IPO性质或者董事会组成的合适信号。本书也通过检验不同的投资者类别之间关于不确定性的不同特质扩展了 Conti 等（2013a，b）、Hoppe 等（2009）和 Spence（1974）的研究。

本书研究了年轻的风险企业如何针对投资者制定适当的信号策略。例如 CVC 投资者在乎初创企业非常具体的特性，例如技术互补性和工艺创新。这些特性可能是其他类别的投资者所不关注的。家族办公室可能更关注关于产业和市场熟悉度的信号。BA 可能更倾向于表明红利驱动型战略的信号，而 VC 希望看到初创企业显示其退出潜能。

但是在同一投资者类别中的不同投资者对于信号的要求也有所不同。这是由于：(a) 每个投资者个体有其投资重点，以及 (b) 对于信号的主观诠释不同。例如，Busenitz 等（2005，p. 10）提出："可能不同的风险投资者对于任何一个信号都对其有效性、重要性和解释有不同的看法。"

7.1.4　交易成本理论

信息不对称、不确定性和市场失灵

本研究确认了高科技初创企业融资市场可能会失灵。一种解释是信息不对称太过严重。在交易成本经济学假设下，这会导致投资者交易成本过高，从而使得投资者参与高科技初创企业融资是低效率的（Menard and Shirley 2008）。交易成本在不同的阶段有不同的表现，例如代理成本（包括监督和强制实施成本）。但本研究发现，对于许多投资者来说，导致低效率的交易成本发生在启动和搜寻信息的阶段（见图 7－1）。

这与有效市场假说相抵触，要求我们对于融资活动的极早期进行重要的理论研究。另外，研究发现，投资者不仅被信息不对称所

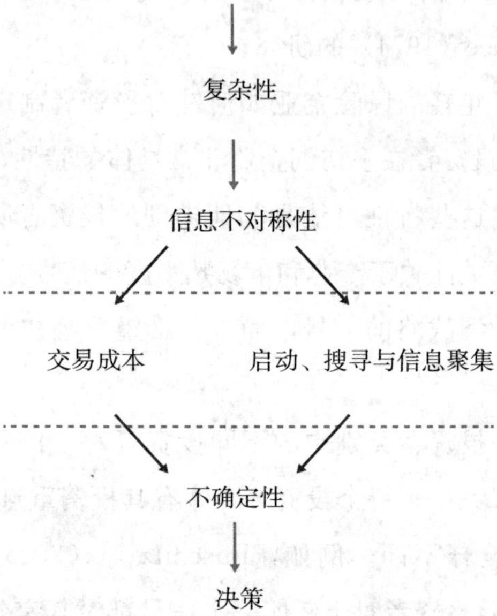

图 7-1　早期交易阶段的无效性

阻碍，也受到关于结构不确定性的不对称感知的负面影响。事实上，没有人完全了解初创企业并对其进行正确的评估。这与现有研究中早期阶段的不确定性和风险是不可分的这一概念是一致的。创业金融理论应该对这一点有更清晰的认识，这能帮助我们更好地研究初创企业金融市场的低效率问题。

交易成本效率解释了专利信号

在知识产权估值和保护的问题上，交易成本经济学可能提供了双重解释。首先，投资者可能不得不花费较多的资源去评估受保护的知识产权。一些投资者（例如 CVC 投资者）可能能够接受如此高的交易成本，但是 BA 和小的风险投资基金可能不会接受信息极度匮乏的情况。其次，实现知识产权的成本是高昂的。初创企业监督并阻碍对它们的知识产权的可能的侵犯所需的交易成本对于年轻的风险企业来说可能太高了。这反过来可能解释了，为什么仅仅申请或者持有一个专利本身对于投资者就是强有力的信号：对其评估或者实现都会引起足以抵消其作为信号带来的价值，因为交易成本实在过高。这样的信号能够将初创企业与其他足够多数量的类似企业区分开来。因此，对于投资者（可能也对于初创企业）分配过多的资源释放和确认专利信号是低效的。

7.1.5　高科技复杂性

复杂性、不确定性和控制力

本研究的一个关键性的贡献是分析复杂性、交易成本、信息不对称和不确定性之间的相互联系。这些因素导致了高科技初创企业的投资不足。本书扩展了现有的对复杂性和交易成本之间联系的研究（Brouthers and Brouthers 2003；Grover and Saeed 2007；Novak and Eppinger 2001）以及复杂性和不确定性之间联系的研究（Geraldi et al. 2011；Williams 1999）。本书也发现，对复杂的产品和系统框架的研究可以很好地分析高科技初创企业的复杂性因素。已有研究聚焦于对复杂性因素进行评估和分类（Hobday 1998；Howell et al. 2010；Maylor et al. 2008）。这些复杂性研究提出的框架，特别是一些将复杂性分为内部因素、外部因素和产品因素的框架，对于将研究结果结构化是有帮助的。然而，这些框架缺乏一个能够精确并实际地描绘具体的初创企业为了降低复杂性和感知到的结构的和参数化的不确定性可以使用的行为的维度。为使其成为可能，本研究开发出的复杂性信号框架使用控制点范式作为一种关于复杂性因素分类和有效的信号匹配的可供选择的方法。这与 Geraldi 等（2011，p. 985）的研究有很好的联系，其提出不仅应对项目总体的复杂性进行评估，同时应该评估具体和特定的复杂性，并且“能够导致一些指标被积极地管理”。在高科技初创企业的背景下，本研究显示了复杂性因素如何被定向处理，具体来说就是通过相应的有效信号进行匹配。

复杂产品动态

项目和产品发展中的变化，即所谓的动态，被认为是复杂的产品和系统的一个关键的特征。与其他复杂性相比，“动态复杂性的属性还远没有发展完成和明确化”（Geraldi et al. 2011，p. 979）。Maylor 等（2008）强调了动态复杂性的属性和指标的影响，但他们也需要对这些属性和指标以及它们如何随着时间推移而变动进行详细的说明。本研究识别并讨论了这样的动态复杂性的影响因素并且区分了强加的动态性和自我诱导的动态性。例如，研究发现，在市场和投资趋势方面，时间和时点动态地影响了一个初创企业的复杂性并且初创企业对其的影响力十分有限。但研究也显示，如果复杂性因素在初创企业的控制点之中，则其性质可以被初创企业所影响。产品制造就是这样一个例子。采用市场解决方案的初创企业提高了为了协调所需的努力，并由于引入了供应商和合作伙伴而提升了外部复杂性。同时内部复杂性和基础的不确定性有所降低，因为专业的和有经验的合作伙伴处理了制造问题。可以认为，年轻的风险企业之所以选择这样的策略，是因为内部复杂性的降低程度超越了外部复杂性的提升程度。因此，本研究将控制点范式扩展到复杂产品的动态性，能够更好地区分不可控制的、强加的动态性和初创企业自我诱导的动态性，从而可以提高效率或者信号效力。

7.2 现实意义

对于理论意义的讨论关键在于我使用的理论体系。下面的章节关注对于创业融资的两类主要参与者的主要现实意义：投资者和创业者。

7.2.1 投资者

CVC 是一把双刃剑

CVC 对于初创企业而言确实是一把双刃剑。一方面，CVC 背后的集团在制造、物流和客户渠道领域的专业知识能够很好地帮助初创企业。关于战略合作伙伴和投资者对初创企业表现和融资成功率的积极影响有大量的案例（Patel et al. 2011；Stuart 2000；Stuart et al. 1999）。与在位企业建立战略伙伴关系不仅在融资方面对初创企业有帮助，在其他方面的合作也使得企业的价值上升。例如，对规模化生产和高度复杂的系统在全球市场中的分销的支持可以通过 CMR 观察到（*Sawers*，2016 年 7 月 18 日）。这个初创企业发展了下一代微创手术的机器人技术，并且获得了 2 000 万美元的 A 轮融资，领投公司是 ABB——世界上最重要的机器人公司之一。似乎与 CVC 的伙伴关系不是一个显示柠檬性质的负面信号，而是一个正面信号。

另外，风险企业将自己与一个合伙伙伴绑定也可以阻碍未来其与自己的竞争对手进行合作。此外，VC 公司可能因为这样的投资而止步，它们的逻辑是，一个潜在的收购者已经进行了投资。CVC 的最大利益在于帮助企业发展，同时不过度提升其价值，这与退出驱动型的投资者是完全对立的。对于一个初创企业来说（对于许多 BA 也是一样），投资一个初创企业的主要目的是尽可能地提升退出带来的收益。因此，创业者不得不考虑 CVC 对于企业的帮助是否大于它对企业的伤害以及何时引入 CVC 资本。

一个非常实际的新的发展是 CVC 之间的联合。当许多公司实体决定共同投资于一家初创企业时，策略的先决条件发生了改变。如果设立这样的组织是有益的，那么 CVC 联合组织可以大大促进初创企业的技术和业务的发展。它们也可以提供更多的财务资源，因为预算可以通过共同出资实现。并且由于 CVC 可能将风险企业用作一个工具与其他公司进行合作，对它们而言非经济的回报比投资价值本身的提高更有价值。这可能致使采用这种融资方式进行融资的初创企业对于传统的 VC 公司再次更具有吸引力，因为它们可以提升风险企业的退出价格。它也开辟了一个可供选择的股权转让退出选项，因为两个 CVC 可能会买光其他投资者和创业者的股权，以创造一个由这两个企业组成的合资企业。

投资者性质匹配

这与不同投资者的性质的现实意义有关。研究结果显示，如果创业者能够识别出与他们匹配的投资者的类别及其动机和投资策略，对他们将非常有利。高科技初创企业面临的发展时间较长，这使它们更加需要与合适的投资者匹配。不考虑其他的限制条件，仅剩余较短的运行时间的 VC 基金比 BA 的适合度更低。通常来说，投资者（特别是小的 VC 基金和 CVC）在投资时间表、产业集群、细分市场以及盈利模式方面有特定的焦点。至于回报模式，投资者偏好应该与创业者的长期盈利计划契合。渴望创造和建立一个私有的中小型企业的高科技初创企业创始人对于红利驱动型的投资者更为有利。

聚焦于股东的退出策略的风险企业对那些想投资于快速发展以及扩张成 IPO 候选者的企业，或者收购标的企业的投资者有很大的吸引力。

信号匹配

能够识别投资者不同偏好的信号策略可能会提高初创企业的信号的有效性。信号匹配是信号理论中的一个重要课题，并且也有直接的现实意义。例如，在制造相关的复杂性上没有专业知识的投资者将很有可能无法处理初创企业子系统标准化的信号。众筹投资者不太能接受某些知识产权和社会资本的强烈信号（Ahlers et al. 2015）。行为方面也会影响信号的适当性。启发式常常是针对不同的投资者的，而且需要被这样看待。例如，熟悉度启发式可以推动投资者仅仅被那些与他持有的投资组合中的风险企业类似的初创企业吸引。另外的投资者可能被不熟悉的初创企业吸引，因为它们希望使投资组合分散化，如同 GE01 的初创企业的情形（它们从搜寻欧洲投资机会的美国投资者那儿获得融资）。投资者的接受度也依赖于信号在怎样的制度设定下发出。投资者了解的声誉好的第三方发出的第三方信号，或者在投资者怀疑存在目标一致性问题时，通过权益信号显示代理成本的降低是两个例子。最后，随着时间改变风险偏好（Wennberg et al. 2016）要求信号不断重复。战略性地迎合前提条件的信号将更加有效，并且引发预期的回应。

合同标准化以减轻市场失灵

减轻由不确定性导致的市场失灵的可能方式可以在股票市场的管理中被发现。股票市场被清晰定义的关于价格协商、资金转账和收益转让的规则——例如分红条款——所管控。股票市场也提供了关于价格和信息披露的高水平的透明度。这为不良行为和投机主义留下了极小的空间并最终降低了交易成本。股票市场的规章制度转移到其他金融工具和外汇市场上有一些先例。例如，2002 年引入的所谓“交易报告和合规性工具”（TRACE）在债券市场上已经有相当大的积极作用（Bessembinder and Maxwell 2008；Edwards et al. 2007）。由于根据标准化交易特征公开交易规模和价格，TRACE 提高了价格透明度，并且降低了公司债购买者的不确定性和交易成本。

在初创企业融资的背景下，合同的标准化可能也有类似的效果。因为创业者和投资者双方缺乏建立完全合同所需的信息，他们转而建立不完全合同。我认为，这在早期尤其明显，此时非机构的投资者遇到了没有经验的初创企业创始人。如果参与者同意一个规定了例如成果导向型的要素和目标一致性机制的标准化的合同设计（Abbot et al. 2007），那么复杂性将大大降低。其中加速器和孵化器计划扮演了有影响力的角色。Y 孵化器创造了“关于未来权益的简单协议”（SAFE）以替代可转换的贷款合同——传统的不完全初创企业投资合同。本书的研究结果显示，在欧洲也出现了类似发展。合同标准化可能是提高透明度和降低非管制的初创企业在投资市场上的交易成本的第一步，这可能最终会导致更高的市场效率。

7.2.2 初创企业和创业者

归因

在初创企业融资的制度和行为背景下，创业者从第三方那儿获得的归因起到了非常重要的作用。那些积极管理从第三方那儿获得的外部归因的创业者将有能力精巧地制造和传递更好的信号。例如，对投资者之间关系的了解支持了对归因和归罪的策略性操作和识别。曾经成功发展并出售一个企业的创业者将拥有连续创业的企业家的光环。在这里背景起到了重要的作用，因为投资者常常寻找此前可比较的成功记录。如果创业者正在建立一个新的高科技初创企业，那么曾经成功地退出一个高科技初创企业将是一个很强的信号。文化背景在这里有很大的影响。研究结果显示，在美国和德国，对先前失败的感知有非常大的不同。创业者应该识别多方面的感知和信号的适当性，并且策略性地使用第三方推荐、归因以及联盟，以说服投资者认可他们企业的价值。

互补的成分和能力

人力资源的视角能有效地显示：由一个倾向于技术的团队经营的高科技初创企业更被投资者偏好。虽然许多投资者指出，早期初创企业除了愿景和它们的团队之外没有什么能够展示的，但由于高科技初创企业的技术复杂性更高，只有在初创企业中引入更多的具有类似背景的创立者才更有意义。在实践中，这可能包含创立者对于所需技术的严格评估以及对能够对这些技术做出贡献的联合创立者的选择。由于技术能力非常具体，它可能相较软件和低技术初创企业需要更多且更高水平的创立者。此外，业务能力和技术能力的互补性是关键，但可能会随着时间而变化，因为会逐渐需要相对更少的技术发展技能和更强的业务能力。策略性的预先计划和设定团队构成的初创企业能够高效地向投资者显示：初创企业有能力执行需要发展的任务，无论是从业务还是从技术发展的视角来看。

大胆的愿景让世界转动

如果一个初创企业可以向潜在的投资者发出最重要的信号，那么这个信号一定是关于风险企业未来的大胆并且强有力的愿景。这个信号从商业模式的复杂性维度到原型，再到融资以及市场份额，一直不断地延伸。它显示了委托人和代理人之间的目标一致性。一个成熟的愿景是具体而且坚决的，只给隐藏的目的和行为留下了极小的空间。它也触发了投资者的多方面的启发式，例如过度自信、乐观主义和一厢情愿。然而，一些保守的投资者，例如聚焦于计算和度量风险的银行，可能会对过度大胆和有野心的愿景信号做出负面的反应或者根本不做出反应。其他投资者，例如 VC，实际上需要这样的愿景信号，因为他们追寻的是贝比·鲁斯效应：目标是用一次成功获取的巨大收益覆盖所有其他下注造成的损失。对于想要从 BA 那儿获得融资的初创企业，弄清楚 BA 是否遵循这样的策略是至关重要的。绝大多数退出导向型的投资者都承认，从投资中获利的频率并不那么重要，真正具有决定性的是获利时收益的规模。如同我前面指出的，这完全与 Kahneman 和 Tversky（1979）的研究结果——相对于获利，损失对人们的影响更大——相反。这意味着，相对于两笔获得负收益的投资和一笔获得极大收益的投资，投资者更满意三笔刚好盈利的投资。但本研究显示，那个不那么明显的选择（也就是释放大胆且强有力的愿景信号）是非常值得考虑的。也就是说，初创企业应该显示一个强有力的愿景以克服复杂性的不利影响，而且目标是那些愿意接受这种全有或全无投资机会的投资者。

投资不足、大赌注和外部选择权信号

研究结果显示，绝大多数高科技初创企业为了筹集运营所需的资金而试图获得足够多的权益投资的努力失败了，或者挣扎在生死线边缘。投资不足的现象是普遍的。然而，一些初创企业相对轻松的努力吸引了大规模的外部资本。这首先似乎是反直觉的，但是新制度经济学和行为经济学可能解释了为什么实际上大赌注吸引了更多的投资者。创业者执行的一个策略聚焦于高投资水平与外部选择权信号。如果创业者计划大规模的融资而不是小规模的话，那么他们可以对投资者展示一个非常强的外部选择权。例如，一个想要融资 100 万欧元而不是 10 万欧元的初创企业表明它可能会让许多投资者感兴趣，除非这个目标规模是不恰当的。为了证实外部选择权的合理性，初创企业必须表明其他投资者热衷于投资如此大的规模，或者至少类似的规模之前被投资于其他可比较的初创企业。这样一个信号将会导致两个效应：（1）由于投资者无法在一个想要进行小规模融资的初创企业上看到特别的机会，大规模的融资可能会引起类似于大胆的愿景的启发式。因此，对于低投资水平没有兴趣的投资者会被这个初创企业所吸引。结果，更大的融资规模实际上导致成功达到甚至可能超越了融资目标，因为相对于小规模的融资，更多的投资者愿意投资这家初创企业。这表明那个不那么明显的选择是非常值得考虑的。（2）由于创业者的议价能力增强，投资不足的缺口补上了。由于投资不足可以被认为是对公司价值的低估，所以在外部选择权信号下公司的估值会有所上升。在样本中，USA01 对其描述得非常清楚。由于其初创企业十分“热门”，他声称他可以决定谁能够成为企业的投资者以及他想要融资的规模。

通过原型表现野心和能力

初创企业可以使用原型表现野心以及实现强有力的愿景的能力，以及刚刚讨论的外部选择权。对有复杂产品的初创企业来说，原型似乎特别重要。可以认为，这是因为原型展示了处理主要的复杂性因素例如产品发展和供应商管理的能力。工作原型可能表明初创企业有能力处理制造的复杂性。如果原型被用于进行用户和消费者测试，那么它可以进一步显示产品的市场潜力。关于直接对投资者的说服力，研究显示，当投资者能够与一个实物装置交互时，他们会对其更加了解。由于绝大多数的原型生产相对简单而且只需要较少的外部参与者，因此原型的建造接近初创企业的控制点。这使得对任何初创企业，特别是高科技初创企业而言，原型信号都是一个值得的策略。

不要单干：结盟

当处于产品发展进程时，引入外部合作伙伴似乎是有利的——如同 Baum 等在 2000 年的论文《不要单打独斗：联盟网络组成和加拿大生物技术领域初创企业的表现》中所提到的。从实践的视角来看，投资者信任的合作伙伴是最适合作为信号的。首先，这包含了其他投资者，例如有声望的早期 BA，像 MIT 创业者中心主管或者一个产业领导者的 CVC。然而，如同前面所讨论的，后者在合作策略中是一把双刃剑。其是否妨碍或者支持了初创企业新的融资取决于初创企业接触的投资者和 CVC 投资的方式。其次，与覆盖或者支持必要的复杂性维度的组织合作是一个强有力的信号。最重要的是，这包含了制造、分销和知识产权保护。意向书和契约型的合作协议都显示了第三方的背书。如果正确制定这样的信号，那么它们有助于降低投资者感知到的关于初创企业能力的参数化的不确定性，因为初创企业与有助于它们能力提升的第三方进行合作。如同 GI03 所描述的，如果合作者是有名气并且受信任的，那么背书信号也能够引起熟悉度启发式。合作策略因而能够降低关于关键的复杂性维度和初创企业处理它们的能力的信息不对称问题的负面影响。

策略性的信号管理是关键

任何信号的有效性都取决于其质量和适当性——也就是说，与投资者的解释和接受能力的契合程度。匹配信号和投资者以及对大量信号的统筹要求初创企业进行策略性管理。这与 Connelly 等（2011）提出的未来的研究方向一致：他们建议研究发出信号者如何“管理一个信号的集合，使得集合有效性最大”（p. 57）。我开发出的复杂性信号框架能够支持年轻的风险企业用它们的努力去识别关键的复杂性、进一步的不确定性和信息不对称性维度，识别有效的高质量的信号，以及向特定的投资者释放适当的信号。框架也阐明了哪些个别的信号有多重含义取决于接收者。例如对于银行，先前的机构融资表明了信贷可靠性——对于风险贷款银行来说很重要但对其他绝大多数投资者类别并不重要的因素。

交易成本效率应该引导初创企业对于其信号策略的决策。它应该聚焦于信号的内在价值。信号通过释放它们所需的成本发挥效力。高品质的信号发出者相对于低品质的信号发出者释放信号的成本更低。从交易成本经济学的角度看，聚焦于那些其他参与者根本释放不了的信号或者只能以很高的成本释放的信号是有意义的。此外，初创企业可能专注于根据定义比其他信号的交易成本更低的有效信号。例如，一个原型的主要作用不是信号功能，而是测试功能。另外，信号的特殊性可能会提高交易成本。那些只能与某些投资者产生共鸣的信号——例如，在投资模式上红利驱动的回报——可能会导致无效的成本。但如果这个投资者类别是唯一有重大关联的类别，那么这样一个定向的信号策略就可能是成本有效的。因而设计一个在经济上有效率的信号策略是适当的——也就是说，只释放那些正面效应超过信号成本的信号。

7.3 局限性与未来的研究方向

本研究从一个很小的角度来展示初创企业融资的联系。从实践、理论和方法论视角来看，本研究都存在局限性。但是从另一个角度来说，当前研究成果也揭示出很多未来的研究方向。

7.3.1 局限性

实践方面的局限性

从实践导向视角来看，本研究关注高科技初创企业，这是最主要的局限性来源。其他类型的初创企业，比如基于软件的初创企业，将会面临非常不同的复杂性。事实表明，三个有影响力的复杂性因素只适用于基于硬件的高科技企业。也有人认为，我们仅关注初创阶段，本书所得出的结论可能不具有普遍性，因为很多成熟的初创企业很有可能已经克服了我们所描述的一些困难。

另外，真实的销售数字、客观的市场导向指标、后期阶段初创企业的控制机制都使得很多有效信号丧失了作用。因为每个初创企业都是不同的，高科技初创企业也是一样，所以企业家不能直接应用本研究的结论。但是，初创企业可以仔细分析它们现在所处的情境，然后相应地修正信号。至于年轻的初创企业是否有时间和能力，甚至有必要这样做，我们没有定论。

理论方面的局限性

本研究选择的制度经济学和行为经济学方法并不完美。首先，

NIE 可能不具有稳固的理论基础，时而引发争议——该理论在理性和非理性决策者之间摇摆，并没有清楚地关注事前或事后的时间间隔，而且通常简化了参与者之间的关系。我从特定行业、市场和商业模式方面对该理论进行了探索。不过，更为重要的是，只关注投资者极大地制约了本研究的解释力。我们只关注了投资者的不确定性，而没有考虑企业家的不确定性问题。对于信号策略也是如此，因为它们仅严格地适用于初创企业。但毫无疑问的是，投资者也可以使用信号来缓解信息不对称和不确定性认知的不利影响。此外，我们所讨论的焦点在于生产性信号，对非生产性信号的讨论有很大的局限性，比如初创企业及其创始人的静态属性。

启发本研究的行为经济学元素就是 CPT 的情感启发式，这是经济学众多分支中的一个非常狭隘的领域。但是行为经济学也受到了一些批评。主要的批评在于，我们不能确定人们究竟在想什么。比如，启发式集合仅仅被称为猜测。我们试图参考行为模型的固有约束，但这并没有减少以个人为中心的理论模型的显著局限性。在早期阶段的研究中，我没有明确区分投资者风险和不确定性。这主要是因为我们缺乏初创企业的历史数据，这是一种结构不确定性，而不是参数不确定性。不可否认的是，部分数据是可以获得的，比如企业家的背景和追踪记录等信息。因此，尽管有了部分观测值，但是结构不确定性和参数不确定性之间，或者说不确定性和风险之间存在差异，是完全有可能的。

方法论

从方法论的角度来看，本研究主要的局限性在于混合方法的固有缺点、样本量和样本选择等方面。首先，事实证明，具有解释力的定量方法远比预期困难得多。尽管德国初创企业观察（German

Startup Monitor，DSM）是德国最大的初创企业定量研究体系，但其中仅包含一小部分高科技初创企业样本。我们只能在一定限度内得到一般化的结论。此外，如果小样本量的研究存在偏差，那么进一步进行统计分析就变得很有意义。

定性样本会受到选择性偏差的影响，因为受访者并不是随机选择的，而是基于个人网络、推荐和审慎评估方法选择的。虽然 34 名受访者的样本已经很多了，但是更一般化的结论只能在特定条件下成立。比如，地理和文化障碍明显限制了该结论在不同环境中的普遍适用性。此外，因为没有一个基于软件和低科技水平的初创企业创始人接受采访，所以适用于这些初创企业的复杂性因素仍然不是很明晰。最后，受访者提供了很多有意思的观点，但我们很难提炼出一般化的有效假设。为了检验这些假设，我们在分析后期得到初步结论后，增加了专家小组论证。尽管专家小组证实了结果的可靠性，但是这仅仅意味着复杂性因素及其信号匹配确实很普遍。

7.3.2 未来的研究方向

探索企业家视角

重点关注初创企业能够发送的信号，这是本研究的局限性所在，但也恰恰是未来研究的良好起点。研究投资者对企业家的信号是非常有意义的，对于理解信息不对称问题也更有帮助。比如，尽管我们可以假设企业家对于他们控制域内的因素了解得很透彻，但是投资者很有可能在融资手段和合约方面有更多的信息。我们仅仅是扩展了企业家如何获得关于各种复杂性因素和信息不对称的不确定性的话题。关于企业不确定性的文献（Casson and Casson 2013；Korunka et al. 2003；McMullen and Shepherd 2006）有助于梳理企业家处理不确定性的认知和方式。最后，对于早期阶段的初创企业来说，企业家同时扮演着代理人和委托人的双重角色，特别是在创始人仍然持有初创企业的大多数股权时。以企业家形式出现的委托代理人引起了学术界的兴趣，但这些研究主要从委托人视角出发，且大多关注初创企业和中小企业的后期阶段（比如 Arthurs and Busenitz 2003；Westhead and Howorth 2006）。进一步从企业家视角探索初创企业早期阶段是未来研究的重要方向。

控制点理论

过去的研究主要关注与企业家心理特征相关的控制点概念（Boone et al. 1996；Hansemark 2003；Kroeck et al. 2010；Wijbenga and van Witteloostuijn 2007）。Eisenhardt（1989）的研究表明，控制点理论可以作为一种分类方法，用于区分初创企业的复杂性因素。究竟是什么因素决定了控制，我们还不得而知，后续还需要做更多的研究。事实表明，有些复杂性因素不能清楚地分类，比如，位置这个因素就需要引入更加严格的框架来分析。我认为，不能被初创企业控制的因素也可以作为信号研究的课题，这些因素可能包括但不限于市场、位置和法律信号等。企业家对这些因素的控制甚少，但是这些因素可以战略性地作为信号使用。

代理控制的新方法

信息系统作为一种控制手段——最常见的是 KPI 体系的形式——是 PA 理论对于委托代理设定的主要回应。我们的研究表明，在高度不确定性环境中，这样的系统是不可行的。这是因为基础不确定性比参数不确定性更为普遍。没有任何追踪记录的早期初创企业，以及 CoPS 原型设计和测试的不可预见的结果，都需要不同的信息系统。我认为，未来的研究者可以参考现代产品开发策略，尝试采用其他控制方式——比如，SCRUM 和精益产品开发。有些人已经开始尝试将快捷精益项目与契约理论相结合（Opelt et al. 2013）。关于初创企业融资，与投资者和相关专家频繁而协调的讨论（比如灵活的里程碑计划）可能是比传统系统更加合适的控制机制。特别是在委托代理问题中，代理人控制可能是降低认知和信息不对称的有效方法，并且能够积极地引导委托人和代理人的动机。

BA

当我们谈及初创企业融资时，BA 往往是最突出的研究对象。但是，我们面临的主要挑战就是掌握这一投资者类别中的多样性，并且进行合理的学术讨论。正如我之前所指出的那样，除了货币承诺以外，BA 究竟能够给初创企业带来什么，对这一问题的研究结果差异非常大。比如，Fairchild（2011）认为，BA 是不熟练和不专业的，但是其他人认为 BA 具有高度创业性（Lindsay 2004），并且能够产生与 VC 相当的利润（DeGennaro and Gwyer 2009）。在记录决策制定标准和过程的研究中，这种差异在 BA 的逻辑和动机方面持续存在。本研究表明，BA 对于早期阶段高科技初创企业来说，是非常重要的投资者类别——作为一个资助者，也作为一个生产性信号。在决策制定、风险管理和信号等方面的研究中，BA 中的异质性研究可能是未来研究的新起点。

债务融资尚无定论

已有研究还不能清晰地揭示支持或反对高科技初创企业进行债务融资的原因。尽管代理和产权理论意味着，拥有实物资产的初创企业获得银行贷款的倾向会增强（De Bettignies 2008），但我们并没有观察到这些行为。尽管抵押品在违约事件发生时可以被清算，但银行似乎仍然会避免投资于初创企业。这究竟是因为我所关注的企业所处的发展阶段太过于早期，还是因为高科技初创企业太复杂，很难确定。未来的研究可以聚焦于：（a）银行的决策树，以及初创企业能否在债务融资中找到出路；（b）债务融资的哪种形式会更适合于年轻的高科技企业。

CVC 辛迪加和私募股权的参与

研究结果表明，企业投资主体的辛迪加是初创企业融资方面的最新发展成果。这些 CVC 辛迪加似乎非常专注于高科技初创企业。这些初创企业（a）可以生产那些企业参与者可以使用或者整合的产品、服务和流程；（b）需要大量的金融资源和这些企业集团能够提供的专业的行业知识。多个非竞争的企业可以联合利用这些因素，这也许是辛迪加崛起的原因之一。这些辛迪加将初创企业看作促进企业合作的催化剂。对这些领域当然需要做更多的研究与探索。一个可能的出发点就是汇集资源去实现或获取外部技术创新，正如 Vanhaverbeke 等（2002）所描述的那样，他也选择了 TCE 视角。

与 CVC 辛迪加类似，私募股权公司也会参与高科技初创企业早期投资。多年来，PE 一直遵循着简单的思路，就是购买表现不佳的成熟公司，将其整改后再整体或部分出售。这也是这个投资者类别并没有在本研究中讨论的原因。但是，有迹象表明，PE 也参与了上市前初创企业的融资。比如，著名的 PE 银湖资本 2013 年以 250 亿美元买下计算机制造商戴尔，PE 在科技部门并购的份额从 11%增加到 31%。事实上，“自 2010 年以来，PE 已经为科技并购和成长基金筹集了将近 830 亿美元的资金”（Jarzemsky，2016 年 6 月 30 日）。这对高科技初创企业来说究竟意味着什么？初创企业早期阶段投资是否会受此影响？这些还有待观察。一般来说，随着越来越多的潜在买家进入市场，大量的资金涌入科技部门，很有可能增加初创企业对投资者的吸引力。

复杂性因素和信号

本书的复杂性因素信号框架可以被视为高科技初创企业未来研究的蓝图。同时，这个框架也提出了以下问题：究竟什么因素能真正定义高科技初创企业？我们还需要做更多的研究，要超越硬件和软件的二分法、复杂性理论的融合、OECD 指南和 CoPS 分类方案。未来，研究者应该找出明确的界定因素，将高科技初创企业和低科技初创企业区分开来。

本研究提出的众多复杂性因素中，物流是特别有前景的研究领域。因为学术界对物流和分销领域——例如，供应链管理研究——都有很大的研究兴趣，很值得将范围扩大到年轻的初创企业。初创企业研究者和企业家也需要更好地了解实物产品运输的动态。慕尼黑大学的一项名为“StartupLog”的研究计划聚焦于初创企业物流的快捷精益方法，但是我们对此领域的了解仍然十分有限。

本研究所提出的众多信号中，有些信号很值得作为未来研究的目标。比如，关于自有资金和 FFF 资金的信号能力，本研究提出的证据可能与 Busenitz 等（2005）的研究相悖。他们发现，这种信号没有长期效应，这也意味着我们需要对该话题进行更多的研究。我也可以想到，对初创企业所依赖的其他信号的分析是有价值的。比如，关于初创企业向员工发出的地理位置或教育信号，Backes-Gellner 和 Tuor（2010）已经找到了一些证据。将本研究所发现的复杂性因素和信号应用到投资者以外的其他领域，应该也会很有意思。

最直接的后续研究方向

后续研究可以承接本研究剩下的部分继续开展，可以设计定量研究对复杂性因素进行统计检验。比如，统计检验可以帮助我们分析复杂性对风险评估和认知的影响。我们也可以检验单一复杂性变量对投资者投资决策的解释能力。

本研究聚焦于早期初创企业，以及在种子阶段及初创阶段与之最相关的信息不对称和复杂性。后续研究可以延伸到初创企业发展的增长阶段及后续阶段。尽管我们可以大胆地假定初创企业和投资者之间的信息不对称状况会发生变化，但是我们的很多结论仍然有效。

另外，后续研究可以重点关注信号视角。后续还有很多问题值得花费时间去验证：（1）企业家对那些信号的认识；（2）每种信号的发出频率，即，企业家是否频繁使用该信号；（3）在生产率方面，哪种信号使用起来最经济有效。在这些未来的研究方向中，定量研究方法可能会提供更加丰富的见解。

7.4　本章小结：立足当下，展望未来

本章我们讨论了本研究的理论和实践意义（对应于第一章和第二章）以及本研究的局限性和未来的研究方向。关于信号，现有的研究证实并扩展了我们对信号理论的认识——比如，信号的有效性随着时间的变化特征、无意识的信号、战略模糊性和信号—投资者匹配等。从行为经济学角度来看，这种匹配很重要。我扩展了现有的关于企业家认知的文献，通过将它与个体不确定性认知范式以及

发出信号的行为相结合来研究单一信号的有效性变化。我们也发现，CPT 的情感启发式在决策机制中非常重要。有证据表明，行为启发式可能会降低投资者在极端不确定性条件下对风险的认知，这一观点是 Mousavi 和 Gigerenzer（2014）提出的。本研究识别出来的关键启发式就是低概率的过度加权、乐观主义、一厢情愿，还有过度自信——这些情况可能由美好的愿景、看似颠覆性的技术以及显示高回报的信号所引发。极端的不确定性会导致违反直觉的决策结果。这与新制度经济学联系很紧密，也与我所讨论的控制权无关性和不完全契约的普遍使用有关。信任的建立过程似乎表明了，早期高科技初创企业面临着巨大的不确定性。本书的研究也扩展了控制点理论，为其增加了新的制度经济学和行为金融学视角。通过将信号发出者的能力映射到潜在质量信息中，研究者和实践者能够评估信号的有效性。

本研究在几个方面存在局限性。主要的局限性就是我们只关注：早期高科技初创企业和企业家或初创企业发出的信号，没有考虑投资者发出的信号，而且我们也忽略了风险和不确定性之间的差异，这主要是因为结构化不确定性的主导地位，以及初创企业的历史信息严重缺乏。此外，混合方法侧重于解释性设定，可能会影响结论的一般性。

关于未来的研究方向，我认为很多条路都是很有前途的：关于复杂性和信号匹配的更大范围的定量研究都可以增强结论的一般性。今后的研究也可能在以下方面进一步扩展我们的结论：（a）作为信号接收者的企业家视角；（b）初创企业周边能够接受生产性信号的其他利益相关者。

参考文献

Abbot，K.，Pendlebury，N.，& Wardman，K.（2007）. *Business law*（8th ed.). London: Thomson.

Ahlers, G. K., Cumming, D., Günther, C., & Schweizer, D. (2015). Signaling in equity crowdfunding. *Entrepreneurship Theory and Practice*, 39 (4), 955-980.

Alhakami, A. S., & Slovic, P. (1994). A psychological study of the inverse relationship between perceived risk and perceived benefit. *Risk Analysis*, 14 (6), 1085-1096.

Arrow, K. J. (1962). Economic welfare and the allocation of resources for inventions. In R. R. Nelson (Ed.), *The rate and direction of inventive activity* (pp. 609-625). Princeton, NJ: Princeton University Press.

Arthurs, J. D., & Busenitz, L. W. (2003). The boundaries and limitations of agency theory and stewardship theory in the venture capitalist/entrepreneur relationship. *Entrepreneurship Theory and Practice*, 28 (2), 145-162.

Audretsch, D. B., Bönte, W., & Mahagaonkar, P. (2012). Financial signaling by innovative nascent ventures: The relevance of patents and prototypes. *Research Policy*, 41 (8), 1407-1421.

Backes-Gellner, U., & Tuor, S. N. (2010). Avoiding labor shortages by employer signaling: On the importance of good work climate and labor relations. *Industrial & Labor Relations Review*, 63 (2), 271-286.

Baum, J. A., Calabrese, T., & Silverman, B. S. (2000). Don't go it alone: Alliance network composition and startups' performance in Canadian biotechnology. *Strategic Management Journal*, 21 (3), 267-294.

Bell, R. G., Moore, C. B., & Al-Shammari, H. A. (2008). Country of origin and foreign IPO legitimacy: Understanding the role of geographic scope and insider ownership. *Entrepreneurship Theory and Practice*, 32 (1), 185-202.

Bessembinder, H., & Maxwell, W. (2008). Markets transparency and the corporate bond market. *The Journal of Economic Perspectives*, 22 (2), 217-234.

Boone, C., Brabander, B., & Witteloostuijn, A. (1996). CEO locus of control and small firm performance: An integrative framework and empirical test. *Journal of Management Studies*, 33 (5), 667-700.

Brouthers, K. D., & Brouthers, L. E. (2003). Why service and manufacturing entry mode choices differ: The influence of transaction cost factors, risk and trust. *Journal of Management Studies*, 40 (5), 1179-1204.

Busenitz, L. W., Fiet, J. O., & Moesel, D. D. (2005). Signaling in venture capitalist—New venture team funding decisions: Does it indicate long-term venture outcomes? *Entrepreneurship Theory and Practice*, 29 (1), 1-12.

Casson, M., & Casson, C. (2013). *The entrepreneur in history: From medieval merchant to modern business leader*. Basingstoke: Palgrave Macmillan.

Casson, P. D., Martin, R., & Nisar, T. M. (2008). The financing decisions of innovative firms. *Research in International Business and Finance*, 22 (2), 208-221.

Christensen, E., Wuebker, R., & Wustenhagen, R. (2009). Of acting principals and principal agents: Goal incongruence in the venture capitalist-entrepreneur relationship. *International Journal of Entrepreneurship and Small Business*, 7 (3), 367-388.

Collewaert, V. (2012). Angel investors' and entrepreneurs' intentions to exit their ventures: A conflict perspective. *Entrepreneurship Theory and Practice*, 36 (4), 753-779.

Connelly, B. L., Certo, S. T., Ireland, R. D., & Reutzel, C. R. (2011). Signaling theory: A review and assessment. *Journal of Management*, 37 (1), 39-67.

Conti, A., Thursby, M., & Rothaermel, F. T. (2013a). Show me the right stuff: Signals for high-tech startups. *Journal of Economics & Management Strategy*, 22 (2), 341-364.

Conti, A., Thursby, J., & Thursby, M. (2013b). Patents as signals for startup financing. *The Journal of Industrial Economics*, 61 (3), 592-622.

De Bettignies, J. E. (2008). Financing the entrepreneurial venture. *Management Science*, 54 (1), 151-166.

DeGennaro, R. P., & Dwyer, G. P. (2009). *Expected returns to angel investors*. Atlanta: Federal Reserve Bank of Atlanta.

Economist. (2015, October 31). Theranos—The fable of the unicorn. *Economist*. Retrieved from http://www.economist.com/news/business/21677192-fable-unicorn-theranos-much-hyped-medical-startup-plagued-doubts.

Edwards, A. K., Harris, L. E., & Piwowar, M. S. (2007). Corporate bond market transaction costs and transparency. *The Journal of Finance*, 62 (3), 1421-1451.

Eisenhardt, K. M. (1989). Agency theory: An assessment and review. *The Academy of Management Review*, 14 (1), 57-74.

Elitzur, R., & Gavious, A. (2003). Contracting, signaling, and moral hazard: A modelof entrepreneurs, 'angels', and venture capitalists. *Journal of Business Venturing*, 18 (6), 709-725.

Ellingsen, T., & Johannesson, M. (2004). Is there a hold-up problem? *The Scandinavian Journal of Economics*, 3 (106), 475-494.

Fairchild, R. (2011). An entrepreneur's choice of venture capitalist or angel-financing: A behavioral game-theoretic approach. *Journal of Business Venturing*, 26 (3), 359-374.

Finucane, M. L., Alhakami, A., Slovic, P., & Johnson, S. M. (2000). The affect heuristic in judgments of risks and benefits. *Journal of Behavioral Decision Making*, 13 (1), 1-17.

George, J. M., & Jones, G. R. (2000). The role of time in theory and theory building. *Journal of Management*, 26 (4), 657-684.

Geraldi, J., Maylor, H., & Williams, T. (2011). Now, let's make it really complex (complicated): A systematic review of the complexities of projects.

International Journal of Operations & Production Management, 31 (9), 966 - 990.

Gimmon, E., & Levie, J. (2010). Founder's human capital, external investment, and the survival of new high-technology ventures. *Research Policy*, 39 (9), 1214 - 1226.

Goldlücke, S., & Schmitz, P. W. (2014). Investments as signals of outside options. *Journal of Economic Theory*, 150, 683 - 708.

Gompers, P., Kovner, A., Lerner, J., & Scharfstein, D. (2006). *Skill vs. luck in entrepreneurship and venture capital: Evidence from serial entrepreneurs* (*No. w*12592). Cambridge, MA: National Bureau of Economic Research.

Grégoire, D. A., Corbett, A. C., & McMullen, J. S. (2011). The cognitive perspective in entrepreneurship: An agenda for future research. *Journal of Management Studies*, 48 (6), 1443 - 1477.

Grover, V., & Malhotra, M. K. (2003). Transaction cost framework in operations and supply chain management research: Theory and measurement. *Journal of Operations Management*, 21 (4), 457 - 473.

Grover, V., & Saeed, K. A. (2007). The impact of product, market, and relationship characteristics on interorganizational system integration in manufacturer-supplier dyads. *Journal of Management Information Systems*, 23 (4), 185 - 216.

Gulati, R., & Higgins, M. C. (2003). Which ties matter when? The contingent effects of interorganizational partnerships on IPO success. *Strategic Management Journal*, 24 (2), 127 - 144.

Hall, B. H. (2008). The financing of innovation. In S. Shane (Ed.), *The handbook of technology and innovation management* (pp. 409 - 430). Hoboken, NJ: Wiley.

Hansemark, O. C. (2003). Need for achievement, locus of control and the prediction of business start-ups: A longitudinal study. *Journal of Economic*

Psychology, 24 (3), 301-319.

Harabi, N. (1995). Appropriability of technical innovations: An empirical analysis. *Research Policy*, 24 (6), 981-992.

Häussler, C., Harhoff, D., & Müller, E. (2009). To be financed or not... —The role of patents for venture capital-financing. *ZEW-Centre for European Economic Research Discussion Paper*, (09-003).

Hellmann, T. (1998). The allocation of control rights in venture capital contracts. *The Rand Journal of Economics*, 29 (1), 57-76.

Herold, F. (2010). Contractual incompleteness as a signal of trust. *Games and Economic Behavior*, 68 (1), 180-191.

Hobday, M. (1998). Product complexity, innovation and industrial organisation. *Research Policy*, 26 (6), 689-710.

Hoppe, H. C., Moldovanu, B., & Sela, A. (2009). The theory of assortative matching based on costly signals. *The Review of Economic Studies*, 76 (1), 253-281.

Horstmann, I., MacDonald, G. M., & Slivinski, A. (1985). Patents as information transfer mechanisms: To patent or (maybe) not to patent. *Journal of Political Economy*, 93 (5), 837-858.

Howell, D., Windahl, C., & Seidel, R. (2010). A project contingency framework based on uncertainty and its consequences. *International Journal of Project Management*, 28 (3), 256-264.

Hsu, D. H., & Ziedonis, R. H. (2008). Patents as quality signals for entrepreneurial ventures. *Academy of Management Proceedings*, 2008 (1), 1-6.

Huberman, G. (2001). Familiarity breeds investment. *Review of Financial Studies*, 14 (3), 659-680.

Hume, J. F. (1888). *The art of investing*. New York: Appleton.

Jarzemsky, M. (2016, June 30). Private equity has a crush on tech. *The Wall Street Journal*. Retrieved from http://www.wsj.com/article_email/private-equity-hasa-crush-on-tech-1467308434-lMyQjAxMTE2NDAzMTgwMTEyWj.

Jensen, M. C. (2005). Agency costs of overvalued equity. *Financial Management*, 34 (1), 5 - 19.

Kahneman, D., & Tversky, A. (1979). Prospect theory: An analysis of decisions under risk. *Econometrica*, 47 (2), 263 - 291.

Klein, D. B., & Robinson, J. (2011). Property: A bundle of rights? Prologue to the property symposium. *Econ Journal Watch*, 8 (3), 193 - 204.

Korunka, C., Frank, H., Lueger, M., & Mugler, J. (2003). The entrepreneurial personality in the context of resources, environment, and the startup process—A configurational approach. *Entrepreneurship Theory and Practice*, 28 (1), 23 - 42.

Kroeck, K. G., Bullough, A. M., & Reynolds, P. D. (2010). Entrepreneurship and differences in locus of control. *Journal of Applied Management and Entrepreneurship*, 15 (1), 21 - 49.

Leland, H. E., & Pyle, D. H. (1977). Informational asymmetries, financial structure, and financial intermediation. *Journal of Finance*, 32 (2), 371 - 387.

Lindsay, N. J. (2004). Do business angels have an entrepreneurial orientation? *Venture Capital*, 6 (2 - 3), 197 - 210.

Loewenstein, G. F., Weber, E. U., Hsee, C. K., & Welch, E. S. (2001). Risk as feelings. *Psychological Bulletin*, 127, 267 - 286.

Maskin, E., & Tirole, J. (1990). The principal-agent relationship with an informed principal: The case of private values. *Econometrica*, 58 (2), 379 - 409.

Maxwell, A. L., & Lévesque, M. (2014). Trustworthiness: A critical ingredient for entrepreneurs seeking investors. *Entrepreneurship Theory and Practice*, 38 (5), 1057 - 1080.

Maxwell, A. L., Jeffrey, S. A., & Lévesque, M. (2011). Business angel early stage decision making. *Journal of Business Venturing*, 26 (2), 212 - 225.

Maylor, H., Vidgen, R., & Carver, S. (2008). Managerial complexity in project-based operations: A grounded model and its implications for practice. *Project Management Journal*, 39 (S1), S15 - S26.

McMullen, J. S., & Shepherd, D. A. (2006). Entrepreneurial action and the role of uncertainty in the theory of the entrepreneur. *Academy of Management Review*, 31 (1), 132 - 152.

Ménard, C., & Shirley, M. M. (2008). *Handbook of new institutional economics*. Heidelberg: Springer.

Mondello, G. (2012). *Ambiguity, agency relationships and adverse selection*. Retrieved from https://halshs.archives-ouvertes.fr/halshs-00929978/.

Mousavi, S., & Gigerenzer, G. (2014). Risk, uncertainty, and heuristics. *Journal of Business Research*, 67 (8), 1671 - 1678.

Mylovanov, T., & Tröger, T. (2012). Informed-principal problems in environments with generalized private values. *Theoretical Economics*, 7 (3), 465 - 488.

Ndofor, H. A., & Levitas, E. (2004). Signaling the strategic value of knowledge. *Journal of Management*, 30 (5), 685 - 702.

Novak, S., & Eppinger, S. D. (2001). Sourcing by design: Product complexity and the supply chain. *Management Science*, 47 (1), 189 - 204.

Ollier, S., & Thomas, L. (2013). Ex post participation constraint in a principal - agent model with adverse selection and moral hazard. *Journal of Economic Theory*, 148 (6), 2383 - 2403.

Opelt, A., Gloger, B., Pfarl, W., & Mittermayr, R. (2013). *Agile contracts: Creating and managing successful projects with Scrum*. Hoboken, NJ: Wiley.

Palmer, E. (2014, Fall). The importance of payment card industry data security standards for startup companies. *Governance, Risk Management and*

Compliance.

Parhankangas, A., & Ehrlich, M. (2014). How entrepreneurs seduce business angels: An impression management approach. *Journal of Business Venturing*, 29 (4), 543-564.

Park, N. K., & Mezias, J. M. (2005). Before and after the technology sector crash: The effect of environmental munificence on stock market response to alliances of e-commerce firms. *Strategic Management Journal*, 26 (11), 987-1007.

Patel, P. C., Fiet, J. O., & Sohl, J. E. (2011). Mitigating the limited scalability of bootstrapping through strategic alliances to enhance new venture growth. *International Small Business Journal*, 29 (5), 1-27.

Payne, G. T., Moore, C. B., Bell, R. G., & Zachary, M. A. (2013). Signaling organizational virtue: an examination of virtue rhetoric, country-level corruption, and performance of foreign IPOs from emerging and developed economies. *Strategic Entrepreneurship Journal*, 7 (3), 230-251.

Prasad, D., Bruton, G. D., & Vozikis, G. (2000). Signaling value to business angels: The proportion of the entrepreneur's net worth invested in a new venture as a decision signal. *Venture Capital*, 2 (3), 167-182.

Rottenstreich, Y., & Hsee, C. K. (2001). Money, kisses and electric shocks: On the affective psychology of probability weighting. *Psychological Science*, 12, 158-190.

Sahlman, W. A. (1990). The structure and governance of venture-capital organizations. *Journal of Financial Economics*, 27 (2), 473-521.

Sanders, W. M., & Boivie, S. (2004). Sorting things out: Valuation of new firms in uncertain markets. *Strategic Management Journal*, 25 (2), 167-186.

Sawers, P. (2016, July 18). U. K. med-tech startup raises $20 million to bring next-gen robotics to surgery. *VentureBeat*. http://venturebeat.com/2016/07/

18/u-k-med-tech-startup-raises-20-million-to-bring-next-gen-robotics-to-surgery/.

Silva, O. (2004). *Entrepreneurship: Can the Jack-of-all-trades attitude be acquired?*. Centre for Economic Performance Working Papers. London: London School of Economics and Political Science.

Slovic, P. (1987). Perception of risk. *Science*, 236 (4799), 280 - 285.

Spence, M. (1974). Competitive and optimal responses to signals: An analysis of efficiency and distribution. *Journal of Economic Theory*, 7 (3), 296 - 332.

Stuart, T. E. (2000). Interorganizational alliances and the performance of firms: A study of growth and innovation rates in a high-technology industry. *Strategic Management Journal*, 21 (8), 791 - 811.

Stuart, T. E., Hoang, H., & Hybels, R. C. (1999). Interorganizational endorsements andthe performance of entrepreneurial ventures. *Administrative Science Quarterly*, 44 (2), 315 - 349.

Van Osnabrugge, M. (2000). A comparison of business angel and venture capitalist investment procedures: An agency theory-based analysis. *Venture Capital*, 2 (2), 91 - 109.

Vanacker, T., Manigart, S., Meuleman, M., & Sels, L. (2011). A longitudinal study on the relationship between financial bootstrapping and new venture growth. *Entrepreneurship & Regional Development*, 23 (9-10), 681 - 705.

Vanhaverbeke, W., Duysters, G., & Noorderhaven, N. (2002). External technology sourcing through alliances or acquisitions: An analysis of the application-specific integrated circuits industry. *Organization Science*, 13 (6), 714 - 733.

Wennberg, K., Delmar, F., & McKelvie, A. (2016). Variable risk preferences in new firm growth and survival. *Journal of Business Venturing*, 31 (4), 408 - 427.

Westhead, P., & Howorth, C. (2006). Ownership and management issues associated with family firm performance and company objectives. *Family Business Review*, 19 (4), 301 - 316.

Wijbenga, F. H., & van Witteloostuijn, A. (2007). Entrepreneurial locus of control and competitive strategies—The moderating effect of environmental dynamism. *Journal of Economic Psychology*, 28 (5), 566 - 589.

Williams, T. M. (1999). The need for new paradigms for complex projects. *International Journal of Project Management*, 17 (5), 269 - 273.

Williamson, O. E. (1981). The economics of organization: The transaction cost approach. *American Journal of Sociology*, 87, 548 - 577.

Williamson, O. E. (2000). The new institutional economics: Taking stock, looking ahead. *Journal of Economic Literature*, 38 (5), 595 - 613.

World Trade Organization. (2014). *Trade topics summary Brazil*. Retrieved from https://www.wto.org/english/tratop_e/tpr_e/s283_sum_e.pdf.

Yazdipour, R. (2011). A behavioral finance approach to decision making in entrepreneurial finance. In R. Yazdipour (Ed.), *Advances in entrepreneurial finance* (pp. 11 - 29). New York: Springer.

Zhang, Y., & Wiersema, M. F. (2009). Stock market reaction to CEO certification: The signaling role of CEO background. *Strategic Management Journal*, 30, 693 - 710.

第八章　结论：驾驭复杂性

信号是初创企业质量信息的代理指标，信息是投资者和企业家及其初创企业之间联系的核心。只有当投资者充分了解了初创企业的信息后，他才会同意为该初创企业融资。代理和产权界定了融资模式以及投资者可施加的监控措施。交易双方之间难免存在交易成本，行为不确定性认知和情感启发式决定了投资者的个人决策。

复杂性是年轻高科技初创企业的决定性因素。这种复杂性增加了交易成本——限制了融资的可能来源，而且它也增加了投资者对初创企业的不确定性认知，因此降低了投资者的投资倾向，这就是我所谓的复杂性挑战。结果表明，信号是减少信息不对称的强有力的手段，它通过改变交易成本激发了投资者的情感启发式，从而增加了融资的可能性。因此，复杂性挑战的不利影响可以被战略性或者生产性信号缓解。复杂性因素与特定信号的匹配提高了企业家进一步获得融资的可能性。复杂性挑战是一种负担，尤其是对于年轻的高科技初创企业而言。本书有望帮助他们驾驭复杂性并获得融资。

本书也尝试强调经济金融领域的理论和实践多样性。我们（研究者、企业家、投资者、决策者）需要认识到，每个人都在制度范畴下构建了个人的现实生活。复杂性和不确定性界定了我们可以选择的范围，但它们也会左右我们的决策和偏好。对初创企业的投资很好地揭示了这一道理，因为它经常比微积分更具艺术性，也正因为如此，关于它的观点和想法才这么丰富多样。

> 如果只有一个真相，那么你不可能画出 100 幅相同主题的画作。
>
> ——毕加索（1966）

第九章 附 录

9.1 投资者访谈指引

专家访谈

分类	问题	逻辑
背景信息	为了方便记录，您能透露您的名字以及现在的职位，或者以前的主要职位吗？	评估受访者的知识和见解水平
	您对于美国初创企业融资有专业了解吗？按照1～5分来打分，5分代表非常了解。	受访者关于美国相关专业知识水平的自我评估
	您对于德国初创企业融资有专业了解吗？按照1～5分来打分，5分代表非常了解。	受访者关于德国相关专业知识水平的自我评估
发展阶段	从您的观点来看，美国/德国处于种子阶段的初创企业寻求融资所面临的主要挑战是什么？	对种子阶段融资情况的一般评价

续表

分类	问题	逻辑
商业模式	您认为这些初创企业在商业模式、所处行业、产品方面有什么差异？哪一项差异最大？	探索特定初创企业在融资方面的特征；影响因素的识别
产品	拥有复杂产品的初创企业应该做哪些不一样的事情？投资者想要的是什么？	强调复杂性和信号的具体意义
发展阶段	您认为初创阶段的主要挑战是什么？	对初创阶段融资情况的一般评价
商业模式	您认为这些初创企业在商业模式、所处行业、产品方面有什么差异？哪一项差异最大？	探索特定初创企业在融资方面的特征；影响因素的识别
产品	拥有复杂产品的初创企业应该做哪些不一样的事情？投资者想要的是什么？	强调复杂性和信号的具体意义
融资	关于上述融资来源（参考上述表格），您认为美国和德国初创企业融资的主要差别是什么？	不同地区初创企业融资逻辑的差异
	您认为企业投资初创企业的好处和坏处分别是什么？比如在初创阶段、商业模式和行业等方面？	关于企业创业融资的具体评价；预期结果：CVC与复杂产品B2B创业具有更强的互补性
开放性问题	您所观察到的最重要的当前和未来发展趋势是什么，比如在BA辛迪加方面？	探索未来发展趋势
	您还有其他想要分享的东西吗？	探索后续或额外的相关特征、属性或发展

9.2 初创企业访谈指引

初创企业访谈

分类	问题	逻辑
背景信息	您的名字是什么？您在公司的职位是什么？	评估受访者的知识和见解水平
	贵公司名称是什么？	验证受访者是否知道他/她所在的公司的名称
发展阶段	公司什么时候成立的？在哪里成立的？	验证发展阶段评估；预期结果：公司成立不到2年
	除了创始人，贵公司有多少员工？	验证发展阶段评估；预期结果：少于10名员工
商业模式及产品	下面两项描述中，哪项最能描述您的初创企业？	评估公司基本战略——假设技术已经可获得；预期结果：复杂产品更多依靠技术驱动，而不是市场拉动
	(a) 我们已经开始发明或创新，并且想要继续开发。	检验初创企业是否依靠技术驱动
	(b) 我们用我们的技术开发了一款应用，并且看到了它的市场需求。	检验初创企业是否关注市场需求
	您采取的是B2B模式、B2C模式，还是两者的混合，抑或是完全不同的其他方法？	评估初创企业的一般经营战略；预期结果：复杂产品更多采用B2B而不是B2C战略
	请描述您的商业模式（包括收入、成本流，关键客户和供应商，价值主张等）。	评估初创企业的商业模式，主要关注价值创造、价值主张、产品、客户和现金流等；预期结果：粗浅的商业模式聚集在早期，关键合作伙伴和供应商与复杂产品高度融合

续表

分类	问题	逻辑
产品	您能否更详细地描述您的产品/服务？比如，主要组件是什么？产品的关键合作伙伴是谁？您使用了多少标准化组件？	评估产品复杂性；预期结果：覆盖多种复杂性分类，但是有些会被强调
商业模式	您的初创企业最适合归属哪个行业？	产品和复杂性维度或者商业模式含义的替代指标
发展阶段	您的公司目前处于初创企业的哪个发展阶段？（向受访者展示上述分类）	验证发展阶段评估，特别是产品和财务发展；预期结果：种子阶段、初创阶段，或早期增长阶段
融资	您的初创企业到目前为止筹集到了多少资金？	已融资规模；预期结果：5 万～200 万欧元
融资及产品	粗略估计，您筹集的资金会用于哪些领域（功能性领域）？	评估内部资本支出和关注点；预期结果：更多关注研究与开发、工程（软件和硬件）、存货，较少关注市场营销和销售
融资	哪一项资金来源为您的公司提供融资？	评估股权结构表和不同的融资来源；预期结果：与定量结果有强相似性
信号	您如何说服不同的投资者投资于您的公司？您会使用特定的信号吗？	探索企业家—投资者之间的信号视角；预期结果：发送各种信号以降低不确定性，桥接信息不对称缺口；内部、外部因素和产品因素等维度
融资	为什么您决定依靠××来融资？	检验选择一种融资来源而不选择其他融资来源的基本逻辑；预期结果：一定程度的独立决策，一定程度的外部力量（比如，资金可获得性）
	通过××融资有哪些特殊的困难/容易之处？	检验相关融资来源的优缺点和含义；预期结果：与聪明资金投资者沟通变得更加简单；在可预见的未来，投资者和初创企业之间的互补存在困难
	一般来说，关于融资您会做什么不一样的事情？	
	关于融资来源××，您会做什么不一样/相同的事情？	
开放性问题	您还有其他想要分享的东西吗？	探索后续或额外的相关特征、属性或发展

9.3 访谈中的主题

分类	主题	内容
投资者类别	心态	—
	FFF	心态
		总损失
		富有企业家
	BA	差异度
		信任
		资本和脱离
		互补性
		非投资者
	家族办公室	调查方式
		动机
	CVC及加速器	稳定性和一致性
		新想法与实践
		外部创新
		辛迪加
		偏差
	银行贷款	盈亏平衡点
		传统主义
		公共银行
		机构投资者
	VC	专业化
		组合分散化
		违约风险

续表

分类	主题	内容
投资者类别	VC	扩展性
		估值
		共同投资者
		关系建立
	众筹	营销
		股权型众筹
		回报型众筹
		可信度
内部复杂性	教育与能力	互补性
		平衡的团队构成
		商业能力
		激励他人加入的能力
		高科技能力
		不断调整的技能组合
	声誉与追踪记录	在相同行业的过往经验
		连续创业
		声誉
		前期融资
	时机与成熟度	团队与愿景
		绩效指标
		长期规划
		制造
		股权稀释
	控制力	可比性
		数据获取
		可预测性
		KPI 体系
		商业规划和财务模型

续表

分类	主题	内容
内部复杂性	商业模式	投资者偏好
		价值主张
		愿景
		一致性
		关键伙伴
		关键资源
	融资	市场
		产品市场匹配
		资金目标用途
		融资策略
		一致性
产品相关复杂性	原型	时机
		原型种类
		战略伙伴
		交互
	知识产权	估值
		保护
		投资者偏好
		专利
	制造	活力
		资本密集程度
		时间窗口
		规模扩张
		伙伴关系
		协调模式

续表

分类	主题	内容
外部复杂性	地理位置	热点
		生态系统
		投资焦点
	融资	融资策略
		投资者的方法和选择
		辛迪加
		战略投资者
		替代资金来源
		估值
		倍数
		投资轮次数量
		退出导向
	时间和时机	初创阶段
		退出
		时机和趋势
	政治和法律	政府刺激
		监管
		合约
	伙伴关系	杠杆
		可信度
		理念
	市场	产品市场匹配
		市场准入
		市场规模
		销售渠道
		分销结构

译后记

党的十九大报告提出，我国经济已由高速增长阶段转向高质量发展阶段。按照经济增长理论，科技进步是增长的持续动力。为高科技初创企业提供融资支持是促进科技进步的重要举措，但是不论在理论上还是在实践上，这都是一个难题。本书从制度经济学和行为经济学的新视角对这个问题进行探索、突破，提出了复杂性信号框架体系，以及建立在有效信号基础上的缓释信息不对称的策略。

中国人民大学财政金融学院部分师生长期关注此问题，在理论上、实践上进行了有益的探索，并在工作、学习之余翻译了本书。本译著是课题“关于金融支持新经济的信用配给及信用风险问题研究”的成果之一，得到了中国人民大学 2018 年重大规划项目资金支持。希望此译本能对国内高科技初创企业融资领域的从业人员、研究人员有所裨益。

尽管我们力求译文准确无误，但囿于理论素养和实践经验，不足之处恐在所难免，希望广大读者不吝指正。

译者

First published in English under the title

Financing High-Tech Startups: Using Productive Signaling to Efficiently Overcome the Liability of Complexity

by Robin P. G. Tech, edition: 1

图书在版编目（CIP）数据

高科技初创企业融资/（德）罗宾·P.G. 特奇（Robin P.G.Tech）著；崔明懿等译. --北京：中国人民大学出版社，2020.10
ISBN 978-7-300-28638-9

Ⅰ.①高… Ⅱ.①罗… ②崔… Ⅲ.①高技术企业-企业融资-研究 Ⅳ.①F276.44

中国版本图书馆 CIP 数据核字（2020）第 187881 号

高科技初创企业融资
[德] 罗宾·P.G. 特奇 著
崔明懿 张 祎 段利利 储青青 译
毕 毅 审校
Gaokeji Chuchuang Qiye Rongzi

出版发行	中国人民大学出版社		
社　　址	北京中关村大街 31 号	**邮政编码**	100080
电　　话	010－62511242（总编室）		010－62511770（质管部）
	010－82501766（邮购部）		010－62514148（门市部）
	010－62515195（发行公司）		010－62515275（盗版举报）
网　　址	http://www.crup.com.cn		
经　　销	新华书店		
印　　刷	涿州市星河印刷有限公司		
规　　格	155mm×235mm 16 开本	**版　　次**	2020 年 10 月第 1 版
印　　张	20　插页 1	**印　　次**	2020 年 10 月第 1 次印刷
字　　数	238 000	**定　　价**	68.00 元